暨南大学“211工程”三期资助
泛媒研究院资助项目

付费电视的购买意愿研究

曾凡斌 著

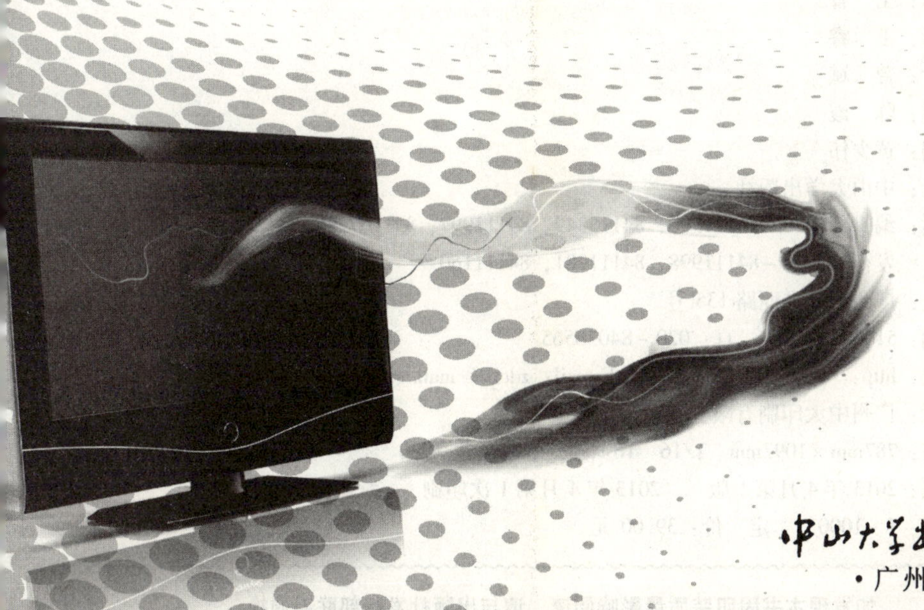

中山大学出版社
·广州·

图书在版编目（CIP）数据

付费电视的购买意愿研究/曾凡斌著．—广州：中山大学出版社，2013.4
ISBN 978-7-306-04510-2

Ⅰ．①付…　Ⅱ．①曾…　Ⅲ．①付费电视—购买行为—研究—中国　Ⅳ．①G229.2

中国版本图书馆 CIP 数据核字（2013）第 051589 号

出 版 人：祁　军
策划编辑：王　睿
责任编辑：王　睿
封面设计：曾　斌
责任校对：陈　霞
责任技编：黄少伟
出版发行：中山大学出版社
电　　话：编辑部 020-84111996，84113349，84111997，84110779
　　　　　发行部 020-84111998，84111981，84111160
地　　址：广州市新港西路 135 号
邮　　编：510275　　传　真：020-84036565
网　　址：http：//www.zsup.com.cn　E-mail：zdcbs@mail.sysu.edu.cn
印 刷 者：广州中大印刷有限公司
规　　格：787mm×1092mm　1/16　16 印张　320 千字
版次印次：2013 年 4 月第 1 版　　2013 年 4 月第 1 次印刷
印　　数：1～1000　　定　价：39.00 元

序 言 一

泛媒研究院（Panmedia Institute，PMI；以下简称“泛媒”）成立于2010年，是一个非赢利的民间传媒智库。泛媒成立的初衷是在传媒业界与新闻传播研究机构之间搭起一座可以沟通的桥梁，把业界的新发展、新趋势、新问题和学界的新思想、新发现、新进展融合在一起，从而推动知识创造，推动中国传媒创新。

两年来，泛媒同仁与很多有追求有理想的学者、专家、业内精英以各种形式举办沙龙、研究院，探讨新现象，探究新思想，探索新思路，在理论和实践的结合上为中国传媒业的发展开拓新道路。同时，泛媒研究院每年以不同形式资助一批具有前瞻性、科学性和实用性的研究项目，并取得实质性的研究成果。这其中，有关于互联网和传媒媒体统一效果的指数研究，有关于数字化时代营销传播策略的变革与创新的研究，有关于数字电视付费频道的支付意愿及影响因素的实证研究，有关于传媒上市公司治理绩效的研究，等等。以上这些都与传媒发展态势和新旧媒体的融合相关。曾凡斌先生的《付费电视的购买意愿研究》就是两年前泛媒资助的一个项目，他以大量的第一手调查数据提出了付费电视的购买意愿指数，从而为付费电视提供了一套可操作的发展思路，填补了国内的一项研究空白。

所有这一切都表明了泛媒研究院的志向：站在传媒发展的最前沿。

当前，全球正处于人类历史上伟大的转型期，这就是互联网时代的来临。互联网是继文字、印刷术、电波媒体后人类历史上的第四次传播革命。

互联网的核心内容以“技术赋权”的形式把宪法所赋予的“传播权利”（right）转变为“传播权力”（power），从而把全球化和个人化联系在一起。互联网不但改变了传媒的业态，而且也改变着国家的治理，推动着科技、经济、文化的创新，重塑我们的生活方式……

互联网正在迅速改变世界面目，互联网将成为泛媒研究院研究的聚焦点，并和大家一道，期许新研究成果的问世。

泛媒研究院院长　李良荣

2012年8月

序言

达梅研究院（Dameelia Institute，DMI，以下简称"达梅"）成立于2010年，是一个非牟利的民间智库[illegible]。[illegible]在传媒业界与新闻传播研究机构之间搭建一座可以沟通的桥梁，[illegible]

两年来，达梅[illegible]

[illegible]

[illegible]

[illegible]

达梅研究院院长 [illegible]

2012年8月

序言二

他，1999 年至 2004 年在人民网“强国论坛”担任版主；2001 年至 2004 年在中国社会科学院研究生院新闻系攻读硕士学位；2004 年迄今，在暨南大学新闻与传播学院任教。

以上就是曾凡斌从一名网络编辑成为一名大学教师的历程。这一路径看似简单，但其中饱含凡斌付出的努力，因为能够成功转型的人并不多。

我和凡斌初识是在我 2000 年作客人民网“强国论坛”之际。在中国网络媒体发展史上，人民网“强国论坛”的诞生是具有里程碑意义的事件。1999 年 5 月 9 日论坛开通，凡斌获知消息后便主动联系人民网，并于 9 月到达北京，成为强国论坛最早的版主之一，取网名“钢铁”。一个论坛能够保持活跃、理性且具有建设性的讨论，版主的作用十分重要。有网友在论坛一周年时撰文称：“强国论坛的版主真的是阵容鼎盛，人才济济。”其中这样描述了凡斌：“钢铁来得比较早，结果由于其签名档上有一个战士，又号称是铁血战士班班长，结果被网友评为最刚烈的版主。”

2000 年 2 月 24 日晚，我和《人民日报》海外版专跑 IT 新闻的记者张翼南应“强国论坛”的邀请，与网友就“互联网与网络媒体”的话题作一次交流。当时我首次见到了凡斌——说一口带“粤味”普通话的憨厚年轻人。后来我写了一篇短文，记录这次访谈经过和体会，其中写道：“感谢长期以来在‘强国论坛’辛勤值更的版主‘钢铁’和‘aiai’，他们在网友中享有极高的声誉。我这次终于见到他们的‘真面貌’，并得到他们的协助。”

我和凡斌成为师生是在中国社会科学院研究生院新闻系。中国社会科学院研究生院新闻系自 1978 年成立，为新闻界培养了大量出色人才。随着新闻系的发展，除在校研究生外，还开始招收在职研究生，于是为不少媒体从业人员特别是为人民日报社、人民网的编辑和记者提供了专业深造的机会。曾凡斌便是在这样的背景下，于 2001 年考入了新闻系，成为我指导的一名硕士生研究生。

这是凡斌转型之路的打基础阶段。

凡斌的大学本科学的是财政学，新闻传播学对他而言属于空白，因此，首先

要“恶补”这一领域的专业理论和知识，同时要高度关注快速发展的网络媒体状况，思索网络传播的新特点新规律。应该说，他在这两方面做得都不错。在校期间，他撰写的《BBC、VOA等西方传媒中文网站评析》，以及与我合作撰写的《中国新闻传播专业网站评析》等文章，可以视为他在校期间的研究成果。在学位论文的选题上，或许写当时很热门的论坛（BBS）对凡斌来说肯定会驾轻就熟一些，但我考虑最好还是选一个“偏门”的题目，经与他商量，确定的题目是《电子邮件的传播分析》。学位论文的写作对他自然是一种挑战，三易其稿后通过答辩。这篇论文分析了电子邮件在不同传播类型中的传播特点，指出以往的人际传播、群体传播、组织传播、大众传播等各不相融的传播类型，现在已逐渐走向融合，电子邮件既可以像传统大众媒介一样实现由点到面的大众传播，同时也能实现由点到点的个性化人际传播。电子邮件还可以使任何人都有可能参与到由点到面的大众传播系统中来，从而为实现传播者与受传者的无差别化，亦即为实现信息的真正双向沟通传播提供可能的条件。尽管眼下互联网已进入微博时代，但电子邮件依旧在网络传播中发挥着重要作用，因此回过头来看，凡斌当年这篇学位论文依旧有其价值。

凡斌毕业之际，正值新闻传播院校对互联网教学、科研人才的高需求期。因此，凡斌有机会进入暨南大学新闻与传播学院。此后我与他便处于“弱联系”的状态，但我在翻阅专业刊物和浏览网络时，他的名字不时出现在我的眼前。

对凡斌来说，走上大学的讲坛不是一件易事，而要取得教学、科研的成果更是一件难事。在我看到他的不少文章后，知道他在转型之路上一直很努力。比如，对于他这样一个新兵，首先要有一个较宽的学科知识面。因此，他这些年来的文章内容涉及面广，包括付费报纸和免费报纸的竞争战略、虚拟社区治理、报业上市、媒介素养教育、数字鸿沟、美国报网融合案例、中美博客对比研究，等等。刊发的也大多是有影响的专业刊物，如《现代传播》、《国际新闻界》、《中国出版》、《江淮论坛》、《中国广播电视学刊》。我感觉他有一股学术上的闯劲，行不行总要试试。例如，在我看来，研究方法和英语并不是他的强项，但这几年他在这两方面也有突破。如主持和参与的多项研究，都是实证调查分析的课题。一篇《互联网使用方式与社会资本的关系研究——兼析互联网传播能力在其间的作用》，获得了“2011中国新媒体传播学年会”最佳论文奖。又比如使用英文在国际刊物上发表文章。2011年8月，他出席在美国密苏里州的圣路易斯市举办的美国新闻与大众传播教育协会第94届（The 94th Annual Conference of Association for Education in Journalism and Mass Communication）国际学术会议上，并在媒介经济管理（Media Management and Economics）分论坛发表了论文 *Willingness to Pay for Paid Channels of Digital TV: an Empirical Analysis*，更是让我刮目相看了。

当然，一个学者还要有自己专长的领域。凡斌目前的教学和科研方向集中在网络新媒体和媒介经济两个方向。如今，凡斌的第一部专著《付费电视的购买意愿研究》即将面世，可喜可贺！从业界的角度看，这部著作填补了我国付费电视研究的一个空白；从凡斌个人的角度看，这无疑是其转型之路上的一个里程碑。

对凡斌来说，2012 年还有一件喜事：他已成为中国人民大学新闻学院彭兰教授的在职博士生，这预示着凡斌的专业水平将登上一个新台阶。

凡斌的转型之路，是当代青年心有志向、积极作为的一个样本。

我深信，凡斌在转型之路上会取得更大的成功。

中国社会科学院新闻与传播研究所
网络与数字传媒研究室原主任　闵大洪
2012 年 8 月

目　录

第一章 总 论

一、研究背景

付费电视，早期也被称为收费电视（Pay Television），指在基本频道服务之外额外收费的电视频道或节目。它是以订户付费为基础的一种电视服务，其形式可以是模拟电视、数字电视或者卫星电视，不过随着技术的发展，现在常以数字电视为基础，因此也称为数字付费电视（Digital Pay Television）。付费电视有两种基本形态：一是按频道付费，即按频道付费的电视频道；二是计次付费，即通过 VOD、PPV（Pay Per View）等方式计次付费的电视节目（又可以称为点播节目，或按次付费电视）。国家广电总局发布的《广播电视有线数字付费频道业务管理暂行办法（试行）》将付费频道定义为"指以有线数字方式播出、传输并须单独付费才能收听收看的专业化广播电视频道"，鉴于目前我国按次付费的电视节目尚未大规模兴起，且又属于数字电视背景下的产物，因此对于我国来说，付费电视实际就是指数字电视的付费频道，也可以理解为狭义的付费电视，或者说是付费电视频道；而对于国外来说，则统称为付费电视。

我国的付费电视是建立在数字电视基础上的，而数字电视使用数字信号传播，可为用户提供双向互动的服务，是信息技术引发的广播电视产业变革的关键环节。我国的电视存在于有线数字电视、地面数字电视、卫星电视和 IPTV 四种传输方式中，而有线电视用户占所有电视用户的90%以上。要说明的是，付费电视的所付费用和有线电视网络连接费不同。付费电视是用户购买自己喜爱的节目，其费用由付费频道内容提供商、付费频道内容传输商、付费频道内容集成商共同收取。而电视网络连接费是指电视节目信号传输费用和相关设备维护费用，这笔费用主要由有线网络运营商收取，通过有线电视网络收看电视节目的观众，无论是收看免费电视还是收看付费电视，每个月都要缴纳这笔费用。

20 世纪 70 年代中期，付费电视以模拟电视的形态在美国诞生。到了 20 世纪 90 年代，付费电视在全世界已经非常普及，尤其是随着数字电视的普及，使得付费电视可提供更多频道及更多的服务（如搜索、互动等），从而更能吸引订户。与免费电视相较而言，付费电视是订制的，其风格追求个性化，传播追求特性化，它是极力接近受众的电视产品。付费电视概念的提出，意味着电视增值服务的出现，也意味着电视产品的专业化、个性化从此变成现实。

免费电视由于不向用户收费，其购买和制作节目的一切费用、赢利基本都来自广告收入，节目的受欢迎程度直接影响到广告商的决定，为此，广告商关注的不是他所投放广告的节目内容，而是其能否吸引大众眼球。这导致了免费电视的运营商从两个角度去考虑问题，第一是最大限度满足大众化的需求，而这一需求的特点是满足宽泛的诉求点，也就是说，人们需求重合最多、排名最靠前的就成为大众化节目的追求目的，“收视率－广告”赢利模式主导的免费电视往往选择最小厌恶定位（Least Objectionable Position），大众化趋势较为突出①，其结果是免费电视没有个性化，而流于平庸且仅追求规模效应。与免费电视不同的是，付费电视是依靠订户的收视费去获得收益的，只是部分依靠甚至完全取消广告业务，付费电视衡量的标准不是收视率，而是订户数，因此订户的喜欢程度就直接关系到付费电视运营商的收入。为此，付费电视的运营商更为关注节目内容是否满足观众的需求，从而其付费电视内容更有针对性，其产品更加细分化。相关研究也表明，国外付费电视的质量，以及满足受众的个性是远远高于国外的免费电视的②。

2003 年，随着国家广电总局“全国有线电视数字化发展规划”的提出，数字电视成为了中国电视业发展的一个重要方面，而随着数字电视这一产业的出现，数字付费电视也随之在中国出现。2003 年 9 月，我国第一套付费电视频道开播，到 2009 年 7 月，经国家广电总局批准开办付费电视频道已有 142 套。截至 2009 年，付费数字电视频道用户数已达 700 万户左右，收入约 17 亿元，同比增速虽然达到 27%，但是整体规模却还是偏低，而且国内众多数字付费频道这几年来一直处于“烧钱”的状态。其现状是：经营状况不佳，尚未形成资金的良性循环，还处于入不敷出的状态，如 2010 年全国有线行业收入构成中，基本收视维护费占了 67.10%，宽带接入占 5.42%，付费频道收入才占 3.57%。③ 付费频道收入的不可观，实际反映了用户对于付费电视的购买意愿（Willing to Pay，WTP）并不高。那么，用户对于付费频道的购买意愿究竟如何？其影响因素有哪些？应该如何才能提高用户对付费电视的购买意愿？这些问题就成为了本

---

① 参见赵曙光《收视率诉求与电视财经频道的节目定位》，载《现代传播》2005 年第 4 期。

② 见 http://www.essex.ac.uk/~hfweeds/TV%20quality-Mar%2007-V2.pdf。

③ 参见熊飞、林起劲《2011 年广电发展现状与未来预测》，见 http://tech.ifeng.com/meeting/special/7th-media/content-1/detail_2011_12/08/11197332_0.shtml。

研究的一个现实出发点。

购买意愿来源于微观经济学，也称支付意愿，是指消费者接受一定数量的消费物品或劳务所愿意支付的金额。它是消费者对特定物品或劳务的个人估价，带有强烈的主观评价成分。在环境质量公共物品的需求分析和环境经济影响评价中，购买意愿被广泛应用。根据边际效用递减规律，消费者在一定收入水平下，对享有环境质量的边际购买意愿也符合递减规律，用购买意愿表示的需求曲线是一条向右下方倾斜的曲线。由于付费电视特殊的赢利模式，其生存与发展离不开购买意愿。本来，在经济学上，购买意愿是指用户（或消费者）接受一定数量的消费物品或劳务所愿意支付的金额①，是其对特定物品或劳务的个人估价，带有强烈的主观评价成分。然而，仅研究金额并不能反映购买意愿的全部，因为人们在购买商品或者服务的时候会考虑价格以外的东西，为此，本研究认为购买意愿是指用户（消费者）购买一定数量的消费物品或劳务所持有的态度、意愿、行为及愿意支付的金额，即包括如何认识付费电视、如何评价付费电视、为什么愿意购买、最多愿意购买的价格等问题。

二、文献综述

1. 付费电视研究

（1）国外的研究。早在20世纪90年代，国外即有关于付费电视的相关研究，有研究指出，付费电视的发展依赖于数字电视，这是因为数字电视能提供大量的多路传输的付费电视频道（如HBO1、HBO2、HBO3等），从而为付费电视的订户提供了更多的频道选择和多样化的节目。② 随着订户获得可选择的大量的HBO的频道，订户的满意度就会提高，而其订户的流失率就会下降。③ 同时，数字电视能提供更多的付费电视频道和更多重复收看的可能，随着更多的重复收看，数字电视给订户带来更多的便利，而这种服务更被认为是接近于视频点播服务。④

新闻集团中国区总裁、星空传媒中国区总裁在《国外付费频道的盈利渠道》

---

① UK Department for International Development (1998). Draft Guidance Notes for DFID Economists on Demand Assessment in the Water and Sanitation Sector, UK Department for International Development, London.

② Colman, P (1998, May 4). Digital cable: When, not if. Broadcasting & Cable.

③ 转引自Kang Myung - Hynn, Digital Cable: Exploring Factors Associated with Early Adoption, Journal of Media Economics Volume 15, Issue 3, 2002. pp193 - 207。

④ Baldwin, T F, McVoy, *et al* (1996). Convergence: Integrating media, information and communication. Thousand Oaks, CA: Sage.

一文中，从 BSkyB 付费电视运营的经验着手并且提出，“节目内容雷同只会增加营销成本”，“维系老用户比发展新用户成本更低”，“单个付费频道观众不会太多”等观点。另外，Jhon V. Parlik 在《数字电视，一个美国的视角》（*Digital Television：A U. S. Perspective*）也从美国的角度阐述了数字电视的运营情况。此外，一些国际公司针对数字电视、付费电视运营情况的调查报告也值得我们参考。例如内容方面，针对美国付费频道中的 PPV、SET 的数据显示 2000 年 PPV 的总体收入大约是 15 亿美元，其中大约有一半是来自电影，其他收入分别是来自诸如体育类的特别节目和成人节目。另外，据 Forrester Research 公司预测，欧洲的数字电视普及率将从 2004 年的 22% 提高到 2009 年的 50%。随着数字电视的快速推进，付费电视也将出现快速的发展，到 2008 年，欧洲的付费电视收入翻一番。

（2）国内的研究。国内付费电视的研究最早出现的是技术研究，如李长法的《付费电视的加密原理及方法》[①]、杨毅明的《收费电视加密方法可行性探讨》[②] 等文章；其次是介绍国外付费电视情况的研究，如罗霆的《从美国有线电视业看专业频道的运营》[③]、李立军的《日本收费电视概览》[④] 等文章。

数字付费频道在我国诞生后，国内对其的研究也多了起来，主要从传播学和经济学两个角度来研究。其中，传播学角度包括对付费频道的节目内容、编排方式、用户的探讨和分析的研究。如李莉的《实现数字付费电视观众消费观念转变的策略》一文从中国电视观众消费观念制约的原因开始探析，提出了内容差异性、价格分级制和产品多元化的应对策略，以期通过主客观的共同努力，来改变数字付费电视发展受消费观念制约的窘境。[⑤]

王小红的《给观众一个理由——以〈孕育指南〉为例谈数字付费电视的内容策划与生产》认为，中国的百姓是最易被感动的百姓，只是看你有没有令之感动的力量，提出从专业的定位、具有核心竞争力的内容、针对性强的策划、贴切的包装、细致且特色的编排和体贴互动的服务来提高用户对频道的忠诚。[⑥]

经济学角度的研究主要从对数字付费电视的运营模式、业务经营、赢利模

---

① 参见李长法《付费电视的加密原理及方法》，载《广播与电视技术》1989 年第 2 期。

② 参见杨毅明《收费电视加密方法可行性探讨》，载《华侨大学学报（自然科学版）》1993 年第 14 卷 4 期。

③ 参见罗霆《从美国有线电视业看专业频道的运营》，载《现代传播》2002 年第 5 期。

④ 参见李立军《日本收费电视概览》，载《电视研究》2003 年第 10 期。

⑤ 参见李莉《实现数字付费电视观众消费观念转变的策略》，载《新东方》2007 年第 7 期。

⑥ 参见王小红《给观众一个理由——以〈孕育指南〉为例谈数字付费电视的内容策划与生产》，载《中国数字电视》2006 年第 21 期。

式、市场营销和政府监管等方面来进行。如孙玉胜的《电视盈利模式的错位——频道专业化与付费电视》在借鉴了当今世界电视经营的多种经验的基础上，根据中国电视发展的实际，从传播内容与赢利模式之关系、频道专业化与赢利模式之关系、付费系统与频道专业化之关系以及单一赢利模式化与电视发展之关系等多个角度和方面，深刻分析了中国电视在传播内容、赢利模式、频道专业化等重大命题上的认识与实践误区，并为未来中国电视规模做大、做强提供了重要的及可行的理念与思路。①

俞凡的《中国数字付费电视发展道路浅析》分析了中国数字付费电视业现状和当前中国数字付费电视存在的几个问题，并从数字付费电视的营销模式和核心竞争力、付费电视业的整合等方面分析了中国数字付费电视的发展路径。②

董小玉、王圆圆的《数字付费电视的媒介环境及其定价策略》从微观经济学的生产和价格理论入手，结合中国数字付费电视的发展现状，从内容生产、市场竞争格局、用户需求细分、传输渠道等方面进行分析，认为付费电视的定价应当在借鉴国外同行运作经验的同时，实行“免费电视导视”这一体验性收视策略先行、多样化的价格歧视策略跟进的办法，实现运营方及广大用户利益的双赢和互动。③

王永亮、吴晓晶的《HBO 的成功对我国付费电视的启示》放眼媒体产业高度发达的美国，介绍了当今美国最赚钱的付费电视网 HBO 的成功经验，并提出我国付费电视的发展建议。④

孟祥飙的《没有品牌的品牌营销——略探数字付费频道之品牌营销》，提出付费频道有助于有线电视运营机构体现业务多样化，并实现经营收入大幅度增长。因此，要有把品牌建设投入当做投资的意识，勇于开展品牌建设和推广实践。⑤

随着数字付费电视在我国的发展，一些研究开始探讨数字付费电视现状、发展困境、对策研究和展望研究等，如张燕丽、李亚娟的《中国数字付费电视发

---

① 参见孙玉胜《电视盈利模式的错位——频道专业化与付费电视》，载《电视研究》2002 年第 3 期。

② 参见俞凡《中国数字付费电视发展道路浅析》，载《新闻界》2010 年第 1 期。

③ 参见董小玉、王圆圆《数字付费电视的媒介环境及其定价策略》，载《重庆社会科学》2009 年第 1 期。

④ 参见王永亮、吴晓晶《HBO 的成功对我国付费电视的启示》，载《中国广播电视学刊》2005 年第 3 期。

⑤ 参见孟祥飙《没有品牌的品牌营销——略探数字付费频道之品牌营销》，载《广播电视信息》2009 年第 11 期。

展现状探析》[1]、郭识阔的《数字付费电视路在何方》[2]、蒋志高的《付费电视的困境及解决之道》[3]。

黄升民著的《数字化时代的中国广电媒体》，在中篇"中国数字电视产业经营发展"中，介绍了数字电视的内涵、业务形式、产业链以及发展数字电视的背景、动因和困惑等，其中还涉及付费电视的内容，是早期涉及付费频道的一本专著[4]。杨继红著的《新媒体融合与数字电视》，论述了我国数字电视的三大背景、发展阶段、发展障碍、内容与渠道、用户、长尾战略等内容，把数字付费频道作为数字电视的一项主要业务，是近年来对数字付费频道研究较为透彻和全面的一本专业著作。[5]

赵子忠、王伟著的《中国影视投融资的产业透视》，在第三章"数字电视发展分析"的第五节"付费电视"中，对国外付费电视的运营情况以及我国付费电视的现状、运营、产业链以及存在的问题进行了分析。[6] 李岚著的《电视产业价值链——理论与个案》中指出，数字付费电视业务必将推动中国电视业的产业升级和经营战略转型；要在数字付费电视运营模式中建立新型电视产业价值链。[7] 彭吉象主编的《数字技术时代的中国电视》，探讨了数字电视对我国媒介生态环境、电视产业、媒体文化、电视美学、电视传播以及社会政治经济生活带来的影响等，有关数字付费电视作为数字电视的内容组成，该书对其节目生产营销和管理等进行了阐述。[8]

2009 年，一本回顾与总结中国付费电视产业 5 年成长之路的新书《创意新电视——中国数字电视中央军纪实》出版。该书由中央数字电视传媒有限公司总裁王焰创作，书中阐述了国内外付费电视产业兴起的时代背景，并以"央视风云"为例，总结了付费电视内容建设的经验及规律，以及对付费电视运营模式的探索。2011 年，赵斐在其《2003—2010 中国数字付费电视频道发展研究》的博士论文中提出了以下结论：①数字付费频道是一种分众化、小众化的电视专业频道，是一种数字内容提供服务；②政府应放宽对数字付费频道的管制，并积极出台扶持性政策；③坚持"内容为王"，加强数字付费频道的内容建设；④建

① 参见张燕丽、李亚娟《中国数字付费电视发展现状探析》，载《现代视听》2010 年 1 期。
② 参见郭识阔《数字付费电视路在何方》，载《传媒》2008 年第 4 期。
③ 参见蒋志高《付费电视的困境及解决之道》，载《新闻爱好者》2005 年第 3 期。
④ 参见黄升民著《数字化时代的中国广电媒体》，中国轻工业出版社 2003 年版。
⑤ 参见杨继红著《新媒体融合与数字电视》，清华大学出版社 2008 年版。
⑥ 参见赵子忠、王伟著《中国影视投融资的产业透视》，中国传媒大学出版社 2006 年版。
⑦ 参见李岚著《电视产业价值链——理论与个案》，社会科学文献出版社 2006 年版。
⑧ 参见彭吉象主编《数字技术时代的中国电视》，北京大学出版社 2008 年版。

立以“用户为中心”的4C与4P相结合的数字付费频道营销组合；⑤积极探索收视费之外的赢利新模式。[①]

在相关报告方面，2010年3月，《全国付费频道市场监测2009年度报告》（以下简称“报告”）由数字广电产业发展中心在北京发布，报告对付费频道的行业信息、市场营销、落地播出、用户市场订购、用户投诉退订等相关情况做了全面展现。报告显示，2009年全年监测的付费频道覆盖150多个城市的近200家网络公司，报告对付费频道市场营销策略进行了全面跟踪研究；针对付费频道落地播出地区和地区落地播出数量进行了分类监测统计；针对付费频道在用户市场的订购情况建立了数据分析模型；针对用户投诉地域特点和原因进行了综合深入阐述；报告还从付费频道的特殊性出发，依据广泛深入的市场调研数据，创新性地提出了付费频道落地播出排行指数、付费频道订购排行指数和付费频道被投诉排行指数三大量化指标，用以衡量付费频道市场的实际发展状况。根据报告提供的各项数据，数字广电产业发展中心还联合了全国五六十家网络公司开展了第二届付费频道市场评选活动，评选出“CHC家庭影院”等15家“最受网络欢迎付费频道”、“中华美食”等3家“最具市场潜力付费频道”、“中国气象”等5家“最受网络关注付费频道”。

总的来说，对于付费电视研究描述性的研究偏多，论证性的研究较少，定性研究较多，定量研究偏少。

2. 购买意愿研究

理性行为理论中所提到的行为意愿，是指一个人针对采取某项行为的主观概率推定，通过行为意愿可以看出一个人对于某种行为的行使的可能性。Fishbein和Ajzen（1975）的研究认为，消费者能否行使特定的某种行为完全取决于个人事先是否有采取该行为的意愿。换句话说，意愿可以很好地预测消费者的行为，是消费者采取某项行为的最直接的诱因，其他影响消费者购买行为的因素都是通过意愿间接影响消费的行为。[②] 在以后的研究中，如Mullet（1985）认为，消费者对某一产品或品牌的态度加上外在因素的作用，构成消费者的购买意愿，购买意愿可视为消费者选择特定产品之主观倾向，并被证实可作为预测消费行为的重要指标。[③] Dodds，Monroe和Grewal（1991）认为购买意愿是指消费者愿意购买

① 参见赵斐《2003—2010中国数字付费电视频道发展研究》，山东大学2011年博士学位论文。

② Fishbein M，Ajzen I. Belief，Attitude，Intention and Behavior：An Introduction to Theory and Research. Reading：Addison-Wesley，1975.

③ Mullet G M，Karson，M J. Analysis of Purchase Intent Scales Weighted by Probability of Actual Purchase，Journal of Marketing Research，Vol. 22，No. 1（Feb.，1985）.

该产品的可能性。① Eagel 等人在其 1993 年的研究中也表明，在估计消费者行为的过程中，行为意愿的预测能力往往更为准确。为此，了解购买意愿能很好地预测到购买行为。②

在购买意愿与购买行为的研究中，Eagel、Blackwell 和 Miniard（1990）认为购买行为在心理上是一种决策行为，消费者一旦有了需求，都会希望去满足它，在满足需求的动机驱使下，消费者会依据本身的经验与外在的环境去寻找有关的咨询，当咨询达到相当的累积后，消费者则开始去评估与考虑，经过比较和判断，消费者才决定去购买某一商品，这就是消费者的决策行为。③ Armstrong 和 Morwitz 选取四种耐用品的消费作为实验对象，研究证明用购买意愿预测消费者未来的购买行为是有效的。④

在购买意愿的决策中，陈新跃等研究了基于顾客价值的消费者购买决策模型，认为顾客的感知价值受到顾客自身的心理、生理等个人因素及其所处社会、政治、文化等环境因素的影响，尤其与个人的成长经历和学习经历密切相关。他们提出用产品效用、顾客成本、顾客需求和顾客个性四个基本概念来评价顾客的感知价值。⑤ 吴亮锦、糜仲春进行了珠宝的知觉价值与购买意愿的经济学分析，认为顾客的知觉价值直接影响了其购买意愿，价值是知觉利得与知觉牺牲之间的权衡；知觉利得与知觉牺牲之间的差额就是消费者获得的净价值，即消费者剩余，要使消费者产生购买意愿，就要使消费者的知觉利得大于知觉牺牲。

更多的研究者探索的是购买意愿的影响因素，如吴亮锦等认为影响消费者的感知价值进而影响消费者购买意愿的因素可以分为三类，其中之一的内部线索是指产品固有的属性，包括产品自身的价值、使用价值、质量特性等。⑥ 庄贵军等对影响消费者在购物中心的购买决策的情境因素进行了研究，认为六个因素对顾客的购买意愿有显著的影响，分别是购买欲望、旅游景点、周末、滞留时间、经

---

① Dodds, Monroe, Grewal D. Effects of Price, Brand, and Store Information on Buyers' Product Evaluations, Journal of Marketing Research, Vol. 28, No. 3 (Aug., 1991).

② Eagle A H. Chaiken S. The Psychology of Attitudes. Orlando, FL: Hareourt Braee Janovieh College Publishers, 1993.

③ Engel J F, Blackwell R D, Miniard P W. Consumer Behavior, 6th ed., Chicago: Drydcen Press, 1990.

④ Armstrong J S, Morwitz V G. (2000). Sales Forecasts for Existing Consumer Products and Services: Do Purchase Intentions Contribute to Accuracy? International Journal of Forecasting, 16.

⑤ 参见陈新跃、杨德礼《基于顾客价值的消费者购买决策模型》，载《管理科学》2003 年第 2 期。

⑥ 参见吴亮锦、糜仲春《珠宝知觉价值与购买意愿的经济学分析》，载《商场现代化》2005 年第 25 期。

常性、店摊数目。[①] 刘海军认为在购买力水平一定时，市场需求是购买意愿的函数，他总结出一个公式：市场需求 = 人口 + 购买力水平 + 购买意愿，就是说分析市场需求必须把这三个要素有机地结合起来，才能有效地扩大市场需求，促进经济发展。

还有的研究者对购买意愿的测量进行了研究，有关获取购买意愿的方式有好几种组合，而较为常见的测量尺度多为五点的等比尺度。如 Sewall（1981）以五点尺度对购买意愿进行衡量，目的在于比较管理者判断预测销售数目，与透过购买意愿所预测的销售数目进行精确性的比较。[②] 此外，也有研究者认为五点尺度的衡量是相当典型的，并且经常被使用于购买意愿的调查之中。顾客满意度是消费者行为研究的关键变数，且其在预测行为意向中所扮演的角色早已确立。Parasurnman，Zeithaml 和 Berry（1996）强调衡量未来行为意向的重要性，以了解消费者留下来或离开的可能性。[③] 陈小平等运用品牌选择转换矩阵的思想，试图将顾客的购买行为倾向量化。[④] 王萍运用数据挖掘技术预测客户的购买倾向，根据客户购买的历史数据建立一个客户针对某项产品或服务“买”或者“不买”的分类模型，然后依据此分类模型预测客户的购买倾向。[⑤]

在报告方面，Ernst&Yong 公司对全世界 12 个国家的媒介消费情况进行调查，该研究比较受众对于传统媒介和网络媒介之间的异同，以及受众对它们的购买意愿：①传统媒介的高消费用户也是网络媒介的高消费用户。在美国、法国、日本和英国的用户在传统媒介的消费中远高于其他国家。同时，这些国家的消费者用户对网络媒介的消费也高于其他国家的用户。②不同国家的传统媒介消费的差异更多是由于文化因素，而不仅是财富。其差异的解释因素来源于每个国家的消费者对于媒介消费活动的态度，这是由于文化而并非财富导致的。③美国、法国、日本和英国国家的用户更倾向于对传统媒介和网络媒介都付费，而且对于付费使用媒介的模式更容易接受。④在一些国家，如西班牙、意大利，网络媒介的免费使用比付费使用更加广泛，为此，在这些国家，网络广告模式比付费获得内容模式更容易被人接受。⑤在传统媒介消费中，如付费电视、音乐、电影、家庭录像

---

① 参见庄贵军、周南、李福安《情境因素对于顾客购买决策的影响（一个初步的研究）》，载《数理统计与管理》，2004 年第 4 期。

② Sewall，M A. Relative Information Contributions of Consumer Purchase Intentions and Management Judgment as Explicators of Sales，Journal of Marketing Research Vol. 18. 1981.

③ Parasurnman A，Zeithaml V A，Berry L L. The Behavioral Consequences of Service Quality，Journal of Marketing，Vol. 50，Issue 4. 1986.

④ 参见陈小平《顾客资产份额研究》，载《经济管理》2002 年第 18 期。

⑤ 参见王萍《基于数据挖掘技术的消费者行为研究》，吉林大学出版社 2004 年版。

的支出，各国相差甚大。如美国家庭的传统媒介消费支出是中国家庭的传统媒介消费支出的50倍；英国家庭的传统媒介消费支出排行第二，为每年550美元，相比于排名第一的美国家庭每年的841美元，相差了291美元，之所以有如此大的差距，是因为美国的付费电视普及率远远高于英国。而在2008年的时候，美国每户家庭平均每年花在付费电视的金额大概为570美元；跟在美国和英国之后的是法国家庭，为每年419美元，日本为每年396美元。德国之所以比西班牙和意大利都要落后，是由于其付费电视的普及率较低，于2009年才达14%。①

总的来说，购买意愿在消费者行为学上的研究非常多，而且关于媒介消费行为的购买意愿也开始涉及，但是对于付费电视的购买意愿的研究却较少。

三、相关理论框架

1. 使用与满足理论

“使用与满足”理论用以研究媒介和受众之间的关系，是传播学领域里最流行的理论，它的出现及发展是传播学研究从传者导向视角向受者导向视角转折的一个标志。②“使用与满足”理论把受众成员看做是有着特定“需求”的个人，把他们的媒介接触活动看做是基于特定的需求动机来“使用”媒介，从而使这些需求得到“满足”的过程，受众能否在媒介使用过程中得到心理满足，直接影响着受众对媒介的期待。③

“使用与满足”理论的研究从受众的角度出发，分析了受众的媒介接触动机以及这些接触满足了他们的什么需求并以此来考察大众传媒的效果和功用，这一视角揭示了受众媒介使用形态的多样性；该理论同时认为人的差异在使用与选择媒介上也同样具有巨大的作用。这一理论的发展，为大众传播媒介或者说为言论空间提出了自由的要求，大众传播媒介只有提供足够多、足够丰富的节目，才能满足不同受众的不同需求，也只有如此，大众传播媒介才能更好地发展④。

受众为什么使用付费电视，受众是否在使用付费电视中得到心理满足？受众对付费电视的内容、价格、宣传、销售是如何评价的？这些都与“使用与满足”理论有着直接或者间接的关系。为此，本研究期望在使用与满足理论的框架下进行问卷设计，以探讨受众对付费电视的购买意愿内涵与程度。

---

① Sky Deutschland AG. Morgan Stanley Research，17，September 2009.

② 参见陆亨《使用与满足：一个标签化的理论》，载《国际新闻界》2011年第2期。

③ 参见郭庆光《传播学教程》，中国人民大学出版社1999年版。

④ 参见金屏《密尔的人性理论与大众传播使用与满足理论探究》，载《东南传播》2008年第6期。

2. 长尾理论

与免费电视不同，付费电视主要通过收取收视费来获得收益，虽然仍有广告，但广告是从属于特定受众的需求与收费需求的。考虑付费电视节目是否成功的标准不再是收视率，而是订户数，运营商通过授权收看的方式得到确切的受众数量。付费电视运营商和受众之间的关系是很清楚的，他们直接把节目卖给观众，并收取费用。与免费电视追求观众数量最大化不同，付费电视寻求的是收入的最大化，观众订阅与否直接关系到收入的多少，如何成功地把节目卖出去是付费电视运营商努力的方向。因而，付费电视的内容会更有针对性，也就是说，付费电视的生存依赖不是宽泛的诉求点，而是细分市场和细化的产品。为实现收入最大化，付费电视运营商要不断细化产品内容，以寻求更多被忽视或被遗漏的潜在用户，其依靠所有付费电视的受众累加值来实现利润，因此付费电视内容商要努力开发新的小众内容节目，而平台运营商则要尽可能增加电视数量。因此，付费电视在内容方面较免费电视更加专业化，节目更加单一，呈现分众化和小众化，是为满足某一类人群的单一化需求而存在的。

因此，付费电视的生存发展依赖于长尾理论。简单地说，所谓长尾理论，是指只要产品的存储和流通的渠道足够大，需求不旺或销量不佳的产品所共同占据的市场份额可以和那些少数热销产品所占据的市场份额相匹敌甚至更大，即众多小市场汇聚成可产生与主流相匹敌的市场能量。也就是说，企业的销售量不在于传统需求曲线上那个代表“畅销商品”的头部，而是那条代表“冷门商品”经常为人遗忘的长尾。

付费电视要与免费电视区别开来，就要在长尾理论的指导下开发代表“冷门商品”的经常为人遗忘的长尾类电视节目出来，从而集中力量于某个特定的目标市场，或严格针对一个细分市场，或重点经营一个产品和服务，创造出产品和服务优势。

四、研究目的

过去研究付费电视的购买，并未提出影响付费电视购买意愿的理论框架。要谈什么是理论框架，就要先谈理论这一概念，美国著名社会学家默顿认为，理论“是指逻辑上相关联并能推导出实验一致性的一组命题”。美籍华裔社会学家林南也认为：“理论是一组相互联系的命题，其中一些命题可以通过经验检验。”另一些学者则主要把理论看成对经验现象的解释性陈述，如美国社会学家巴比认为，“理论是对与生活某一方面有关的事实与规律的系统性解释。”美国社会学家乔纳森·特纳也认为，理论“是一个提出观念的过程，这些观念使得我们能够解释事件如何以及为什么发生”。风笑天在《社会学研究方法》中指出，“理论具有如下几个方面的特征：①理论来自于经验的实践；②理论是一种抽象的、系统的认识；③理论的目标是对经验现实作出解释”。因此，该书对社会研究中的理论概念作出如下定义：理论是以一种系统化的方式，将经验世界中某些被挑选的方面概念化并组织起来的一组内在相关的命题。这一定义是从经验和操作的意义上对理论作出的说明。《社会科学研究方法》认为，“理论是对事物及其关系的抽象概括，是关于事物和现象的基本知识。理论的主要作用是解释和预测，判断一个理论的标准也就是其解释力和应用范围”。

基于以上论述，本研究试图在理论上研究付费电视的购买意愿究竟是如何产生的？其影响因素有哪些？其影响的关键变量是什么？此外，正如前面的文献分析得知，我国的付费电视虽然有很多调查数据，但是却缺乏理论导向下的实证调查，因此也难以真正去验证相关假设或者去解决一些实际问题。因此，本书期望通过理论导向下的实证的数据，探求目前付费电视在中国发展并不顺利的深层原因（内容问题、价格问题、宣传问题、销售方式问题）解决目前付费电视购买意愿不高的方法？

五、研究方法与思路

1. 针对受众的问卷调查法

受众（audience）一词出现在14世纪的欧洲，到了19世纪中期，当报纸等大众媒介在欧美走向产业化道路的时候，“受众”这个词被用来指那些报纸和杂志的读者。到了20世纪中期，受众主要被用来指一切电子媒介（如广播和电视）的消费者。

针对受众的研究有多种方法，如定性研究、定量研究，而本研究主要采用问卷调查法。问卷调查法也称问卷法，它是调查者运用统一设计的问卷向被选取的调查对象了解情况或征询意见的调查方法。问卷调查是以书面提出问题的方式搜集资料的一种研究方法。研究者将所要研究的问题编制成问题表格，以邮寄方式、当面作答或者追踪访问方式填答，从而了解被试对某一现象或问题的看法和意见，所以又称问题表格法。

本研究自2010年到2012年，在广州地区采用了电话问卷调查、网络问卷调查等共4次主要的调查，每次调查人数少则几百人，多则一千多人，获得了大量的一手数据。在获得数据方面，本研究还对回收的问卷进行审核，去除无效问卷之后，录入SPSS软件，对相关变量进行描述分析，并对相关因素进行相关分析。具体操作是根据研究方案和设计，对调查问卷所收集的资料进行因子分析和多元统计分析。

2. 文献研究法

文献研究法主要指搜集、鉴别、整理文献，并通过对文献的研究形成对事实的科学认识的方法。文献研究法是一种古老而又富有生命力的科学研究方法。对现状的研究，不可能全部通过观察与调查，它还需要对与现状有关的种种文献作出分析。文献的现代定义为“已发表过的，或虽未发表但已被整理、报道过的那些记录有知识的一切载体”。“一切载体”，不仅包括图书、期刊、学位论文、科学报告、档案等常见的纸面印刷品，也包括有实物形态在内的各种材料。

文献法属于非接触性的研究方法。没有继承和借鉴，科学就不能得到迅速的发展，决定了人们在研究先前的历史事实时需要借助于文献的记载，在发展科学领域时需要继承文献中的优秀成果。现代科学研究不仅需要以人之间协作为条件，同样需要以利用前人的研究劳动成果为条件。利用科学文献是实现利用“前人劳动成果”的重要措施和方法，也是促进和实现“今人的协作”的条件和基础。一般来说，科学研究需要充分地占有资料，进行文献调研，以便掌握有关的科研动态、前沿进展，了解前人已取得的成果、研究的现状等。这是科学、有效、少走弯路地进行任何科学工作的必经阶段。

本研究围绕付费电视的购买意愿这一主题，通过系统收集和整理国内外现有相关研究成果，并进行归纳、对比和提炼，获取对本课题研究内容的基本理论认识和假设。此外，搜集涉及相关数据，为研究的进一步深化提供素材。本研究参考了国内外关于付费电视的最新文献资料，对相关的材料进行认真的分析和评价，并在此基础上提出自己的研究设计和观点，做到既继承前人又突破前人的局限。

3. 比较研究法

《牛津高级英汉双解辞典》解释说：比较研究法就是对物与物之间和人与人之间的相似性或相异程度的研究与判断的方法。我国林聚任、刘玉安主编的《社会科学研究方法》认为：比较研究方法，是指对两个或两个以上的事物或对象加以对比，以找出它们之间的相似性与差异性的一种分析方法。比较研究法可以理解为是根据一定的标准，对两个或两个以上有联系的事物进行考察，寻找其异同，探求普遍规律与特殊规律的方法。付费电视不是一个仅在中国出现的现象，英美发达国家，以及香港、澳门、台湾等地区都有付费电视的存在，这些国家和地区的付费电视与我国大陆的付费电视有何不同，其有哪些成功经验值得我国大陆的付费电视学习，都是本研究所探讨的内容。

4. 研究思路与技术路线

本研究尤其在调查中按照“问题提出—构建分析框架—分析问题—解决问题”的逻辑思路展开研究。首先，从中国当前社会现状出发，分析影响付费电视购买意愿的相关因素，进而搭建课题研究的基本分析框架；其次，采用理论思辨的方法解答相关理论问题并提出研究假设和模型；再次，通过问卷调查等方法，收集材料和数据，运用统计分析，检验假设和修订、完善理论认识和假设模型；最后，以理论论据和实证论据为支撑，对问题进行多纬度分析，提出解决问题的相关对策思路。技术路线如图 1－1 所示。

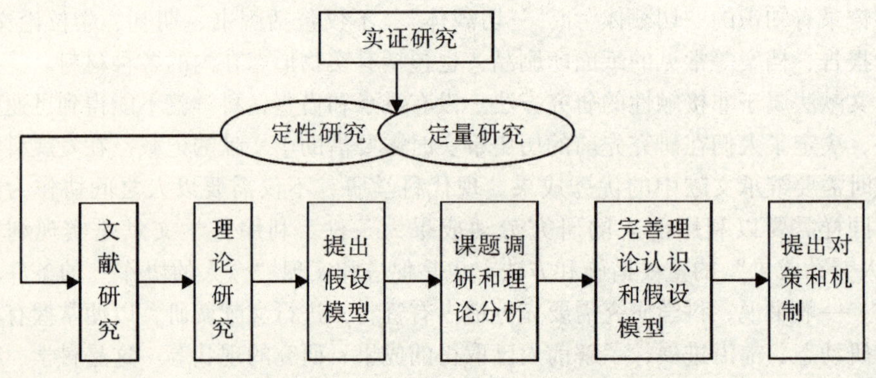

图 1－1　技术路线

六、内容框架与研究特点

在内容框架上，本研究先介绍美国等西方国家的付费电视，再分析我国港、台、澳地区的付费电视，然后再介绍我国付费电视的概况，这些都属于描述性的资料介绍。接下来通过四次调查研究分析了广州市家庭用户对付费频道的意见、态度和看法，并将这些数据与全国性的研究和其他同类研究进行了对比，以获得更为一般的结论。之后，本研究提出了价值创造的赢利模式理论——一个促进付费电视购买意愿提高的理论，并在这一理论基础上，从三网融合、3D 电视、内容专业化与个性化、品牌化、市场营销、政府管理方面分析如何促进付费电视购买意愿，并在最后一章作出总结。

在研究特点上，本研究是国内第一本关于付费电视的购买意愿系统研究的专著，与其他的单纯调查不同，本研究是在理论指导下进行的实证调查；在统计方法上，本研究除了采用描述统计外，还采用因子分析、多元回归统计分析、Logistic 回归分析等高级统计方法。本书创新地提出了付费电视频道的购买意愿指数的编制与调查，并对其有效性进行了验证，在这方面填补了以往研究的空白。

本研究为泛媒研究院资助的项目，初始立项的项目名称为："数字电视付费频道的支付意愿及影响因素——基于广州市家庭用户的实证研究"。项目编号：20114－008。在此感谢泛媒研究院资助，也感谢暨南大学"211工程"三期资助使得本书顺利出版。本课题的完成也受到2012年广州市哲学社会科学发展"十二五"规划课题一般项目"互联网使用时间、使用方式对现实政治参与的影响——基于对广州市网民的实证分析"（项目号为2012YB31）的资助。

第二章　美国、英国、日本等国付费电视概况

2003 年，一份由 ABNAMRO 公司发布的调查报告显示，全世界当时已有 3.443 亿个付费电视家庭，占所有电视家庭总数的 36%，其中有 2.934 亿个家庭是通过有线电视使用付费电视服务的。[①] 目前，美国等西方国家付费电视的收入已经超过免费电视的广告收入。本研究主要谈谈美国、英国、日本三个国家付费电视概况，尤其探讨其如何提高用户的购买意愿方面的成功经验，同时也谈一些国家在付费电视发展中的失败教训。

一、美国付费电视概况

1968 年 12 月，美国联邦通讯委员会批准了付费电视服务，而截至 2011 年 9 月，根据美国有线通讯协会（National Cable-Telecommunication Association，NCTA）的最新统计数据，美国有 12970 万户家庭通过有线电视网络接收电视信号，其中购买基础有线电视服务（Basis Cable）的家庭用户为 5830 万户，付费电视用户市场的渗透率为 45% 左右。美国付费频道的成功发展从其外部环境来说，有以下几方面原因：①1996 年《电信法》打破了限制，推动有线和电信市场进入全面竞争。有线、卫星和电信企业利用自身优势，通过兼并收购、技术改革、差异化竞争等使整个视频产业规模从 2000 年以前不到 400 亿增长至 2009 年近 1000 亿美元。②全业务经营增加粘性。目前，美国有线和电信运营商均为全业务渗透，凭借语音 + 数据 + 视频的一体化服务增加客户粘性，但有所侧重。有线运营商更侧重于视频，如 Comcast 的有线视频收入占总收入的 56%，AT&T 的语音服务占总比为 30%，数据业务贡献率差不多，均在 20% 左右。③有线电视的内容优势明显。视频产业竞争以“内容为王”，美国最大的有线电视运营商康卡

① 参见甄石《美国的付费电视》，载《视听界》2003 年第 4 期。

斯特凭借兼并收购、联合协作等方式已拥有一系列优势内容资源，2009年又与通用电气达成协议，斥资137.5亿美元收购NBC环球51%的股份（NBC环球旗下拥有NBC电视网、环球影业、CNBC、MSNB、科幻频道Syfy、USA和Bravo有线频道等）。[①]

1. 美国著名的付费电视

(1) HBO。HBO电视台是美国最大的数字电视付费台，由有线电视业先锋查尔斯·杜兰创办于1972年11月8号。由于付费电视的经销权限制，HBO并没有如原先设计一样在曼哈顿的有线电视系统中播放[②]，而是由当时宾夕法尼亚州的威尔克斯－巴里有线电视第一次播放HBO节目，其节目包括纽约尼克斯队篮球比赛、纽约流浪者队曲棍球比赛、麦迪逊广场花园播放的拳击比赛，各种各样的体育节目和一些儿童电影。[③] 这些节目通过公司纽约总部经过微波转播传送到威尔克斯－巴里。HBO是第一个成功使用微波传播的付费电视台，之后一年，微波传播服务在宾夕法尼亚州14个有线电视服务台及纽约电视台中发展，总共发展到8000名订阅用户，截至1975年，已共有100多个微波传播机构存在了。[④] HBO发展的时候，美国的电视基本上由三大电视网——NBC、CBS、ABC主宰，而HBO的定位是给观众提供不同的节目，使观众从被动观看中解脱出来，只需付很少的费用就可以任意在HBO的有线频道中选择喜欢的节目，这样的定位使得HBO在激烈的电视网竞争中脱颖而出。

1974年，美国国家航空航天局颁布有关卫星租用政策，HBO抓住了这个机遇，捷足先登，于1975年成为美国第一个上星的电视频道。HBO的第一个卫星直播节目是在1975年9月，是穆罕默德阿里对乔弗雷泽在美国马尼拉之间的一场拳击赛。[⑤] 为了丰富节目内容，除了电影和体育节目，HBO还开始使用传统的电视节目，包括情景喜剧和为电视制作的电影。1975年10月，HBO购买了BBC的一系列节目，包括26集的长篇电视剧《打桩做栅栏者》（*The Pallisers*）和3集的《小海蒂》（*Heidi*）。[⑥] 另外，通过卫星连接，各地有线系统播出的节目价

---

① 参见姚池《付费视频产业潜在亿元商机，内容将成为瓶颈》，见 http://dvb.lmtw.com/Market/201007/57846.html。

② Pay－cable Makes it Into Manhattan，Broadcasting（21 October 1974）.

③ HBO：Off the Ground，but Flying Low，Broadcasting（4 February 1974）.

④ Statistics from HBO：The First Twenty Years，Published by the Human Resources Department of Home Box Office，A Division of Time－Warner Entertainment Company（1992）.

⑤ FCC Internet Services Staff. "Communications History－ Home Box Office". Fcc.gov. http://www.fcc.gov/omd/history/tv/1960－1989.html. Retrieved 2012－10－05.

⑥ HBO buys BBC Series For Pay－cable Showing，Broadcasting（27 October 1975），p.51. The Pallisers was A co-production with Time－Life，the series' US distributor.

格便宜，内容丰富，很受观众的欢迎，很快发展成一个覆盖全美的有线电视传媒网络。在1972年到1981年间，HBO一天播放9个小时，从下午15时到午夜24时。在1981年12月28日，HBO将节目时间表调整为每天24个小时，每周7天连续播放。这次调整，实际上是表明了HBO已成为了一个全天播放的电视媒体。

在1989年时代公司和华纳传媒合并为时代华纳后，HBO就变成时代华纳的一部分。1991年，HBO率先使用“多路传输”，即不增加带宽就能传送多个频道。现在美国有7个HBO频道，其中还包括1个儿童频道和1个西班牙语频道。Cinemax是HBO旗下拥有1200万美国订户的电视网，它有8个电影频道，包括7个频道和1个视频点播服务（HBO On Demand）。截至2011年3月，HBO节目在美国的订户已达2820万，除了在美国，HBO节目至少在151个国家进行播放。[①] HBO是第一家通过卫星传输的频道。研究机构SNL Kagan称2010年HBO的营业额是40亿美元，而在2009年它的营业额仅占其母公司时代华纳（总营业额为45亿美元）的1/4。

HBO开播伊始，便树立了主要依靠订户收费维持运营，节目中不插播广告的商业模式。这种不依赖广告的商业模式给HBO带来了显而易见的好处：只需办好自己的节目，在不断吸引新订户上下工夫，而不必向广告商和收视率低头。因此，HBO的管理层最感兴趣的是“总体订户满意度”（Total Subscriber Satisfaction，TTS）中不同类型订户偏好的方式。从“总体订户满意度”出发的HBO，正是在不经意中确立了以受众为本的传播理念，也为日后的巨大成功奠定了正确的理念基础。这也就意味着，为了提高满意度，HBO必须始终把自己同电视网的制作区别开来。要做到不同，也就是要让自己具有争议性，去冒险。HBO追求的是一个非常复杂的传播效果：它并不急于取悦最大规模的受众，而是要找到满足基础订户（subscription base）中不同类型订户偏好的方式。比如《欲望都市》的收视率并不是非常高，但是它对女性观众有着很大的吸引力——女性订户比例占到HBO订户总数的40%。

HBO为美国的收费电视开创了一个非常简单却高效的运营模式：HBO提供高质量的收费节目，由其他有线运营商向用户提供接入服务，推广成本和收入在两者间分摊。HBO将50%的订户费分给有线电视接入商，同时还分配给有线电视系统一小部分。

（2）Showtime（娱乐时间电视网）。Showtime的全称是Showtime Networks Inc.，即娱乐时间电视网，属于维阿康姆电视集团（Viacom Television Stations Group）旗下的付费电视网。Showtime大胆开辟同性恋题材内容，早在20多年前

---

① Time Warner：HBO：Home Box Office，www. timewarner. com.

就因为播出第一部有关同性恋的电视剧《兄弟》而出名，继2000年推出首部以男同性恋生活为主题的 *Queer as Folk* 之后，又在2004年推出影史上第一部女同性恋影集 *The. L. Word*。截至2012年8月，Showtime 的节目在美国拥有2200万订户。

Showtime 从1976年7月1日开始在加利福尼亚都柏林作为地方电视台播出。当时的付费电视收费为每月1.5美元的基础收费和每部电影3美元的附加收费。[①] 1978年3月7日，Showtime 通过卫星向全国播映，与 HBO 电视台成为竞争对手。[②] 1979年，Viacom 把 Showtime 50% 的股份卖给了 TeleprompTer。1981年，威斯丁豪斯（Westinghouse）买下了 TeleprompTer 公司，在次年将自己拥有的 Showtime 股份重新卖给了 Viacom。1983年，Viacom 和华纳－阿梅克斯卫星娱乐公司将 Showtime 与电影频道合并，变成了 Showtime 网络公司。

1990年，Showtime 开始自主投资为他们的频道拍摄电影，起初只是每部30分钟的短篇电影系列。第一部电影《中午12：01》就提名当年奥斯卡奖。自此之后，Showtime 便开始进军电影长片，由艾德里安·林重拍的电影《洛丽塔》获得好评。21世纪初，Showtime 增设了许多频道，包括：Showtime Too（与 Showtime 2 同音）、Showtime Show case（一般被简称作 Showcase，也就是 Showtime 三套）、Showtime 超越频道（Showtime Beyond）、Showtime 极点频道（Showtime Extreme）、Showtime 家庭地带频道（Showtime Family Zone，仅在数字电视中播出）、Showtime 下一代（Showtime Next，仅在数字电视中播出）以及 Showtime 女性频道（仅在数字电视中播出），共8个频道和1个视频点播服务（Showtime On Demand）。

Showtime 网络公司还拥有电影频道、电影 Xtra 频道以及 Flix。另外，它还管理着 Sundance 频道，这个频道是和 CBS 公司、罗伯特·雷德福德（Robert Redford）以及 NBC 环球公司共同投资的。每个频道都根据自己的主题播放电影和节目，最流行的电影一般都在最主要的频道播出。

2000年，Showtime 开设了 Showtime 交互式14.7频道（Showtime Interactive 14.7），这个频道提供了 DVD 画质节目，并可以与观众进行互动，使观众充分享受自主权。

进入21世纪，Showtime 开始尝试将按要求支付系统投入市场，被称为 Showtime On Demand 频道，用户可以通过这个频道，按自己的需求收看电影、原创电

---

① Richard K. Doan, Will You Pay for TV? TV Guide (17 November 1973), pp. 6－10.

② Viacom Becomes Second By-satellite Pay-cable Network, Broadcasting (31 October 1977), p. 45; Cox deal boosts HBO's prospects, Broadcasting (6 November 1978), p. 62.

视剧、成人节目和拳击赛。这个频道仅在美国的数字电视中播放。Showtime 还是第一家开始播出 HDTV 版本节目的有线电视公司。

（3）国家地理频道。国家地理频道（National Geographic Channel，NGC）是由美国国家地理学会于 1997 年成立的一个制作与播放以自然、科学、文化为主题的历史纪录片的付费电视频道。[①] 国家地理频道包括国家地理频道（国际）及国家地理频道（美国），是由国家地理学会及新闻集团所组成。目前，全球有 173 个国家及地区，超过 4.35 亿个家庭用户，可以通过 37 种语言收看到国家地理频道。

凭借无与伦比的视觉品质和引人入胜的故事情节，国家地理频道荣获了多项专业纪录片制作大奖，其中包括一次奥斯卡金像奖和两次金像奖提名，129 座艾美奖和超过 1000 个影视媒体专业奖项。国家地理频道的节目内容主要涵盖：最新科学与尖端科技、历史与人文、焦点事件调查、自然野生、主题系列特别呈现等。主要包括：①国家地理野生频道（National Geographic Wild）：致力探索地球上每个角落，让观众可以近距离接触野生世界；②国家地理历险频道（National Geographic Adventure）：播放呈现国家地理一贯冒险及探索特色之节目的平台；③国家地理音乐频道（National Geographic Music）；④国家地理高清频道（National Geographic Channel HD）；⑤国家地理儿童频道（National Geographic Junior）。有时也播放特别节目，如 2011 年 5 月，日本东北地方太平洋近海地震发生后接近两个月，国家地理推出特别节目《311 日本地震大剖析》。2011 年 5 月，针对拉登死亡而播出特别节目《透视 911——本·拉登崛起》。

这几年，国家地理频道创立亚洲机构。随着国家地理频道亚洲机构的建立，国家地理频道与中国内地电视媒体的合作同时启动。2000 年 10 月，国家地理频道获准通过卫星向中国内地的各电视台传送节目素材。2006 年，国家地理频道联手中国中央电视台共同合作推出了两个小时的《故宫》国际版，向全球观众介绍了这座全世界规模最大的宫殿建筑群，深入探索紫禁城的故事，并通过国家地理频道的全球播出网络为全世界的观众展现了古老悠久的中国文化。目前，国家地理频道经与 20 多家地方电视台合作推出了《寰宇地理》栏目，把全球最尖端的科技、最惊奇的发现、最原生态的自然画面、最具特色的风土人情一一展示给中国的电视观众。同时，国家地理频道还为中国观众带来以国家地理摄影师的视角拍摄的中国主题和题材的故事在《寰宇地理》中播出。如《魅力中国》主题系列，从介绍革命性的运输系统的《高科技磁悬浮列车》，到解析中国的桥梁工程师们如何迎接挑战，打造出全球最壮观的桥梁——《伟大建筑巡礼：中国

① "International Geographic.". Television Business International. October 1, 1997.

的桥》；介绍由大熊猫和人类共同养育熊猫宝宝的《熊猫保姆》，以及历时两年，深入崇山峻岭中捕捉难得一见的熊猫生活画面，揭示神秘而复杂的大熊猫生活的《国宝大熊猫》；《秦始皇的秘密》则将人们带回两千多年前，看秦始皇如何一统江山，成为中国的第一位皇帝。

（4）探索频道。探索频道（Discovery Channel）是由探索传播公司（Discovery Communications）于1985年6月17日创立的。[①] Discovery传播股份有限公司是全球首屈一指的非虚构类媒体公司，目前拥有170多个国家和地区的逾15亿累计订户。

探索频道于1985年启播，起初主要播放与科学、科技、自然、历史相关的节目，如《美式重型机车》（*American Chopper*）、《流言终结者》（*MythBusters*）和《野兽修车工》（*Monster Garage*）等节目。在2006年1月4日，美国探索网络宣布泰德·科裴尔（Ted Koppel）、资深执行制片人汤姆·贝泰格（Tom Bettag）和8位前美国广播公司夜间新闻节目《夜线》（*Nightline*）的职员会加入探索频道。[②]

目前，世界各地均有播放探索频道，但探索频道会因应不同地区的文化风俗设立不同版本，播放不同类型的纪录片，并加上字幕或配音。美国版本主要放送写实类电视节目，包括推理调查节目、驾驶系列和行业介绍等，如著名的流言终结者系列；但也同时放映合家欢和儿童纪录片。亚洲各个版本的探索频道除着重播放写实节目之外，也着重播放文化节目，如介绍中国、日本传统文化的一系列节目。探索频道在美国主要播放与机械和流行科学有关的节目。

探索频道在亚洲由亚洲探索网络经营，其除了与探索频道（美国）一样，播放与机械和流行科学有关的节目之外，还会播放由探索通信制作的不同于美国同系列频道的节目，这是因为亚洲探索网络的频道数目远较美国探索网络少。另外，一些新的特辑如空中客车A380的节目《空中巨人：打造空中客车A380》也会先在探索频道播放，再于其他频道重放。与探索频道（美国）区别最大的是探索频道（亚洲）会播放亚洲区的专辑，如《台湾人物志》（*Portraits Taiwan*）系列、《新加坡的历史》（*The History of Singapore*）系列和其他中华文化节目等，这些节目在其他探索频道播放比率是较少的。

目前，中国国际电视总公司境外卫星代理部接收探索频道信号，通过亚太6

① Schneider, Steve (June 16, 1985). "CABLE TV NOTES; A CHANNEL WITH A DIFFERENCE". New York Times. http://www.nytimes.com/1985/06/16/movies/cable-tv-notes-a-channel-with-a-difference.html?&pagewanted=all. Retrieved May 1, 2010.

② Discovery Network Looks Back to Move Ahead. United Press International, Inc.

号卫星发射KU波段信号。该服务一般只提供给三星级或以上的涉外宾馆酒店、外国人居住区、领事馆及大使馆。中国内地各省市的地方电视台会转播或播放探索频道制作的节目。[①]

2. 美国付费电视成功的原因

（1）不断地细分市场。美国付费电视的消费对象是社会各个阶层、各个年龄段的广大观众，进行观众群体的细分是其研究节目开发的首要工作。其细分按性别特征分为男性、女性；按年龄特征分为少儿、青年、中年、老年；按职业特征分为工人、农民、知识分子、公务员、学生、职员等。细分的目的就是正确把握电视消费对象的消费心理、消费习惯以及消费时间等因素，以便生产出符合观众口味的节目。因此，对各电视台来说，把市场调查做得越细，对观众的需求把握得越准确，就越可能占据更大的市场。

美国付费频道用户可以选择收看到的频道有100个左右。众多有线电视的频道几乎都是专业化的，有不同喜好的美国受众基本上都能找到适合自己口味和兴趣的电视频道和节目。如下列最常见的频道：野生动物频道，电影频道，体育频道，影视剧频道，动画片频道，艺术与娱乐频道，流行音乐频道，财经信息频道，法庭频道，喜剧频道，科学探索频道，儿童频道，历史频道，户外活动频道，飞行，航行，赛车运动频道，旅游频道。众多的频道使美国的受众可以按照自己的喜好指定或者组合购买付费频道。

根据央视资讯科技有限公司总经理惠明先生对美国数百个付费电视频道赢利情况的分析统计，美国赢利情况良好的付费频道约有60多个。主要分为生活类，如女性、儿童频道；人文历史类，如发现频道、国家地理频道；电影类，如HBO等。此外，专门的收视指南（TV Guide）频道也是低投入、高产出的频道类型。[②] 美国付费电视频道的收入构成中，约60%来源于用户的收视费，另外的40%则来自于广告收入。

（2）原创内容及品牌建设。例如，HBO的成功得益于其原创内容的制作及其通过优质的原创内容来打造自己的品牌。从播放内容上来看，HBO主要播放合作电影公司的电影、自己原创的电影和连续剧、自己制作的娱乐节目等。早在20世纪80年代，HBO就将自己定位为加强原创能力。1983年推出了自己制作的第一部电影《泰瑞福克斯的故事》，此后HBO开始以每月一部的速度制作低成本的电视电影。1989年，HBO成立了电影公司，专门为电视网和院线制作电影。进入1990年，当时美国电视业务的竞争已进入白热化阶段，像《六人行》

① “探索频道节目表”，见探索频道［2011-03-17］。

② 参见张海潮《眼球为王——中国电视的数字化、产业化生存》，华夏出版社2005年版。

这样广受欢迎的情景剧在电视界大行其道。HBO 又制定了新的发展战略：依靠热门剧集使自己变成一个订户“经常使用”的服务。此后，HBO 制作的《黑道家族》、《欲望都市》、《兄弟连》等系列剧集成为了美国电视史上最受欢迎的剧集。“HBO 制作”的概念正在成为一个以“前卫”、“高质”著称的品牌。2004 年它的系列剧在金球奖上的提名高达 20 个，几乎是四大电视网中任何一家的两倍。2007 年，HBO 独得 32 项提名领跑艾美奖①；同时，它们的电影和电视剧也表现不俗，拿下了金球奖、奥斯卡奖等 40 多个奖项。

在 HBO 播放内容上，HBO 播放戏剧性的电影、专利原创的电视电影和多方面的原创系列。以前和现在的 HBO 著名原创系列包括：《监狱风云》、《欲望都市》、《人在江湖》、《抑制热情》、《六英尺下》、《真爱如血》、《奇幻嘉年华》、《化外国度》、《我家也有大明星》、《兄弟连》、《罗马》和《临时演员》等（最后三套剧集是与英国广播公司合作的片集）。HBO 也间中以“HBO Boxing”和“B. A. D. ”（Boxing After Dark）的名义播放拳击比赛。

在 2003 年，HBO 取得了由 Fox 和“Lucasfilm, Ltd. ”制作的电影《星球大战第二集：克隆人的侵略》的有线电视独家播映权，在 18 个月的合约期间，可以在自选收费服务播映前先放送。而由 2007 年 3 月开始，新的输出协议将会生效，也即是梦工厂和二十世纪福克斯的电影会改由 HBO 改在“Starz”独家播放，而迪士尼的“Buena Vista Distribution”和 Sony 附属的“Revolution Studios”则由“Starz”转到 HBO 播放。HBO 通常也会在合约期间于 Cinemax 播放其有播放权的电影。

在体育方面，HBO 首次播放的节目是在 1972 年 11 月 8 日的“New York Rangers”对“Vancouver Canucks”的比赛，传送到在宾夕法尼亚州“Wilkes Barre”的有线电视系统。HBO 的拳击比赛非常有名，包括那些在“HBO World Championship Boxing”播放的比赛。在 1975 年，HBO 首个经卫星传送讯号的电视节目是“Muhammad Ali”对“Joe Frazier”的拳击节目 *Thrilla in Manila*。在 20 世纪 70 年代，HBO 播放了数场 NBA 及 ABA 篮球比赛和一些 NHL 曲棍球比赛。在 1977 年，HBO 开台播放“Inside the NFL”，成为该频道播放最长时间的节目。在 1978 年至 1998 年，播放了温布顿网球公开赛，之后改在其同集团网络 TNT 播放，随后由 NBC 播放。在 1997 年，HBO 开始播放“Boxing After Dark”，播放一些拳击新选手的节目。

在 2005 年，HBO 与“Cingular Wireless”达成协议，创立“HBO Mobile”，

---

① “Emmy Award Database”. Emmys. com. http://www. emmys. com/award_ history_ search. Retrieved 2012 - 10 - 05.

这项服务是收费的自选服务，就像有线电视网络一样，包括一些 HBO 原创剧集，如《人在江湖》等的节目资讯，含有电视集数、屏幕背景图案和由演员录制的电话铃声。

为扩大其影响力，HBO 将其品牌延伸到尽可能多的领域。2003 年年底，制衣公司 Zanzara International 推出了许多款剧中人物所穿的丝绸衬衣以及运动装。带有“HBO”和“The Sopranos”标识的肉酱、沙拉酱、通心粉也已面市。DVD 剧集也是 HBO 最赢利的衍生产品。根据媒体调查公司的调查结果，第五季的《黑道家族》，在 2003 年头 6 个月带来了 1.3 亿美元的 DVD 销售收入，《欲望都市》则带来了 6630 万美元的销售收入。

（3）成功的付费点播电视服务。付费点播电视服务（Pay－Per－View，PPV），是一种按照点播收看来计次收费的电视服务经营模式。付费点播是付费有线电视服务的一种新形式。这个概念的模式其实很简单：在专门的付费点播频道（指定频道）上播放特别节目或者新近发行的影片。要想看到这些节目，用户必须缴纳一定的费用——或者通过拨打电话缴费，或者按一下有线电视控制台的按钮来计费。付费点播电视的概念并非最近的发明，根据瓦特尔·特洛伊·斯班瑟的研究，美国付费电视的历史几乎和电视传播的历史一样悠久。而在进行付费电视模式探索的时候，付费点播电视的概念也进行了试验。早期因为电视用户很少，因此采用打电话或者上门订购的方式来销售这种服务。但是由于不能达到足够大的市场规模，这项服务开展得并不顺利，当然更没有形成一个行业。随着技术手段的不断进步，电视观众群的不断扩大以及美国人生活方式和条件的变化，付费点播电视服务的市场逐渐成熟起来。

美国有线电视用户家庭的半数以上安装上了可以接收 PPV 服务的设备。但是线路运营商在将用户家庭的数据转发器替换成可寻址的转换器方面并不太积极。目前，全美国有 600 万用户通过直接卫星电视系统收看付费点播电视。和基本有线电视服务、付费有线电视服务以及家庭录像服务相比，PPV 确实是个相对说来不大的行业。根据 VERONIS、SUHLER and ASSOCIATES 的一份研究报告显示：1996 年，所有安装了 PPV 接收设备的用户平均购买了 3.6 部电影，大约相当于他们全年购买或租借录像产品总额的 2.5%。卫星直接点播电视服务（DBS）比竞争对手付费点播有线电视服务的购买量要大，平均达到 5.7 部电影。另外，盗用行为同样是个问题。据估计，全美国大约有 400 万个非法的有线盒子在盗看付费点播节目。

根据 SET（Showing Event Telesion）的数据，1997 年 PPV 的总收入约为 12 亿美元，其中约有 6 亿美元来自电影，4 亿美元来自特别节目（主要是体育类的），还有 2.5 亿美元来自成人节目。美国有世界上最有竞争力的电影生产能力和消费市场；美国有很多世界级的体育赛事（如篮球、橄榄球、棒球、拳击、摔跤等）以及成人节目的分级体制和消费习惯，这些是美国付费点播服务达到这样规模的重要因素。

美国PPV市场的节目情况主要为搏斗性节目，其几乎主宰了美国所有PPV电视网的特别节目。1996年，拳击节目占56.7%、摔跤比赛占35.2%、角斗项目占6.4%。近年来美国最成功的PPV节目是1996年11月举行的霍利菲尔德和泰森之间的拳击赛，全美大约有1650万个用户家庭平均付费49.95美元来收看这场比赛。这场比赛PPV的毛收入超过8000万美元。SET按每个用户向线路运营商收取27.50美元。事实证明，播放拳击比赛是PPV最成功的节目模式。根据Variety的统计，1996年11月份，PPV前十名的节目中有9个要么和霍利菲尔德有关，要么和泰森有关，要么两者兼而有之。这些赛事通常每场要花费用户40美元左右，而且大多数比赛都能够有上百万的点播用户。非拳击类最成功的PPV节目是摔跤大赛，总收入达到2400万美元，点播一次价格是29.95美元。音乐会以及其他的特别节目相比而言吸引力要小，通常购买率低于5%。

有线线路运营商从PPV服务商那里购买电影、特别事件报道等节目内容，然后再由指定的频道来播放（销售），这是美国付费点播电视行业的基本商业模式。目前，美国最大的点播电视服务网是观众选择公司和热点选择公司，由PPV服务网有限公司拥有（最终属于6家有线自有自营商和3家电影制片公司）。这些服务网分别通过900家有线系统为1700万可寻址用户提供点播服务。另外，还有3个频道提供当日电影，4个频道提供本周电影（一周时间里播放同一部电影）服务。热点选择公司的竞争对手是拥有11个频道的家庭影院包公司。热点选择公司以长故事片、动作片、冒险片、恐怖片、科幻片以及一些成人娱乐节目为特点。

二、英国付费电视概况

英国的付费电视起步于英国广播公司（BBC）开始制作播出电视节目，其历史几乎与电视的发展史同步。英国广播公司是一个公共广播电视实际运营的机构，同时又是一个管理公共广播电视的监督机构，其电视台既不依靠广告收入又不依靠政治团体的捐助，运作资金主要来源于英国电视用户必须交纳的电视使用费，称作“电视执照费”。如果用户拒绝交纳的话，将面临广播公司的起诉。英国的规定是每个英国的电视用户每年要缴纳112英镑的电视收看许可费，也可以月付20磅，这笔收入用做它的经营费用。然而112磅的费用仅仅包含英国电视的5个基本频道的收看权，因此如果不另外支付昂贵的有线电视使用费，每户仅可以看到5个频道：BBC1台（即第1频道）29%、BBC2台（即第2频道）11.2%、ITV台（即独立电视第3频道）31.9%、第四频道9.90%、第五频道4.6%（其余的13.4%收视率为有线和卫星电视）。随着英国逐渐步入多媒体时代，现在英国民众可以通过卫星电视以及有线电视收看到300多个电视频道。

目前，英国的数字电视家庭占欧洲全部数字电视家庭的42%。英国是欧洲数字电视的“超级获胜者”。2003年年底，英国一半以上（50.3%）的家庭接收数字电视服务；2004年第一季度末，英国数字电视家庭用户普及率上升到53%。英国以唯一数字电视平台运营商为特色。卫星平台运营商英国天空广播公司（BSkyB）和公共电视广播机构BBC公司是英国数字电视发展的引擎。BSkyB公司是欧洲最成功、最有影响力的付费电视运营商，截至2004年6月底，其用户已达735万户，下面以英国天空广播公司为代表介绍英国的数字电视付费频道。

英国真正意义上的付费电视公司是英国天空广播公司（BSkyB），它不仅是英国最成功的付费电视运营商，也是英国数字电视发展早期主要的推动力量。英国天空广播公司是新闻集团旗下的子公司，传媒大亨默多克现拥有其40%的股份并控制着运营权。1990年，新闻集团与英国卫星广播公司合资成立了英国天空广播公司，重点发展卫星电视。随着计算机网络以及数字技术的发展，默多克预见到互联网与数字技术将带来的巨大收益，于是决定开发数字电视业务。1998年，该公司创建了英国第一个数字电视平台，利用数字技术的压缩功能，传送140个大多为24小时播放的频道。英国天空广播公司是英国最大收费电视台，在英国拥有超过1000万用户。① 英国天空广播公司在伦敦证券交易所上市，是富时100指数的成份股。新闻集团拥有39.1%的股份。②

英国天空广播公司资产达118亿英镑。作为全球最为成功的数字付费电视运营商之一，BSkyB有一套为整个英国提供服务的、拥有数百个数字频道的、欧洲最大的直接到户的卫星付费电视系统。1998年10月，BSkyB开通数字服务，现在已有注册有效订户650多万，成为全球数字电视运营商的楷模。BSkyB在英国开创了首个140个频道的数字服务skyoigital，已经进入100万户英国家庭。③ 截至2002年年底，BSkyB拥有370个数字电视频道。

从模拟电视时代开始，英国人就为电视付费，这成为英国人发展数字付费电

---

① Key Facts and Figures. British Sky Broadcasting, 30 June 2010; News Corp. slows BSkyB bid. Ottawa Citizen, 14 October 2010.

② Phone Scandal Poses Defining Test for a Murdoch Son. The New York Times. 8 July 2011.

③ 参见《BSkyB——打开直播卫星的天空》，载《卫星与网络》2008年第6期。

视得天独厚的条件。同时，直播卫星自身的优势也使卫星电视在英国发展迅猛。在英国，数字电视包括了地面、卫星和 IPTV 三大部分，占整个电视市场的 59.4%。在这三部分中，有 66% 是付费用户。从 1989 年卫星电视开播以来，英国最大的卫星电视运营商 BSkyB 的卫星电视用户已经占到了整个数字电视市场的 49.2%，其之所以取得成功，有以下三个方面的因素。

（1）丰富多彩的频道内容。BSkyB 现正在使用全球领先的安全付费电视技术，运营着一套完整的数字电视服务和互动增值服务，并以节目包的方式向其数字订户提供丰富多彩的节目，其中包括：52 个基本频道、10 个纪录片频道、5 个体育频道、11 个额外付费电影频道、4 个额外付费体育频道、44 个音频频道（由 Music Choice 提供）、55 个 Sky Box Office 按次付费电影频道、500 个 Open 互动服务（BiB）、个性化 PVR 业务和数据广播业务等。

目前，BSkyB 拥有的主要付费电视频道的类型如表 2－1 所示。

表 2－1　BSkyB 拥有的主要付费电视频道类型

频道种类	频道内容
Sky 电影	提供各种最新电影，并支持点播服务
Sky 娱乐	主要以家庭收视为主的娱乐节目，包括情景剧、旅游节目、宗教节目
新闻和纪录片	包括 NBC、福克斯新闻网等主流媒体的新闻节目，以及 Discovery 和国家地理等纪录片频道
Music and Radio	包括各种数字广播和音乐节目
Sky 儿童	包括迪斯尼提供的两个频道，还有福克斯网络提供的儿童频道
Sky 体育	包括天空体育 1 台、2 台、3 台以及其他体育新闻等，并拥有 24 小时的欧洲体育新闻频道

BSkyB 采用月租、多频道包、IPPV 即时按次付费、互动增值服务等灵活的商务模式为其订户提供服务。BSkyB 还利用数百个频道中的 48 个频道来开展准视频点播服务，包括互动体育、科学探索频道、音乐点播、音乐电视、电视购物、欧洲最大的购物频道和互动儿童频道等世界知名频道。

（2）高昂的节目购买支出。BSkyB 认为体育赛事转播权是打开订购卫星电视和预付费电视市场的攻城锤。BSkyB 买下了数量众多的好莱坞影片并取得了英国足球超级联赛（以下简称“英超”）的转播权，这不仅推动了卫星接收器的销售，还给英国传统电视从业者带来了巨大的震动和冲击。之后，BSkyB 又与 Viacom 一道开通儿童频道，还争取到乡村音乐频道、MTV、家庭频道、购物频道和美国生活频道，使BSkyB成为一个多频道的节目传送平台。1992年，BSkyB以5年3.5亿英镑的价格购买了英超在英国的独家电视转播权。[①] 1993年年底，BSkyB每周利润达到200万英镑，由此成为全球成功运营付费电视的典范。[②] 1996年，BSkyB已进入500万户英国家庭，卫星电视收视率首次超过10%。BSkyB续签了从2000年到2004年4年的英超联赛转播权的合约，同时包括英格兰足总杯、英格兰国际足球赛的转播权。

BSkyB以其独家的电视节目来留住和争取更多的用户，作为英国最大的卫星电视运营商，BSkyB为用户提供独一无二的电视节目已成为他们制胜的法宝。在所有的开支中，BSkyB在节目方面的支出达到了所有运营费用的50%以上。在节目的支出中，购买体育节目的费用占了很大的一部分。2000年，BSkyB花费11亿英镑购买了2001年—2004年的英超独家转播权。2003年，又花了10.24亿英镑购买了2004年—2007年的英超独家转播权，购买英超联赛转播权大大增加了公司的运营成本，因为除了需要支付巨额的版权费外，还面临着要增加150名雇员、8辆转播车等成本的压力。2004年，BSkyB的体育节目开支占到了整个节目购买费用的46.9%，但从长远看，这一切都是值得的。这一切使BSkyB的内容成为吸引用户的最大卖点。

（3）多种收入来源。BSkyB的营运费用和收入涉及很多方面，包括节目、传输、市场、订户管理、广告等。650多万有效数字订户的管理工作也是一个浩大的工程。和英国很多电视台不一样的是，BSkyB的营业收入主要是靠收视费，占总营业收入的83%，广告收入只占很小的部分。英国天空广播公司的重点发展客户锁定在中、青年人家庭。根据频道范围和观众口味的不同，该公司的价格标准共有96种组合，每月收费从只有最基本节目内容的12.5英镑到节目内容包罗万象的38英镑不等。而且随着订户的增多，其收费标准也在不断上调。据统计，目前每位用户能为公司带来366英镑的收入，且能比往年同期增长5%，这主要靠的就是提高收视费。

三、日本付费电视概况

日本的付费电视主要是从20世纪90年代开始的，主要基于CS和BS卫星及有线电视系统，模拟与数字两种方式并行。日本全国的真正付费电视是从WOWOW开始。WOWOW成立于1984年12月25日，是日本第一家收费民营卫

① 参见林涛《英超传播垄断者》，载《中国企业家》2007年第6期。
② 参见王星《默多克·直播卫星·BSkyB》，载《IT经理世界》2001年第79期。

星电视台，其节目以动画片为主。原公司名为日本卫星放送株式会社（JSB）。1990 年 11 月，WOWOW 开始试运营卫星电视；1991 年 4 月 1 日正式运营卫星模拟电视。和日本放送协会（NHK）只收取少量的“受信料”不同，收看 WOWOW 节目的人需要向 WOWOW 交纳“视听料”，模拟电视每月 2100 日元，数字电视 2415 日元。2000 年 12 月 1 日，WOWOW 开始同时播放数字电视。2003 年 1 月 6 日，由 WOWOW 播放的著名动画节目包括《星际牛仔》、《死亡代理人》、《星界的纹章》及《妄想代理人》等。由于 WOWOW 使用加扰方式，因此观众只有在支付了加入费，并在取得解码器后，每月付费才能获得相应的服务。在 2002 年 3 月，其用户就有 266 万。[①] 目前，日本有两三百个付费电视频道（主要的有 63 个），其中 6 个动画频道均是付费频道（日本没有免费动画频道）。

1. ANIMAX 动画频道

日本的付费电视中值得一提的是 ANIMAX 动画频道。[②] 日本 ANIMAX 动画频道是由索尼影视娱乐公司于 1998 年在日本建立的付费动画频道，目前已成为全球最成功的动画频道之一。ANIMAX 乃日本以外地区第一个全天 24 小时放送的动画专属频道（日本地区首个动画专属频道为 Kids Station），除了为观众提供日本顶尖动画工作室及制作最新、最酷炫的节目之外，也努力朝着成为代表年轻人流行文化之领导品牌的目标迈进。ANIMAX 现已发展了 400 多万用户，是动画频道中收视率最高、用户最多的一个。收视费占该频道总收入的 70%，广告占总收入的 30%（日本政府规定付费频道可以播放广告，但每小时不得超过 10 分钟）。ANIMAX 的观众定位是 2 ～ 45 岁的收视群体。

ANIMAX 的产业链是从漫画杂志开始的，在日本的街头巷尾，无论是大商场还是便利店，都能够随手买到漫画杂志和漫画书。漫画杂志因其价格便宜，销量非常大，目前日本大约有 100 种每周一期的漫画杂志，每周合计发行超过 2000 万份。

日本一集（25 分钟）电视动画的制作成本大约为 1000 万～ 1200 万日元，制作周期（不含创意时间）约 3 周。一般来说，通过出售地面频道的播映权（2 次/3 年）能够收回 50% 的成本，图书及 DVD 等音像版权收回 20%，国外版权收回 20%，二轮播映权及人物形象版权等收回 10%。这样就可以收回全部成本，哪个环节运作的比较好，就是赢利点。随着新技术的不断发展，电视动画片同其他电视节目一样，版权范围从传统的地面及卫星电视播映权、图书音像出版权、人物形象权、音乐著作权，扩大到网络媒体播映权、付费电视播映权等。因为日

---

① 参见李立军《日本收费电视概览》，载《电视研究》2003 年第 10 期。

② 参见杨峥《日本动画产业链》，载《中国广播影视》2004 年第 6 期。

本的法律非常健全，很少发生盗播等版权纠纷，这也充分保障了 ANIMAX 这些投资方的利益。

2. Sky PerfecTV

随着技术的进步和观众收视需求的更新，各种传输形式的电视又开始朝着数字化的新方向发展。日本数字电视采取了卫星数字电视广播运营先行的方式。现在最成功的数字付费电视服务商是 Sky PerfecTV。1985 年 2 月 18 日，Sky PerfecTV 的前身“日本通信卫星企画株式会社”成立。Sky PerfecTV 是日本以至全亚洲最大的付费电视品牌，是 Sky Perfect JSAT 株式会社经营的付费电视品牌。Sky PerfecTV 以直播卫星及光纤网络提供收费电视服务，目前最少已有 130 个频道播映。

Sky PerfecTV 是一个众多专业频道的集合体，它拥有包括广播在内的大约 300 个专业频道。据 2001 年 3 月的统计资料显示，其各类电视频道数目分别为电影频道 35 个，体育和公营竞技频道 31 个，音乐频道 16 个，包括电视剧、动画片、综艺等在内的娱乐频道 24 个，新闻和纪实频道 18 个，业余爱好和技能频道 16 个，生活和区域资讯频道 14 个，教育和考级频道 13 个，外语频道 10 个，节目介绍频道 3 个。

日本电视业的节目运营方式为“制播分离”，电视台为了降低成本、提高效率，除新闻报道和极少数特别节目外，大部分节目都由节目制作公司承制。日本用户接收 Sky PerfecTV 的节目需要购置碟形天线以及调谐器与解码器合二为一的装置（价格数万日元），还需办理加入手续。用户除了需交纳 3000 日元左右的加入费和每月 300 日元左右的基本费之外，还需支付收视费用。收费的形式多种多样，最常见的是用户选出自己喜爱的若干个频道一同签约、付费收看的捆绑式（即根据频道数目的不同有一定的差异，一般收费从 1000 日元到 740 日元不等）；也有每看一个节目支付一笔费用的即 V（Pay Perview）形式（收看一个节目的费用为 300 日元到 1000 日元不等），采取这种形式的大多是收看电影和面向成人的节目（收看面向成人节目还需客户输入相应的密码）。即 V 形式一般只能看，不能录像。如果希望录像，可以选择支付特别费用后录像的 PTT（Pay To Tape）形式。此外，还有只收看一天的节目并付费的 PPD（Pay Per Day）形式、只付特定节目费的 PPS（Pay Per Series）形式等。以上收费系统的管理都是通过客户的特殊装置和 IC 卡进行的。①

① 参见李立军《日本收费电视概览》，载《电视研究》2003 年第 10 期。

四、美国、英国、日本三国付费电视发展的成功经验小结

从美国、英国、日本三个发达国的付费频道的发展来看，其成功的经验有其一定的共性：①付费电视的内容专业性强、个性突出。国外的付费电视内容主要是电影、体育节目和成人片，与免费电视提供的内容有着很大的区别。②形成独特的付费电视品牌。国外的一些付费电视如 HBO 的品牌影响远远超过了免费电视的品牌，而这些品牌方面的优势又给付费电视带来巨大的收益，并进一步促进其发展。③市场营销手段多样。一流的营销手段是付费电视成功的关键。与免费电视不同，付费电视是一个依靠消费者的产业，免费电视可以不与消费者接触，而付费电视则需要与成千上万的用户签订合同。因此用户花钱看付费电视，不仅仅是被节目内容所吸引，还要看服务质量如何。正是这种与观众的直接联系，要求付费电视运营商要采取一流的营销手段为客户服务，这样才能赢得忠诚的客户群。④技术水平先进。国外的付费电视并不局限于按频道收费，而是能够实现按次收费等多种形式收费，这样使得付费电视的收费形式多样，满足受众的需求。⑤赢利模式多样。美国的探索频道、ESPN，以及英国天空电视台等的赢利模式都是非常多元化的，其收入不仅来源于收视费，还来源于广告。BSkyB、Direc TV 以及 Foxtel 都是采用“收视费 + 广告费”的模式取得成功的[①]。

五、其他一些国家付费电视发展的失败教训

1. 德国基尔希集团的破产

付费电视不是在每一个国家都能顺利推广的，德国是欧洲最发达的国家，而且德国也是欧洲最大的电视市场，但是德国的付费电视发展却并不顺利。2002年4月，德国当时的第二大影视传媒集团——基尔希集团破产就是由于在付费电视领域的亏损而引发的，其债务总额高达65亿美元，成为德国“二战”后最大的破产案和欧洲第一个破产的传媒集团。

德国基尔希集团拥有5个免费电视频道，包括德国第二和第三大私立电视台、体育电视台、新闻频道 n24 以及有线电视一台 Kabel 1，还拥有 11000 多个电影版权和长达 40000 多小时的各种电视连续剧的版权，集团员工总数约1万人。1996年，基尔希集团投资经营数字付费电视业务，其把从银行获得的高额贷款投进了有线电视的开发，并与好莱坞签下几十亿美元的合同，以期获得电影

① 参见戴杰明《数字付费电视的成功之道》，千龙传媒特稿 2004 年 9 月。

电视节目在德国的转播权，给付费电视创造丰富内容。然而举债投资的付费电视业务迟迟不结果实：1997 年，付费电视收视率只有 10 万人次，订户远没有达到预期数量；2000 年，这项业务又让集团损失了 28 亿美元，平均每天浪费 130 万美元；2001 年，基尔希集团付费电视的主要频道 Premiere World 仅增加 11 万订户，240 万美元的年收入远不到盈亏平衡点。此外，基尔希还坚持把 500 美元的有线电视解码费的成本分摊到电视订户身上，致使同行和专家评价其不懂得用户心理。最终，为减轻负担、改善财务状况，基尔希被迫卖掉了付费电视业务的部分股份。结果，整个基尔希集团 2001 年的赢利大幅减少，基尔希开始为其高额购买影片和体育赛事转播权付出代价。这些项目投资中，既有购买世界杯全球转播权的 20 亿美元，也有购买方程式赛车的 15 亿美元等。2000 年营业额还高达 33 亿欧元的基尔希集团，2001 年便出现巨额赤字，债务高达 22 亿欧元，到了 2002 年年初，更增至 65 亿欧元。而且，还有数亿欧元的银行贷款即将到期。2001 年前 9 个月里基尔希传媒的税前利润只达到 1.78 亿欧元，资金来源日益见绌。[①] 2002 年上半年，在基尔希的收费电视台中拥有股份的国际媒体大亨默多克，根据合约条文规定要求退出股份，使得基尔希必须向默多克支付高达 15 亿欧元的贷款和利息；同时，德国另一媒体集团施普林格出版社（Axel Springer Verlag）拒绝延长向基尔希的贷款期限，坚持要求基尔希集团按时偿还贷款。更加雪上加霜的是，包括德意志银行在内的金融界这一次拒绝向基尔希继续输血，使得基尔希集团的破产危机在 2002 年夏天全面爆发。上述种种最终导致了德国战后最大的企业破产案。

德国基尔希集团的付费电视之所以不成功，其主要原因有三：一是长期以来在法律领域和公众心中，付费收看节目的观念一直很陌生，因此引发激烈的争论，讨论是否应该将其纳入广播电视秩序。二是其他电视台包括公法电视和私营电视已经给德国的电视观众提供了 30 个模拟电视频道，从公法电视严肃的信息节目到私营电视休闲娱乐节目，已能够满足观众的收视需求，观众的选择范围宽广。而且德国人已经为收视许可费每月缴纳 17.03 欧元，因此不愿意再缴纳额外的费用去观看电视。三是德国的付费电视受到各种严格的制度约束。《德国洲际广播电视条约》规定，"重大的社会事件" 必须保证由公法电视播出，诸如奥运会等许多重大的体育赛事以及重要的足球比赛，以保证所有公众都有收视的权利。此外，在德国国内，任何加密的电视节目内容不得包含诸如成人电影在内的节目，这两条法律规定从根本上削弱了公众观看付费电视的积极性。[②] "德国人

① 参见张志安《基尔希集团：德国战车的终结》，载《今传媒》2005 年第 3 期。

② 参见曹晚红《德国双轨电视制度研究》，中国广播电视出版社 2009 年版。

口为8200万，电视家庭户数为3600万，付费电视业90年代初在德国建立以来发展迟缓，经过了8年才发展到200万用户，付费电视用户仅占电视家庭的7%，约252万用户。"① 而我国的一些情况，如观众没有付费习惯、免费频道过多、收视费已经很高，也不能播放成人频道与德国的情况很相似，所以我国的付费电视应以德国为鉴。

2. 英国的地面数字电视ITV Digital的倒闭

世界上第一个地面数字电视平台——英国的地面数字电视（DTT）发展始于1998年11月，刚开始时有18个频道。② 最早的DTT平台ONdigital采取与BSkyB一样的付费商业运营模式，由当时英国最受欢迎的商业电视频道ITV最大的两个股东Granada与Carlton共同投资，然而用户增长远远低于预期。由于缺乏经验，无法与卫星和有线平台竞争，运营状况不佳，于是在2001年更名为ITV Digital，希望借ITV的品牌开拓市场，可惜仍不能突破僵局，于2002年4月宣布破产。于是，世界上第一个付费DTT平台ITV Digital倒闭。

罗伟兰分析了ITV Digital失败的原因：首先，ITV Digital低估了市场竞争的激烈程度、所需投资的总量及投资回报周期，而且缺乏明确的竞争战略。其次，内容匮乏导致ITV Digital难以吸引足够的用户，不能从电视经济中非常重要的"规模效应"获益。再次，ITV Digital的管理层缺乏运营付费电视平台的专业经验。最后，先天的低覆盖率也是影响ITV Digital市场拓展的一个重要因素。③

---

① 孙玉胜：《数字付费电视：豪门盛套难以下咽》，载《媒介》2004年第6期。

② ONdigital Announces Channel Packages And Launch Date. MediaTel. 28 September 1998. http://www.mediatel.co.uk/newsline/1998/09sep/28/ondig.htm.

③ 参见罗伟兰《数字电视时代的平台运营策略探析（上）——基于英国的案例研究》，载《世界广播电视》2005年第2期；罗伟兰：《数字电视时代的平台运营策略探析（下）——基于英国的案例研究》，载《世界广播电视》2005年第3期。

第三章 香港、澳门、台湾地区的付费电视概况与特点

一、香港的付费电视

1. 香港的付费电视发展简史

香港付费电视的先行者是九仓有线电视。九仓有线电视由九仓集团全资经营，其于1993年获取付费电视服务牌照，共12年期，同年10月31日，有8个频道开播，其中包括全港第一家24小时播映的广东话新闻频道。九仓有线电视开启了香港多频道付费电视服务的先河，在1998年10月开播5周年之际，九仓有线电视台更名为香港有线电视。

1998年4月，香港电讯互动电视通过电话线涉足付费电视，通过电话线开办全球首项宽频互动电视服务的“互动电视”，提供1.5Mb宽带上网服务，到9月份就发展到7万户。其提供的收费、双向式互动电视服务包括自选影像服务（Video on Demand，用户可以自选电影，随时开始及暂停），也包括提供家居银行、购物、游戏、教育等互动服务。该服务的用户可使用电视及机顶盒的摇控器作为互动操作的接口。但是，在1997年亚洲金融危机之后，香港普通市民就没有闲钱付费收看电视节目；况且当年其竞争对手有线宽频为筹备在香港交易所上市，不惜重金买入欧洲各项大型足球赛事直播权和买入永胜娱乐一系列电影播映权来制造声势，这导致香港电讯互动电视本身缺乏叫座力，于是就只好在2002年10月结业。

同时也是在1998年，为了打破原有付费电视市场格局的垄断状况，推动其发展，香港政府决定开放市场，引入竞争机制，由市场自行调节付费电视的供求关系，并于1999年8月开始接受付费电视牌照的申请。于是引来了美国、英国、台湾及香港财团共10家机构的申请。通过对这些申请进行审核，2000年7月，香港政府计划发出5个付费电视牌照，为期12年：①香港网络电视有限公司；②Yes TV；③香港DTV有限公司；④银河卫星广播有限公司；⑤台湾太平洋数

码卫视香港有限公司。如果发放牌照，这五家新的付费电视持牌机构将要提交履约保证金，数额由400万～1亿港币不等，以确保它们履行包括节目服务推展、资本投资以及服务覆盖大厦数目等的承诺。这五家机构发展情况如下：

（1）香港网络电视有限公司。香港网络电视有限公司是中国数码信息有限公司旗下的子公司，它的执照申请是基于使用固定网络传输互动收费电视（网络电视）的，并在申请执照期间，与和记环球电讯达成初步意向，使用和记环球电讯的光纤骨干网作为传输网络。但是，其后发现和记环球电讯的设施不能完全接入网络电视，而如果进行额外投资则会使成本进一步上涨，因此转投电讯盈科。然而，双方最终因为价钱问题而未能谈拢。由于经营成本远高于预期，商业风险和固定网络的费用占整体成本太大，单纯经营收费电视的边际收入变得太低，不足以抵消其他开支，香港网络电视因而在2001年3月15日致函通知广管局及政府，决定交还牌照，退出香港付费电视市场。

（2）Yes TV。Yes TV，原来称 Elmsdale Limited，由邵氏媒体有限公司持有10%的股份，英国 Yes TV 占90%的股份。2002年2月22日起，Yes TV 收费系统投入运营，香港观众使用家用电话即可接入该网络收看华娱电视频道和视频点播华娱的节目。Yes TV 透过人造卫星提供12个频道，由台湾上传电视节目至香港。然而，Yes TV 于2004年7月1日就交还了付费电视运营执照，并因提供的服务累积少于1.8亿港币的资本开支，被没收149万港币的履约保证金。Yes TV 退出香港付费电视市场的理由是由于难以安排与大厦内的线路分配网络进行互连以提供准用户使用，因此未能建立有利可图的经营模式，于是该公司计划改变商业策略，不再提供电视服务，而改为集中为亚洲的宽带网络提供内容服务。

（3）香港 DTV 有限公司。香港 DTV 有限公司由新闻集团的卫星电视有限公司全资拥有。卫星电视有限公司是新闻集团旗下从事亚洲卫星电视广播和多媒体业务的公司。卫星电视公司于2000年12月5日宣布暂时推迟其全资子公司 DTV 在香港推出家用收费电视服务的计划，最终卫星电视有限公司在正式牌照发送前宣布退出付费电视市场。

（4）银河卫星广播有限公司。银河卫星广播有限公司由电视广播有限公司（TVB）全资拥有，香港政府为防止付费电视出现垄断的情况，规定 TVB 不能成为收费电视的主要股东，须有其他公司入股，且使 TVB 占有股份须降至50%以下。TVB 取得付费电视牌照后，花了两年才找到美国卫星通信公司（Intelsat）作为合营伙伴，直至2004年2月才正式启播。

（5）台湾太平洋数码卫视香港有限公司。台湾太平洋数码卫视香港有限公司由太平洋世代直播股份有限公司全资拥有，太平洋世代直播股份有限公司后改名为普乐视媒体香港有限公司。2002年8月，太平洋数码卫视的 TV Plus 推出10

条基本频道的收费电视服务。后来由于订户遭遇入户技术的困境，台湾太平洋数码卫视香港有限公司一直未能履行牌照对服务覆盖的要求，于是在2004年4月1号交还了付费电视运营执照，退出付费电视市场。

除了颁发付费电视的新牌照，香港政府也将原有的香港有线电视的牌照延长至2005年5月31日，以保证竞争的公平性。后来，陆续进入付费电视市场的还有两家机构：电讯盈科的NOW宽频电视和香港宽频。

（1）电讯盈科的NOW宽频电视。电讯盈科重返付费电视市场的举动是通过NOW宽频付费电视业务来带动实现的。NOW宽频由电讯盈科互动影院有限公司（电讯盈科有限公司旗下子公司）经营，在香港提供按频道收费的电视服务，采用ADSL（非对称数字用户线路技术），透过固定电讯宽频网络传送，用户可以自选收看单个电视频道或多个电视频道。牌照有效期为12年，由2003年9月26日至2015年9月25日。NOW宽频采用"按频道收费"的定购方式，即每个频道每月收费9～21港元不等。

（2）香港宽频BBTV。香港宽频BBTV从属于1992年5月于香港成立的城市电信香港有限公司。香港宽频BBTV于2003年8月推出付费电视服务，但它是透过互联网平台传送电视内容的公司，因而不受现行电视牌照的规定限制。香港宽频BBTV的以太网在港连接了120万个家庭，约占香港家庭总数的70%。不过，其母公司城市电讯主席王维基表示，该公司遵守香港政府颁布的广播条例。值得一提的是，香港宽频BBTV持的是电信管理局颁发的互联网经营许可，而不是广播事务管理局颁发的付费电视经营许可。香港宽频BBTV的付费电视服务提供以汉语为主的11个电视频道，其中包括全天候的新闻频道和电影、宗教、中国戏曲以及BBC国际新闻等频道。与传统的付费电视服务不同的是，香港宽频BBTV提供的11个互动应用频道，允许消费者在其互动平台上享受各种服务。这些服务包括天气预报、即时文字新闻、股票报价与财经新闻、购物、电视游戏、收发邮件和SMS（短信）、有用的电话号码和账户的访问资讯等。

至2004年年底，经过市场的竞争和选择，银河卫视公司（其于2006年改名为无线收费电视有限公司）、NOW宽频电视、香港宽频BBTV，加上原有的有线电视，香港共有四家付费电视运营商。其中，持牌付费的电视运营商是香港有线电视公司的有线宽频通讯有限公司（以下简称"香港有限宽频"）、电讯盈科的NOW宽频电视和无线收费电视有限公司，没有持牌的付费电视营运商则是香港宽频BBTV。

根据2005年香港广播事务管理局一项调查显示，香港本地付费电视节目服务的住户渗透率为33.8%，免费电视节目和电台则分别为99.6%和95.2%。截至2009年，香港本地付费电视节目服务共提供309个频道，娱乐及资讯娱乐频道占17.8%、体育频道占16.5%、纪录片/知识频道占11.7%、电影频道占11%，每周共播放47575个小时节目，比2008年增加4.9%，其中34.3%（106个频道）属于本地制作。总的看来，香港的付费电视和免费电视共同为香港的市场提供了类型多样、数量众多的节目内容。

2．目前香港的四个付费电视营运商

（1）香港有线电视公司的有线宽频通讯有限公司。香港有线电视前身为九仓有线电视，于1993年开播，同年5月在香港创办有线宽带通讯有限公司，并于同年11月24日在香港及美国纳斯达克上市。集团于2007年6月8日撤销在纳斯达克股票市场的上市地位，并于美国的场外交易市场买卖。有线宽频通讯有限公司下辖香港有线电视公司经营，其73.4%的股份为九仓集团所持有，其余则为公众持有。集团拥有及经营香港其中一个覆盖几近全港的电讯网络，提供收费电视服务及制作本地电视节目。集团亦提供宽带上网服务、媒体内容供应及IP点批发服务。

现在，香港有线电视的有线宽带通讯有限公司拥有24小时播放频道，包括主打的新闻台、财经资讯台、娱乐台、娱乐新闻台、1台、18台、电影1台、电影2台、HMC1、HMC2、体育台、足球台，另有多个收购的娱乐、纪实、体育、国际新闻频道等。2009年8月推出高清频道，包括hd201、hd202。2009年12月，客户人数超过100万户。2009年11月16日，有线宽带通讯有限公司获得2010年11月起连续三个赛季的英格兰超级联赛香港独家直播权。

香港有线宽频所属的香港有线电视有限公司乃是香港五大传媒之一，每年制作超过1万小时的节目，这使得香港有线宽频的IPTV内容有了充足的节目源。香港有线宽频除了成功地将新闻、电影及体育等自制的本土节目发展为旗舰频道，还不断增添不同类型的国际节目，为观众提供多样化的节目选择。其中，香港有线宽频体育频道涵盖了所有重要的欧洲足球赛事，以及重要的高尔夫球赛、美国职业棒球赛、美国NBA职业篮球赛等。另考虑到在香港居住和工作的外籍人士众多，香港有线宽频另外还开办了专门为外籍人士服务的国际化频道，如环宇综合套餐中推出日本、韩国、法国、德国、西班牙等国家的8个频道，Indus套餐中推出两个巴基斯坦的综合频道。

香港有线宽频的有线新闻台（i-CABLE News Channel以前称“有线新闻二台”），是全球首个24小时以粤语报道即时新闻的频道。新闻台除了24小时不断报道本地及国际新闻外，各节新闻内容一般还包括财经、体育及天气消息等。此外，有线新闻也曾举办各类型讲座和论坛，包括“香港杯外交知识竞赛”、“新闻最前线”论坛、“亚洲新世代”讲座、与《明报》合办的“传媒与国情教育”讲座及“投资者教育讲座系列”、“财经楼盘”讲座、“09应对海啸研讨

会”、“海啸一年：浮游泡沫中”、历届自行主办立法会选举选前论坛——“直选擂台”和“功能组别选举论坛”等。

(2) 电讯盈科的 NOW 宽频电视。2003 年，电讯盈科申请直接更改牌照以经营收费电视，后获得通过。NOW 宽频电视在 2003 年 9 月启播，并由香港固网电话服务供应商电讯盈科旗下电讯盈科互动多媒体有限公司负责经营。电讯盈科 NOW 宽频电视讯号经由网上行宽频（在中国内地称为宽带）传送，属于 IPTV，拥有共 208 个频道，当中 189 个为 NOW 宽频电视频道，这些电视频道包括 13 个高清频道、5 个纯音乐频道、7 个数码声音广播频道及 19 个无线收费电视频道，另有 19 类自选影像服务。

更改牌照后，使用电讯盈科电视服务的用户，由 1998 年的不足 1000 户，扩展至 100 万户，当中约 70% 为付费用户，其余 30% 则为免费用户（并无订购任何付费频道）。NOW 宽频电视启播初期以捆绑形式，与电讯盈科旗下宽带互联网服务“网上行”推出，当时 NOW 宽频电视的频道节目以海外新闻 CNBC、BBC World News 纪录片 Discovery Channel 及西方娱乐 MTV、Reality TV、人间卫视为主，一年后开始容许非“网上行”用户独立申请 NOW 宽频电视，并逐步增加体育及粤语内容。

NOW 宽频电视的频道由 13 个免费频道和 55 个付费频道组成。即使不订购付费频道，也可以免费收看这 13 个频道。付费频道中包括 40 个电视频道和 15 个广播频道。从频道数目来看，NOW 宽频电视纳入付费业务的频道中，纪录片占 15%，体育节目占 12.5%，电影、电视剧、卡通共占 30%，新闻占 10%，成人节目占 10%，其余综合娱乐和音乐等占 22.5%。这种分类基本与调研中所显示的观众的收视需求相符合。

NOW 宽频电视所有 24 小时的频道都是按频道收费，其中有基本月费计划、6 个月优惠计划以及 12 个月优惠计划。自选节目如电影及特别节目会逐次收费。最贵的频道类型是体育频道，远远高于其他类型的频道单价；其次是成人频道，然后是电影、电视剧频道和卡通频道；纪录片频道、新闻类频道以及生活潮流类频道较便宜。电讯盈科采用优惠方案鼓励长期订购，半年订购期价格较按月订购价格便宜，整年订购价格较半年订购价格便宜。总的来说，半年订购价格相当于按月定购价格的 8 折，全年订购价格相当于按月订购价格的 6 折。尽管 NOW 宽频电视采用单频道订购的方式，但是仍有一些可选（单频道订可以，组合订购也可以）和不可选（不订购频道组合的话，无法单频道订购）的频道组合。这些组合都是根据频道内容的相近性而设置的。最明显的例子，Discovery 的 5 个频道以“Discoveroy 全接触”的形式整体销售，其组合前后价格比较：组合后频道包价格与频道单价总和相比，前者约是后者打 7 ~ 8 折后的价格。

NOW 宽频电视属于 IPTV，其运营的成功与其母公司香港电讯盈科在产业价值链上的主导地位密不可分。由于不存在市场准入上的政策障碍，香港电讯盈科独立控制 IPTV 产业价值链的核心环节——内容集成和网络运营。一方面，香港电讯盈科与产业价值链上游的内容提供商合作，根据频道收入与合作伙伴进行分成，成功地吸引了包括 HBO、ESPN、CNN 等 30 多家著名的内容供应商；另一方面，香港电讯盈科自己能够提供宽带接入、用户计费等网络运营服务，从而直接掌控 IPTV 的终端用户。这种纵向整合的力度在全球 IPTV 经营者内也是很少见的。

电讯盈科为 NOW 宽频电视制定的战略目标是成为香港首屈一指的“电影院”。目前，NOW 宽频电视拥有 136 个频道，涉及新闻、娱乐、体育、时尚、财经和教育等领域。为了获得高质量的内容，香港电讯盈科不惜花巨资与 ESPN、卫星电视、HBO、美亚娱乐等本地和国际内容供应商达成独家播放协议。另外，对于国外引进的内容，香港电讯盈科的 NOW 宽频电视都要经过本地化处理，其中超过 70% 的节目以中文为播出语言，或者配有中文字幕。

2006 年 2 月，为了使节目内容对普通香港市民更具吸引力，电讯盈科与香港无线电视台签订了为期五年的合作协议。2006 年 3 月，NOW 宽频电视还推出了 24 小时播出的 NOW 财经台，每天用粤语播放金融和房地产信息，使节目内容更加本土化。NOW 新闻台是香港 NOW 宽频电视的频道，为香港第 5 个自制的电视新闻频道，于 2007 年 10 月 24 日启播。NOW 新闻台是 24 小时的新闻频道，其新闻中心与 NOW 财经台及无线港岛新闻中心同样位于香港湾仔电讯大厦。

2009 年 NOW 宽频电视的营业额为 23.5 亿港元，比 2008 年的 22.39 亿港元增加了 5%。2009 年 10 月 6 日，香港首个高清好莱坞电影频道 HBO HD（110 频道）在 NOW 宽频电视开播。2009 年 11 月 16 日，NOW 宽频电视宣布夺得西班牙足球甲级联赛 2009 年起连续三个赛季的香港度假播放权。NOW 宽频电视购入法国网球公开赛的播放权，是全港独家播放四个大满贯赛事的电视营运商。截至 2010 年 12 月，NOW 宽频电视用户已达到 103.9 万户。

（3）无线收费电视有限公司。无线收费电视有限公司前身为银河卫视公司，主要股东为汉传媒集团、Gemstone Pacific Limited 及无线电视（TVB）。无线收费电视曾以“exTV 银河卫视”和“SUPERSUN 新电视”名称提供收费电视服务，现通过卫星、和记宽带和 NOW 宽频电视传送节目，是香港首个利用其他公司传送平台的收费电视服务商，用户超过 10 万。无线收费电视公司现有约 41 个电视频道，包括 11 个由无线电视制作的电视频道和其他外购电视频道。

1998 年，无线电视成立银河卫星广播有限公司（以下简称“银卫”）。1998 年 7 月 21 日，银卫获行政长官会同行政会议发出卫星电视上行/下行牌照，为期

12年。2000年4月，银卫取得“对外固定网络服务营办商”牌照，开始卫星电信服务，竞投香港付费电视牌照，并于2000年12月获得政府发出的付费电视牌照；但限于《广播条例》，除非得到政府行政会议批准，否则电视台不得同时拥有免费和收费电视的控制权。当时香港有线电视和香港立法会的部分议员反对无线电视经营收费电视，称银卫会垄断电视业。其后，虽然政府批准银卫经营收费电视，但曾经设下多项限制（俗称“防火墙条文”）。例如，无线电视不可拥有银卫多于49%的控制权；银卫须竞投无线电视制作的节目频道（在独家情况下）；无线电视自制节目在其免费频道播放后一年内，不得在付费电视播放等。而银卫也必须在获准发牌后18个月才能经营付费电视，以免抢占先机。2006年，银河卫视公司改名为无线收费电视有限公司。

2006年11月7日，无线收费电视宣布，无线收费电视播放英皇娱乐集团旗下“英皇娱乐台”。英皇娱乐台是香港第一条唱片公司的电视频道，主要播放英皇娱乐集团旗下歌星资讯，以及由他们主持的其他娱乐节目，2006年12月11日起由无线收费电视独家播放。现在，无线收费电视有限公司的收费频道包括电影台、为食台、娱乐新闻台、新闻台、新闻2台、无线剧集台、无线精选台、无线经典台、无线生活台、无线儿童台、音乐台、生活2台、神州新闻台、Super9985、资讯台等。

（4）香港宽频BBTV。香港宽频（香港称“宽频”，内地称“宽带”）BBTV于2003年启播，是香港的收费电视台之一，以前称香港宽带电视及香港宽带数码电视，是城市电讯（香港）有限公司之全资附属公司香港宽带网络有限公司所提供的服务之一，以私有的自家宽带网络技术传送电视讯号。由于香港宽带数码电视被商务及经济发展局界定为互联网电视，所以不需领取香港收费电视牌照，不受广播条例监管。2008年，香港宽频BBTV推出可收看无线电视及亚洲电视高清节目之机顶盒，以配合地面电视数码广播，但有关高清节目则是透过大气电波及大厦公共天线，而非BBTV平台播放。

香港宽频BBTV创办香港新闻台，作为旗下的粤语新闻频道，于2003年8月14日启播；虽然名为“香港新闻台”，但该台并非只报道香港新闻，亦会报道国际新闻资讯。香港新闻台的成立，源于创办人王维基认为收费电视必须拥有自家的新闻台。香港新闻台的摄影棚位于香港葵涌的香港宽带总部。该台的主要竞争对手包括有线电视的有线新闻台、无线收费电视的无线新闻台、NOW宽频电视内播放的NOW财经台和NOW新闻台及无线电视的互动新闻台。另外，香港宽带与香港房屋署合作，在香港各大公共屋邨的地下大堂安装LCD电视，播放名为“房屋资讯台”的频道，该台以香港新闻台资讯为主，而于香港新闻台播放广告时插播各种屋邨资讯。

3. 香港付费电视发展特点

（1）出色的内容。香港付费电视之所以有如此蓬勃的发展，首先离不开其有出色的内容。例如，香港有线电视内容产品的特点是：①出色的自制节目；②引入合适的国际性频道；③频道专业化运作，满足不同细分观众群体的需求。香港在拓展付费电视业务方面对自制节目给予了充分重视，在首批开播8个频道中，就包括一个24小时播出的粤语新闻频道。香港有线电视在内容制作上的投入巨大，2002年的节目制作成本达到7.32亿港元，占总收入2/3以上，其自制的节目在1995年和1996年度的纽约国际电视电影节中分别获得金奖和铜奖；2000年还获得了两项金奖，儿童台、新闻台、娱乐台、电影台等制作的内容还获得了6项优秀奖。自制节目使得其拥有节目的版权，还能减少仅引进其他国家的节目所带来的文化差异。当然，香港有线电视也引进合适的、精彩的外部节目和频道。在专业化方面，香港有线电视在开播次年就启动体育频道包括ESPN、卫视体育台等，涵盖了所有的重要欧洲足球赛事，如英格兰超级联赛、欧洲联赛冠军杯、西班牙足球联赛、意大利足球联赛、重要的高尔夫球赛、英国职业棒球赛、美式职业足球联赛、美国NBA职业篮球赛和网球大满贯赛等。而电讯盈科的NOW宽频电视也有出色的内容，其拥有上百个频道内容，还有从国外引进独家的视频内容；同时，进行本土化的处理。出色的内容是吸引受众观看付费电视的前提，这个出色的内容的衡量标准是受众的兴趣，只有根据受众的兴趣，尽最大可能提供符合其兴趣的内容，才是生存发展之道。而出色的内容生产就要靠规模化、集团化获得；同时，这些出色的内容还要根据受众的特点进行细分，才能满足受众的本土、专业的需要。

（2）多种多样的电视定价策略。香港的付费电视市场竞争激烈，运营商们推出多种多样的电视定价策略，以获取更多的收入，在竞争中取胜。例如，香港有线电视的频道打包定价策略和电讯盈科NOW宽频电视的互动影院的定价策略。具体情况如下：

1）香港有线电视的频道打包定价策略。香港有线电视的频道包共有三种：一种是基本服务包，一种是特别收费频道，还有一种是组合套餐包。基本服务包价格较低，面向低端用户；精选台的额外服务面向的是高端观众，且按单频道收费，费用较高；在基本服务和精选台之间还有灵活多样的收费节目组合。

基本服务每月308港元，主要向观众提供综合、新闻、娱乐、体育、旅游、儿童类节目等共48个频道。基本服务中娱乐类频道和新闻类频道是最重要的组成部分，各有16个，各占32%；其次是体育和纪录片频道，各有6个，分别占13%；然后是电影频道和成人频道，总共4个，占6%。从频道的综合及专业程度来看，综合频道只有中央台四套、东森亚洲卫视、深圳电视台三个。基本服务

按月支付为308港币，半年预付则为1660港币（9折优惠），全年预付则价格为2950港币（8折优惠）。平均约6港币/频道/月。

除基本服务以外，香港有线电视向观众推出了部分精选台。在11个精选台中，电影类的占了4个，体育类的占了4个。电影类节目和菲律宾频道价格在80港币/月左右、体育类价格在220港币/月左右、动画频道32港币/月、有线A台价格为30港币/月。整个精选类频道的平均价格为113港币/月左右，远远高于基本服务的价格。

可见，由于精选台的额外服务面向的是高端观众，所以是按单频道收费的，且费用较高。这说明，越是小众化内容，只有少数人具有强烈偏好的节目收费越高；相反，越是观众数量庞大的节目收费反而越低。

在基本服务和精选台之间还有多样的收费节目组合，包括家庭套餐、电影套餐、新闻套餐、环宇综合套餐、Zee套餐、CAT6套餐等。收费形式上，香港有线电视采取了较为灵活的市场策略，套餐既有按月收费，也可以按优惠价预交全年费用，还有少数频道是按次收费的。为了鼓励预缴费及长期订购，香港有线电视采用预付费打折的优惠措施，预付费一年则可以获得相当于9折优惠的价格。

2）电讯盈科NOW宽频电视的互动影院的定价策略。电讯盈科NOW宽频电视的所有24小时的频道都是按频道收费，其中有基本月费计划、6个月优惠计划以及12个月优惠计划。自选节目如电影及特别节目会逐次收费。

其最贵的频道类型是体育频道，远远高于其他类型的频道单价；其次是成人频道，然后是电影、电视剧频道和卡通频道；纪录片频道、新闻类频道以及生活潮流类频道较便宜。这种差距同时跟卖方获取节目内容的成本、难度以及买方对节目的需求迫切程度正相关。

电讯盈科NOW宽频电视的互动影院采用优惠方案鼓励长期订购，半年订购期价格较按月订购价格便宜，整年订购价格较半年定购价格便宜。总的来说，半年订购价格相当于按月定购价格的8折，全年定购价格相当于按月定购价格的6折。

综上所述，香港的付费电视市场虽然竞争激烈，但是其仍然能向受众提供高质量、数量多、价格合宜的付费电视节目，此生产模式和经营模式都值得内地付费电视学习，在内地管理层的思想意识中，都是跑马圈地，画地为牢，各占一方的思想，不愿竞争、害怕竞争是难以真正发展付费电视节目的，只有合理竞争、大胆竞争，才能在市场经济的环境中为受众提供最好的内容和服务，而香港的付费电视市场就是一个很好的例子。

二、澳门的付费电视

目前，澳门共有1家免费电视台（澳门广播电视股份有限公司）、5家卫星电视台和1家收费（付费）电视台（澳门有线电视股份有限公司）。澳门有线电视股份有限公司于2000年开播，其汇聚了世界各地约100多个不同类型的频道节目，通过引入高清数码传播及接收系统，为澳门市民提供多元化的有线电视服务。其节目以粤语、国语、英语为主，亦有葡语、德语及意大利语等节目，现阶段自制节目正在试行中。截至2010年，澳门有线电视客户人数为26489户。

澳门有线电视拥有庞大的专业团队及具规模的系统，光纤网络已全面覆盖整个澳门地区。透过现有的光纤网络，澳门有线电视引进了更多精彩的高清频道及推出了互动信息服务。澳门有线电视采用先进的卫星数码技术传送电视节目，电视信息是通过建于路环发射站的卫星接收器接收，采用MPEG－2DVB技术，以数码方式进行传送及译码。MPEG－2DVB技术可以避免天气变化所带来的影响，保证电视信息能于高质数的状态下传送，DVB技术亦可保证未来高速传播应用的需要。电视信息会再通过光纤传送到松山灯塔，然后以微波方式将电视信息再传送到整个澳门地区。建于路环炮兵马路的澳门有线电视发射站，备有6条卫星天线，采用最新的数码卫星接收系统、微波传播系统及信号处理中心系统等科技来传送电视信息。数码卫星接收系统利用七倍于模拟技术的科技带来更完美的图像与音效，亦可提供更多的频道选择且逐次节目收费服务。微波传播系统是一个比光纤传输更灵活及更有弹性的传播系统，能更快地将信号覆盖和传信至全澳门各地区用户。信号处理中心系统拥有大型卫星天线，采用先进的数码处理技术及后备系统，保证在任何天气环境下，信号都能不间断地传输。信号处理中心还设有数码加密系统，能防止信号被盗用。

2003年，澳门有线电视股份有限公司已在全澳711栋大厦铺设有限电视网络，信号覆盖率已达90%以上，到2003年6月，该公司已出售的服务组合总数共计1.4万套，同时提供58个电视频道。2004年澳门有线电视股份有限公司的营业额为240万美元，较前一年增长25%；客户数量增长16%，达3.7万人。但是其经营还是没有达到理想状态，在2006年的时候，澳门有线电视股份有限公司的母公司葡萄牙电讯集团认为该公司的业绩未达到市场潜量，对澳门有线公司的业绩不满意，并认为业绩不佳的原因是“规模不够大或经营不善”，而在葡萄牙电讯集团的中国业务中，澳门有线电视公司的业绩是最差的。为了寻找更多的市场和机会，2011年，澳门有线电视股份有限公司和珠海广播电视台签订战略合作协议，允许珠海广播电视台自制电视新闻节目免费在澳门有线电视股份有限公司的电视频道中播出，两台还将共同策划珠海澳门的区域合作的主题报道、大型直播节目等，并建立常态节目交流机制。

综上所述，在澳门免费电视受香港免费电视的直接冲击的环境下，澳门有线电视股份有限公司发展付费电视，不失为明智之举，通过提供高质量的节目内容，吸引澳门受众的观看和购买，从而获取合理的市场份额。虽然澳门有线电视的付费电视现在还没有更多的原创内容，但是随着与珠海等内地城市电视台的合作，其还是有很大的发展空间的。

三、台湾的付费电视

2003 年，台湾的东森、中嘉两家公司的付费数字电视频道营运计划获新闻局通过取得营运执照，并推出付费的数字电视服务。中嘉公司具有与电脑连线的付费数字互动电视服务功能，2003 年 6 月在基隆正式开播，公司向收视户提供各种影音服务，又通过整合互动的头端主机，同步处理所有收视户各自的收视要求并进行分类，给用户提供套餐式的多元频道。每个频道收费从 50 ～ 300 元新台币不等，收视户必须在家中安装数字机顶盒才能观赏数字电视节目并使用其他资讯服务。中嘉公司服务内容分为数位内容频道视听服务和加值型互动服务两类，其中数位内容频道视听服务除了给用户提供收看经过同步速差数字化处理后的已有的 80 多个有线电视频道外，还增加了数个直接以数字讯号传输的频道内容。

台湾的东森、中嘉的付费频道，采取单频单卖订阅服务和计次付费项目两种。而加值型互动服务，由电脑平台转换通过数字机顶盒，传输互动式节目单，除了提供节目表外，还提供个人化的预设频道、节目预约录影以及“亲子锁”（锁码成人频道等）登入功能服务，让用户自由选择所需要的节目。中嘉公司服务相关资料可见表 3－1。

表3-1　中嘉数字电视服务内容及收费方式

数字机顶盒收费方式	买断；租用；付押金，每月再付租金，但试办期不收租金
数字视听服务	数字频道内容：电影频道、国际频道、运动频道、新闻频道、音乐频道、数字频道、情色频道等。例如，互动快报、TV8、V-intl、韩国阿里郎 Arirang 频道、英国 BBC、WORLD、澳洲 ABC，法国 TV5 综合频道、慈济大爱、园林教育等 付费频道与计次付费节目：付费频道包括主题频道、学习频道、成人频道等，如 TV8、ChinnelV、Voyages、Adventure One 等；计次付费节目包括电影、运动赛事、表演、音乐会等内容。数字音乐广播：包括中外流行歌曲、古典、爵士、钢琴、摇滚等 30 个无广告、无 DJ 的音乐频道
互动服务	IPG 互动节目表：提供节目表、内容摘要、个人预设频道、亲子锁等功能。 互动服务平台：提供生活实用资讯及功能查询，包括即时资讯、游戏娱乐、饮食购物、金融理财、生活休闲、文化教育 6 大类
其他服务	网络内容，提供 G-MUSIC 网站内容
付费频道收费方式	单频单卖付费频道；暂订每月收取 50～300 元新台币不等；计次收费节目：暂订每次收费几十元不等

2003 年，台湾的东森正式推出付费数位电视服务，包括 6 个境外免费频道及“东森女性学苑”、“东森医疗健康”等 5 个付费频道。后来东森又推出教育、娱乐、东森特属、境外、成人、互动服务、公益，以及数字音乐等各类频道；其中，又以教育、娱乐以及东森特属的频道为主。总之，东森以整合集团内外可用资源、提供产品附加值来吸引消费者使用，具体情况见表 3-2。

表3-2　东森数字电视服务内容及收费方式

数字机顶盒收费方式	买断；租用；付押金，每月再付租金，租用满两年即归收视户所有
频道内容：教育	YOYO-A、YOYO-B、YOYO-C、尼克卡通频道（生活美语教学）
频道内容：娱乐	HBO 数字版、知性旅游
频道内容：东森特属	东森购物 1 台、东森购物 2 台、东森高尔夫教学、东森健康医疗教学、东森女性学苑、东森戏曲教学

续表 3-2

频道内容：境外	英国 BBC、WORLD、澳洲 ABC、法国 TV5 综合频道、德国 DW、新加坡 NEWS ASIC、韩国阿里郎 Arirang 频道
频道内容：成人	彩虹频道、PLAYBOY、HOT、HAPPY、HI-PLAY 限制级电影
频道内容：互动服务	台北市与中山高速公路即时路况、东森新闻报、资讯网、股市看盘、电视银行、热门资讯、政府服务
频道内容：公益	慈济大爱 1 台、2 台、3 台
频道内容：数字音乐	国语畅销、热门舞曲、爵士主流、钢琴演奏、拉丁舞曲、日本流行等、16 个国家各国风格数字音乐
频道内容：公益	频道单选：依个别频道价格收费，同时订阅多个频道会有若干优惠。会员制度："东森 YOYO ABC 会员"以年费计、"东森高尔夫会员"以年费或月费计、"东森全家乐"以年费计

在管理上，台湾新闻局定出各项付费频道收费的"上限"，也决定付费频道必须"单频单卖"的"下限"。目前，台湾新闻局规定上限是每月 600 元新台币，要求只能是"单频单卖"。也就是说，有线电视业者今后就不能把几个频道混在一起卖了。此条规定公布之后，台湾有线电视经营者就表示不满，反映这不是市场上的一贯做法，他们认为"假设一个频道一百元，两个一起卖。卖一百五十元，有何不可?"而事实上，长期以来，有线电视就是所有频道绑在一起卖，喜欢的和从来不看的一起卖。不过，台湾新闻局强调，这些规定的目的是希望通过市场机制，让所谓的垃圾频道消失。

除了审查有线电视的价格之外，新闻局还要求必须严格审查从业者向收视户提出的契约内容，由于目前台湾付费频道还有许多有待理清的成本与销售问题，因此尚无法制定标准化的契约，只有对每一种收费形式仔细研究其契约内容，才能保障收视户权益不致受损。新闻局还表示，将会注意到付费频道业者有无履行营运计划书的内容，即在开办之初，有线电视业者所作的各项承诺。如果没有兑现，新闻局将会处以每次 10 万元新台币以上的罚款。

台湾的付费电视除了用户采购机顶盒的庞大成本外，收视用户消费习惯、收视内容也有待解决。过去，台湾家庭用户习惯将有线电视讯号做多台电视分享的做法，在数字电视时代中将因系统商严格控管限制分享，多用一台电视看数字电视就多一个订阅费用，增加用户看电视的成本。另外，从内容来看，虽然运营商强调付费内容比免费电视频道有吸引力，特别是高画质频道，但运营商引进的高画质的内容多为国外频道，缺乏本地内容来看，高画质的内容吸引力还不如本地频道高。而且付费频道制作高画质的内容从摄影棚、后期制作、播送系统等都需要庞大投资，短期内的成本难以回收，要想获利还有一段时间。

综上所述，台湾的付费电视也才刚刚起步，其管理当局也制定了相当多的规定，有些值得中国大陆学习，比如严格审查从业者向收视户提出的契约内容等，因为格式化合同也往往有利于制定方，而不是消费者，如果不审查，很有可能会损害消费者的利益。但有些也要扬弃，比如说付费电视只能“单频单卖”，因为毕竟付费电视是市场产品，其供求和价格应该让市场来调节，而不是由政府去干预。

第四章　我国付费电视频道发展概况

一、我国付费电视频道发展的成绩与问题

2003 年 1 月，国家广电总局确定当年为“网络发展年”，主要任务是：以开发付费电视为重点，中央与地方相结合，建立网络业务的节目运营、传输、服务平台。以网络公司为主，吸纳社会力量，开发网上音视频及增值业务。“推出若干个付费电视频道和多种增值业务”，“力争 3 年内我国付费电视用户达到 3000 万户，使网络收入成为经济增长的主要来源”。这些政策文件的出台，显示管理层意识到付费电视及数字电视的重要性，并希望能以此来推进网络业务开发和体制整合，改变中国广播电视行业长期以来单纯依赖广告的经营模式。不过，付费电视与数字电视又有自己独特的关系及各自的定位，即付费电视只是有线电视数字化的应用业务之一。“整体转换”战略指的是数字电视，而在数字化进程之中，要根据市场情况打造付费电视，进行频道专业化改革，逐步发展付费电视。

2003 年 7 月 1 日，上海文化广播影视集团筹办的《法治天地》节目开播，成为全国首个数字付费电视节目。《法治天地》节目首批终端有 2 万户，该节目是一档 24 小时全天播出的法治专业节目，每晚 19 时到 23 时为首播时间，其余时间则用于重播节目。其节目内容包括动态新闻、法治纪实、综艺类节目等，如《中国警务报道》、《法医神探》、《案件聚焦》、《东方 110》等。当时付费电视确定的发展目标是：用 3 ～ 5 年的时间，建立一个品牌突出、特色鲜明、内容丰富、门类齐全的付费广播电视频道体系。到了 2003 年 9 月 1 日，国家广电总局批准的第一批 10 个付费数字电视频道，包括中央电视台的“足球”、“电视剧场”、“音乐时尚”、“京剧经典”、“城市体育”、“卫生健康”，北京广播影视集团的“京视剧场”、“动感音乐”、“爱家购物”，电影卫星频道节目制作中心的“家庭影院”也在这一天同时试播。2004 年 8 月 1 日，经国家广电总局批准，数字付费频道开始通过卫星传输，覆盖率大大提高。8 月 9 日，央视风云传播有限公司首批 6 个数字付费电视频道率先进行了全面改版，并由试验播出进入到了正

式播出。[①] 截至2009年7月，经国家广电总局批准开办付费电视频道已有142套，分为全国播出和省内播出两类（见表4-1）。在7年多的时间里，全国数字付费电视频道从无到有，从小到大，由最初的20多个发展到了目前的142个，数量增长了7倍。从数量上看，我国的数字付费频道已粗具规模。

表4-1　国内付费电视名录（截至2009年7月）

业务	序号	开办单位	名称
全国播放的付费电视	1	中央人民广播电台	家庭健康
	2	中央人民广播电台	央广购物
	3	中央电视台	卫生健康
	4	中央电视台	风云足球
	5	中央电视台	高尔夫网球
	6	中央电视台	央视文化精品
	7	中央电视台	风云音乐
	8	中央电视台	第一剧场
	9	中央电视台	怀旧剧场
	10	中央电视台	风云剧场
	11	中央电视台	世界地理
	12	中央电视台	电视指南
	13	中央电视台	国防军事
	14	中央电视台	女性时尚
	15	中央电视台	中视购物
	16	中国国际广播电台	环球奇观
	17	电影卫星频道节目制作中心	家庭影院
	18	电影卫星频道节目制作中心	高清电影
	19	电影卫星频道节目制作中心	动作电影
	20	广播科学研究院	青年学苑
	21	新影厂	证券资讯

① 参见周俊、欧文凯《直播卫星给付费电视带来的机遇》，载《卫星与网络》2008年第12期。

续表 4－1

业务	序号	开办单位	名称
全国播放的付费电视	22	新影厂	老故事
	23	新影厂	新科动漫
	24	科影厂	发现之旅
	25	科影厂	中学生
	26	中国教育电视台	早期教育
	27	物流与采购联合会	东方物流
	28	中国气象局	中国气象
	29	中华民族文化促进会	书画频道
	30	中华民族文化促进会	音像世界
	31	中国疾病预防控制中心	百姓健康
	32	北京广播影视集团	亲亲宝贝
	33	北京广播影视集团	车迷频道
	34	北京广播影视集团	考试在线
	35	北京广播影视集团	四海钓鱼
	36	北京广播影视集团	环球旅游
	37	北京广播影视集团	新娱乐
	38	上海电视台	东方财经
	39	上海电视台	动漫秀场
	40	上海电视台	游戏风云
	41	上海电视台	全纪实
	42	上海电视台	七彩戏剧
	43	上海电视台	法治天地
	44	上海电视台	魅力音乐
	45	上海电视台	劲爆体育
	46	上海电视台	都市剧场
	47	上海电视台	欢笑剧场
	48	上海电视台	极速汽车

续表 4－1

业务	序号	开办单位	名称
全国播放的付费电视	49	上海电视台	幸福彩
	50	上海电视台	金色频道
	51	上海电视台	时尚生活
	52	上海电视台	新视觉
	53	天津电视台	时代家居
	54	天津电视台	时代美食
	55	天津电视台	时代出行
	56	天津电视台	时代风尚
	57	山西电视台	彩民在线
	58	山西电视台	老年福频道
	59	山西电视台	优购物
	60	浙江电视台	留学世界
	61	浙江广电集团	数码时代
	62	贵州电视台	天元围棋
	63	贵州电视台	摄影
	64	贵州电视台	家有购物
	65	湖南电视台	快乐购物
	66	湖南电视台	中小学同步辅导
	67	湖南电视台	先锋纪录
	68	湖南电视台	乒羽频道
	69	江苏电视台	靓妆频道
	70	江苏电视台	财富天下
	71	江苏电视台	英语学习
	72	江苏电视台	幼儿教育
	73	辽宁电视台	游戏竞技
	74	辽宁电视台	电子体育
	75	辽宁电视台	网络棋牌

续表 4－1

业务	序号	开办单位	名称
全国播放的付费电视	76	辽宁电视台	智趣
	77	辽宁电视台	新动漫
	78	辽宁电视台	家庭理财
	79	吉林电视台	篮球
	80	南方广播影视传媒集团	邮轮旅游
	81	广东电视台	高尔夫频道
	82	广东电视台	欧洲足球
	83	广东电视台	英语辅导
	84	广东电视台	快乐宠物
	85	广东电视台	会展频道
	86	广东电视台	快乐益智
	87	重庆电视台	汽摩频道
	88	重庆电视台	杂技频道
	89	重庆电视台	时尚购物
	90	山东电视台	收藏天下
	91	山东电视台	读书频道
	92	湖北电视台	孕育指南
	93	湖北电视台	碟市频道
	94	湖北电视台	职业指南
	95	安徽电视台	家家购物
	96	安徽电视台	人物频道
	97	河南电视台	梨园频道
	98	河南电视台	武术世界
	99	河南电视台	文物宝库
	100	陕西电视台	法律服务
	101	陕西电视台	育婴宝典
	102	内蒙古电视台	城市建设

续表 4－1

业务	序号	开办单位	名称
全国播放的付费电视	103	内蒙古电视台	象棋频道
	104	内蒙古电视台	颐家家居
	105	河南人民广播电台	说文解字
	106	甘肃电视台	家政频道
	107	江西电视台	风尚购物
	108	长沙市电视台	现代女性
	109	成都市电视台	美食天府
	110	太原市电视台	玩具益智
	111	青岛市电视台	中华美食
	112	深圳市电视台	DV 生活
省内播放的付费电视	1	北京广播影视集团	京视剧场
	2	北京广播影视集团	爱家购物
	3	北京广播影视集团	动感音乐
	4	北京广播影视集团	弈坛春秋
	5	北京广播影视集团	置业频道
	6	吉林电视台	东北戏曲
	7	黑龙江电视台	龙江考试
	8	山东电视台	齐鲁剧场
	9	山东电视台	居家购物
	10	山东电视台	欢乐童年
	11	重庆电视台	新财经
	12	重庆电视台	魅力时装
	13	南方广播影视传媒集团	开心购物
	14	广东电视台	岭南戏曲
	15	广东电视台	房产
	16	宁波广电集团	教育在线
	17	太原市电视台	家庭消费

续表 4－1

业务	序号	开办单位	名称
省内播放的付费电视	18	成都市电视台	每日电视购物
	19	福建教育电视台	家庭教育频道
	20	江苏教育电视台	江苏招考
	21	武汉市电视台	消费指南
	22	新疆电视台	娱乐巴扎
	23	新疆电视台	天山剧场
	24	新疆电视台	教育在线
	25	深圳市电视台	宜和购物
	26	长沙市电视台	现代房产
	27	长沙市电视台	家庭消费
	28	哈尔滨市电视台	天鹅购物
	29	浙江电视台	好易购
	30	厦门市电视台	全心购物

从付费频道的开办情况来看，全国播出的 112 个数字付费电视频道是由 39 家主体开办的。开办单位主要是中央级媒体（如央视）、中央机构（如中国气象局、中华民族文化促进会等）、省级媒体（如各省级电视台）和市级媒体（如各市电视台）。省内播出的 30 个数字付费频道是由 19 家主体主办，主要是各省、市级的广电机构。在所有的 142 个数字付费电视频道中，各省、市广电机构主办的有 111 个，在除港澳台地区之外的 31 个省级行政区中，有 24 个开办了付费电视频道。可以看出，省、市级电视台是开办数字付费频道的主力军。

我国付费电视频道的种类十分丰富，几乎涵盖了文化、教育、体育、生活、娱乐等各个门类，包括纪实类、游戏类、体育类、影视类、生活类、财经类、文物类、儿童类、科教类、彩票类等。可见，数字付费频道对受众进行了细分，以分众化专业频道较多，如“劲爆体育”、“第一剧场”等；也出现了不少小众化专业频道，如“四海钓鱼”、“高尔夫”。在这些种类的频道中，影视类频道、体育类频道、教育类频道以及购物类频道所占比重最高。

有些付费电视频道逐渐受到用户的认可。2010 年 3 月，《全国付费频道市场监测 2009 年度报告》由数字广电产业发展中心在北京发布，报告对付费频道的行业信息、市场营销、落地播出、用户市场订购、用户投诉退订等相关情况做了全面展现，同时评选出“CHC 家庭影院”等 15 家“最受网络欢迎付费频道”、“中华美食”等 3 家“最具市场潜力付费频道”、“中国气象”等 5 家“最受网络关注付费频道”。

然而，从我国数字电视整体发展情况来看，付费电视频道用户仅占（有线）数字电视用户的 10%，发展并不乐观。2010 年全国有线行业收入构成中，基本收视维护费占了 67.10%，宽带接入占 5.42%，付费频道收入才占 3.57%。[①] 其具体表现如下：首先，在全国地市级城市，有线数字电视付费频道开通率较高，但在西南、西北地区以及各省份县级城市等有线数字电视付费频道开通率还相对较低。其次，从国内有线付费数字电视相关的试运营结果和用户数统计数据来看，全国各地的平均销售价格约为 36 元/月/户，普遍存在发展付费数字电视用户在 2 万户上下徘徊的所谓“瓶颈”现象，即存在节目内容和销售价格两大“瓶颈”效应共同制约着有线付费数字电视业务的发展，导致付费数字电视业务难以跨过 2 万户的“瓶颈”而进入高速发展阶段。最后，从经营上看，国内众多数字付费频道这几年来一直处于“烧钱”的状态，经营状况不佳，尚未形成资金的良性循环，还处于入不敷出的状态。现有的 142 个数字付费电视频道，每年所创造出来的价值仅仅在十几亿元左右，实际上平均每个付费频道所能分得到的收入仅有数百万元。这个每年数百万元的微薄收视费收入对于一个数字付费频道内容提供商（简称为“频道商”）而言，也许还不足以支付其节目采购制作费用（节目版权费等）。

随着付费电视的开播，相关的政策管理规定也出台了，如 2003 年 12 月 1 日，国家广电总局发布了《广播电视有线数字付费频道业务管理暂行办法（试行）》（广发办字〔2003〕1190 号）等。在这样的政策背景下，我国付费电视频道的产业链形成了付费电视频道制作机构、付费电视频道集成运营机构、付费电视频道传输运营机构、付费电视频道用户接入运营机构四个方面，以下我们将逐一分析这四方面的情况，并进而介绍十大著名的付费频道。

二、我国付费电视频道制作机构

付费电视频道制作机构指的是付费频道的开办方，也就是产品的制造商、供应商，又可称为频道商、节目商、内容提供商。付费频道的生产通常是由中央及各地方电视台或基层制作团队制作完成的。其制作机构作为付费频道产业链的最

---

① 参见熊飞、林起劲《2011 年广电发展现状与未来预测》，见 http：//tech. ifeng. com/meeting/special/7th－media/content－1/detail_ 2011_ 12/08/11197332_ 0. shtml。

上方，其重要性自然不言而喻。表 4 - 2 为我国部分制作机构及其生产的付费频道。

表 4 -2　我国部分制作机构及其生产的付费频道

序号	制作机构	付费频道
1	央视风云	世界地理、第一剧场、风云剧场、风云音乐、城市体育、风云足球
2	北广影视	车迷、四海钓鱼、亲亲宝贝、考试在线
3	上海电视台	动漫秀场、游戏风云、全纪实、东方财经
4	辽宁电视台	游戏竞技
5	吉林电视台	吉祥购物
6	江苏电视台	靓妆
7	湖北电视台	孕育指南
8	贵州电视台	天元围棋
9	浙江电视台	留学世界
10	重庆电视台	汽摩
11	华诚公司	家庭影院

三、我国付费电视频道集成运营机构

在我国，外资目前尚不能进入频率、频道、传输网络的运营，集中规范外资准入政策的文件是《关于文化领域引入外资的若干意见》，该意见禁止外商投资设立和经营新闻机构、广播电台（站）、电视台（站）、广播电视传输覆盖网、广播电视节目制作及播放公司、电影制作公司、互联网文化经营机构和互联网上网服务营业场所（港澳地区除外）、文艺表演团体、电影进口和发行及录像放映公司。禁止外商投资从事书报刊的出版、总发行和进口业务，音像制品和电子出版物的出版、制作、总发行和进口业务，以及利用信息网络开展视听节目服务、新闻网站和互联网出版等业务。外商不得通过出版物分销、印刷、广告、文化设施改造等经营活动，变相进入频道、频率、版面、编辑和出版等宣传业务领域。[①] 为此，我国付费电视频道集成运营机构主要由内资完成。

① 参见五部委《关于文化领域引进外资的若干意见》，见 http：//www. jiaodong. net。

2003年10月，中央数字电视传媒有限公司（以下简称“中数传媒”）成立，它是由中央电视台投资组建、经国家广电总局授权的国内第一家数字付费电视运营平台，是我国第一家覆盖全国范围、从事数字付费电视集成及代理销售业务的运营机构。2004年，国家广电总局下发《关于推进广播电视有线数字付费频道运营产业化的意见》和《关于申办全国性广播电视有线数字付费频道集成运营机构的通知》，规定“中国电影集团公司、中广影视网络传输有限责任公司和省级广播电视播出机构、广播影视集团（总台）可以单独或联合申请开办全国性付费频道集成运营机构”。

2004年8月，国家广电总局批准由上海文广集团、中影集团、中广影视网络公司（现已更名为中国有线）及一个由北广传媒数字电视有限公司、中央人民广播电台、天津电视台、山东省广播电视总台、安徽电视台组成的联合体（建立时为数字付费电视集成及代理销售业务的运营机构）。从此，中数传媒独家垄断的局面得以打破。2004年8月，上海文广互动公司经上海文广集团授权，负责上海电视台全国性广播电视有线数字付费频道集成运营平台（简称“SiTV平台”）的运营。截至2006年11月30日，SiTV平台已集成播出21套数字付费频道，自身集成播出的有15个频道，其余频道则是与全国其他广电机构合作。2004年8月，中影集团集成运营平台启动，此平台是由电影频道节目中心负责建设和运营，并与华诚电影电视数字节目有限公司共同合作开展业务，华诚公司由电影卫星频道节目制作中心、中国电影集团公司共同出资组建。2005年7月19日，中国有线划归央视后，由于央视旗下已有中数传媒，故中国有线基本淡出集成平台业务。2005年12月8日，鼎视传媒在北京宣布成立并正式运营，自此四大集成运营机构全部亮相，下面逐一介绍这四大集成运营机构。

1. 中数传媒

中央数字电视传媒有限公司，是由中央电视台投资组建、经国家广播电影电视总局授权的国内第一家数字付费电视运营平台，是我国第一家覆盖全国范围、从事数字付费电视集成及代理销售业务的运营机构。中数传媒正式成立于2004年5月18日，其于同年8月9日正式推出了6个付费电视频道，在全国第一个标出价格（央视风云频道包为58元/月），开始正式收费，第一个付费电视频道分别是：“世界地理”、“风云音乐”、“第一剧场”、“风云剧场”、“风云奥运-1”（后改名为“风云足球”）和“风云奥运-2”（后改名为“高尔夫·网球”）

自2004年进入中国数字电视产业以来，中数传媒始终保持着全国第一的领先地位：集成频道数量第一、合作网络数第一、付费用户数第一。截至2009年6月30日，中数传媒营业收入较2008年同期增长71%，汇总收入完成全年经营指标的51%，较2008年同期完成率提高8%；集成播出付费频道数由2008年的

41 套增加至46 套，目前已覆盖全国208 个地区有线电视网。

目前中数传媒平台上集成的频道，除了央视自办的“第一剧场”、“风云剧场”、“世界地理”、“风云音乐”、“怀旧经典”、“电视指南”（TV Guide）、“风云足球”、“高尔夫·网球”8 个频道外，还有中影集团的“家庭影院”、江苏的“靓装”、辽宁的“游戏竞技”、重庆的“汽摩”、贵州的“天元围棋”、湖北的“孕育指南”、浙江的“留学世界”、吉林的“吉祥购物”等。

2004 年5 月9 日，中数传媒成立了央视风云传播有限公司（以下简称“央视风云”）。央视风云是为了开办和运营数字付费电视频道而成立的付费频道内容生产商。受中央电视台委托，央视风云由中数传媒负责管理，央视风云负责中央电视台付费频道内容承制。中数传媒、央视风云两个公司共同构成中央电视台数字付费电视这项全新事业的基础业务集群。央视风云精心创办了一些个性鲜明、质量上乘的数字付费频道，分别是“世界地理”、“第一剧场”、“风云剧场”、“风云音乐”、“风云足球”、“高尔夫·网球”、“怀旧剧场”、“央视精品”、“国防军事”、“女性时尚”和在北美长城平台上播出的“CCTV－戏曲”、“CCTV－娱乐”频道。央视风云下设总经理办公室、财务部、编播部、海外集成部、电视剧集成部、娱乐事业发展部、纪录片集成部、制作1 部、制作2 部、战略及广告商务运行部。具体看来，中数传媒有以下特点：

（1）拥有大量原创内容。中数传媒拥有 CCTV 独家版权，依托中央电视台音像资料馆丰富的影像视频资源储备，拥有30 万个小时各类节目，其中电视剧为4.5 万小时，7000 部；综艺节目为4 万小时，专题节目为4 万小时，体育节目为3 万小时等，以及 CCTV 每天300 个小时的新增节目，并与 ITV、BBC、HBO等建立了长期稳定的合作关系。

（2）探索新的电视阅读方式。订阅服务、付费选择、数字电视消费是典型的个性化消费，如何为观众提供便利的、个性化的收看选择成为新的探索任务，中数传媒正探索一种全新的节目内容组织方式，探索符合观众个性化选择的节目编排思路，探索切合用户需求的高端服务内容，以适应中国观众正在培养起来的“我喜欢，我选择，我付费”的电视阅读方式。

（3）向网络新媒体拓展。2007 年7 月，中数传媒制作了视频电子杂志月刊《公社》（www. commune. net. cn）。《公社》融图文、视频、音频于一体，内容包括数字电视行业的信息和中数传媒各频道的精彩节目预告，网友可以在线浏览，也可以下载观看。对于中数传媒的用户来说，《公社》就是一本功能远超过传统纸质节目单的电子节目册。同时，留言板、论坛等功能增加了网友、用户与中数传媒的沟通渠道。2007 年9 月18 日，中央数字电视传媒有限公司与央视国际网络有限公司就中国电视网（www. tv. cn）全面改版上线，举行开通仪式和新闻发布会。作为中数传媒实施网络新媒体拓展理念的重要举措，中国电视网的“重装上阵”，拉开了中数传媒开拓网络新媒体的序幕。中国电视网不仅是连接整个数字付费电视产业链的纽带，还为频道商、运营商和网络服务商提供了信息发布平台，同时也为关心数字付费电视的网友、用户提供了了解数字付费电视频道的网络窗口。

（4）创办免费导视频道——电视指南频道。该频道作为观众了解数字付费电视的窗口，在数字电视和模拟电视中同时播出，没有进行数字电视转换地区也可以免费收看。目前，电视指南频道覆盖6000多万有线电视用户，通过频道节目内容的导视和节目内容节选的免费试看，对中数传媒数字付费频道的市场推广，起到很大的宣传作用。

（5）利用中央电视台宣传中数传媒。中数传媒作为中央电视台数字付费电视的运营机构，得到了中央电视台广告资源的强有力支持。中数传媒制作了大量付费频道的广告宣传片在中央电视台多个频道进行投放，这些广告片以产品为核心，主要宣传各个付费频道近期的精彩节目内容，以刺激观众对数字付费电视的收视欲望，从而推动中数传媒付费频道知名度的传播。

（6）建立完善的反馈渠道。中数传媒在业务发展之初便开通热线电话，并与中央电视台合作，提供24小时服务，通过客服电话及时解答用户的疑问，帮助用户解决实际收看中遇到的问题，记录用户的反馈意见。对客服电话的反馈信息的整理分析，有利于完善频道节目编排和市场营销策略。客服电话让付费频道用户真切地感受到中数传媒的人性化服务，提高用户的归属感和忠诚度。

2．鼎视传媒

鼎视数字电视传媒有限公司（以下简称“鼎视传媒”）是经国家广电总局批准的全国性数字付费电视集成运营商。它由北京北广传媒数字电视有限公司、中央人民广播电台、天津时代天创传媒发展有限公司、山东省广播电视总台、安徽电视台5家股东共同组建成立。

鼎视传媒经营全国性数字付费电视集成、传输、营销和发行业务。公司致力于拓展全国数字付费电视市场，推进数字电视产业发展，为全国数字电视观众提供付费频道、视频点播等顶级视频节目与服务。从2006年起向全国数字电视用户家庭提供数字电视节目。目前集成传输33套数字标清节目，5套高清卫视节目。公司推出的付费频道产品有“鼎视多”节目包、“鼎视家和”节目包、“鼎视风尚”节目包、“鼎视单选频道”和“鼎视自选套餐”等，共包含“四海钓鱼”、“收藏天下”、“证券资讯”、“家庭健康”、“时代家居”、“时代美食”、“时代出行”、“时代风尚”、“碟市”、“职业指南”、“家庭理财”、“车迷”、“读书”、“新娱乐”、“环球旅游”、“人物”、“考试在线”、“快乐宠物”、“优优宝

贝”、“财富天下”、“家政”、“电子体育”、“数码时代”、“中国气象”、“百姓健康”25个数字付费频道。

作为全国最大的数字电视购物频道集成服务商，鼎视传媒还为“快乐购物”、“央广购物”、“优购物”、“时尚购物”、“风尚购物”、“家有购物”、“家家购物”、“环球购物”8个数字电视购物频道提供集成传输及发行服务。2009年9月，鼎视传媒通过国家广电总局考察、验收，为北京、湖南、广州、深圳、黑龙江5家高清卫视提供集成传输、加密服务。并于2010年成为国家广电总局指定的高清卫视异地加密服务单位之一。鼎视传媒在全国范围内与各地方有线网络运营商开展广泛合作，截至2010年9月，鼎视传媒的节目产品已在全国159个区域实现落地，节目覆盖6000万数字电视用户。

3. 华诚电影

华诚电影电视数字节目有限公司（以下简称“华诚电影”）是经国家广电总局批准，由电影频道节目中心和中国电影集团公司共同出资组建成立的，公司于2004年3月8日正式成立并投入运营。华诚电影电视数字节目有限公司的注册资金5000万元，其下属公司有北京华诚广告有限公司、北京华诚传媒有限公司。

华诚电影定位为数字付费电视频道营销代理商和节目集成商，致力于数字付费电视节目在全国范围内的推广和运营。受电影频道节目中心委托，华诚电影独家全权代理CHC系列数字付费电影频道（“CHC家庭影院”、“CHC动作电影”、“CHC高清电影”频道），并代理其他数字付费电视频道的集成、传输和营销。此外，公司业务还涉及视频点播（VOD）、网站点播、中国移动多媒体广播业务（CMMB）及进出口代理等，今后业务还将涉及准视频点播（NVOD）、网络电视、IP电视和移动通信视频（3G手机）等数字电视延伸领域及相关增值服务。目前，华诚电影签约合作的省市网络公司已达137个单位，“CHC家庭影院”频道已覆盖全国31个省区约5000万数字电视用户；“CHC动作电影”频道已覆盖全国31个省区约4500万数字电视用户。

华诚电影建立之初的主要业务为独家全权代理由电影频道节目中心开办的“CHC家庭影院”频道在全国的推广营销，并可代理其他数字付费频道在全国的营销。2003年9月，经国家广电总局批准，中国第一家数字付费电影频道“CHC家庭影院”正式推出。“CHC家庭影院”频道以中外故事片为主要内容，汇集了绝大多数国产新片、世界各国精彩影片、电影频道独家制作的高清晰数字电影等。2009年，为了更好地满足广大观众的收视需求，特色片场的影片编排也进行重新改版。“CHC家庭影院”频道以“内容最好的影院、座位最多的影院、空间最大的影院、票价最低的影院”为服务理念，为广大电视观众提供个性化选择欣赏电影的新模式和开创电影新生活。从付费电视订购率调查数据显示，“CHC 家庭影院”、“CHC 动作剧场” 连续两年进入全国的销售前三甲。

4．上海文广互动电视有限公司

上海文广互动电视有限公司成立于 2001 年 12 月，由中国第二大传媒机构上海文广新闻传媒集团投资，它也是上海数字付费电视内容播出机构，中国最大的数字付费频道集成运营机构、数字电视频道与多媒体内容体提供商和服务商之一。2003 年 8 月，上海文广互动电视有限公司通过了 ISO 9001 质量管理体系认证。

自 2002 年 9 月 28 日率先在全国推出数字电视运营性试播至今，上海文广互动电视有限公司全国数字付费频道集成运营平台建设已粗具规模，现已推出 30 个付费电视频道和主题电视节目，年集成节目播出量达 6 万个小时，规模居全国领先地位。截至 2005 年 6 月，上海文广互动电视有限公司共获批“欢笑剧场”、“都市剧场”、“劲爆体育”、“七彩戏剧”、“金色”、“魅力音乐”、“法治天地”、“卫生健康”、“极速汽车”、“纪实”、“游戏风云”、“动漫秀场”等 17 个全国付费广播电视频道频率，节目信号已覆盖全国 25 个省、市的 45 万用户，居全国领先地位。

随着下一代广播电视网（NGB）的发展，上海文广互动电视有限公司以上海和江苏战略合作携手打造 NGB 为契机，从内容、平台、网络三方面寻求突破。公司已于 2009 年 7 月 31 日与全国 20 家有线网络公司签署 NGB 战略合作协议书，快速进入各有线电视市场，同时在浦东建立 NGB 平台，并积极寻求融资，通过投资有线网络公司股权或投资增量部分，参与全网收入利润分成及专网和互动双向化改造。在战略发展的同时，互动公司将努力锻造其核心竞争力：从内容提供商向服务运营商转变；在技术、营销、资本等方面借助外力，超常规发展；加大投入，灵活投资，力争实现公司上市。公司将努力塑造为 NGB 时代全国广电网的最佳资源整合者。

在数字付费电视的发展上，国家广电总局对付费频道的传输有明确的要求，所有有传输需求的付费频道必须在经国家广电总局批准授权的平台上进行集成和传输。因此，作为总局授权的四家付费电视频道运营商均采取了“垂直一体化”的付费频道集成运营管理框架，即上游承接付费频道商，下游对接各地网络运营商和用户，而其本身，在整个付费电视产业链上，目前所扮演的不过是多家付费频道的集成和代理营销的角色。在这四家集成运营商中，中数传媒目前以付费电视作为数字电视赢利的主力；文广互动将互动业务作为未来发展的主要目标，积极开发互动电视内容；鼎视传媒计划通过小众频道的多元化经营，实现数字付费频道的增值效用；而华诚电影在频道集成及网络电视经营方面将进行各种探索和尝试。

四、我国付费频道传输运营机构

付费频道传输运营机构是指利用国家或省级有线广播电视干线网从事付费频道信号传送业务的机构。在国际上，付费电视主要的传输渠道包括有线电视盒直播卫星；在我国，付费电视主要以发展有线数字传输为主，数字化的改造使网络的带宽大为增加，网络传输的频道数量从几十个增加到了500套，为发展大量数字付费频道节目提供了可能。

网络是产业价值链的基础，没有这个网络，整个产业价值链的其他环节都无法连接及运行。付费频道传输运营机构负责把内容提供商生产的、经频道集成商集成的节目内容传输给用户。这个环节中的网络包括干线网（又分国家干线网、省干线网和市县级的支线网）和接入网（又分地市级接入网、县级接入网）。其中接入网直接关系到用户的数量，其接入数与整个产业的利润成正比。目前，一般而言，数字付费频道上星传送。也就是说频道集成商通过卫星将付费频道传输到各地网络的机房前端，当地的网络服务商再通过当地的有线数字电视网络将付费频道送入用户家中。

不过，我国传统的网络传输产业格局和网络传输机构的组织方式依然制约着付费频道的发展。由于“四级办电视”的历史政策，中国分散的有线网络无法让付费电视形成规模市场，而且高昂的落地费也让付费电视运营商难以承受；同时，由于全国网络传输系统没有统一，即使掌握最宝贵的用户资源，其网络服务水平也难以提升。早在1999年9月17日，国务院办公厅就发了信息产业部、国家广播电影电视总局《关于加强广播电视有线网络建设管理的意见》（国办发〔1999〕82号文件）。意见分五个部分：①坚决制止重复建设；②确保广播电视节目安全传输；③加快广播电视行业改革步伐；④大幅度降低网络租费；⑤继续遵守电信部门与广播电视部门的分工。但目前传输机构整合的情况并不乐观，付费电视的规模效应和潜能未充分开发出来。

五、我国付费频道用户接入运营机构

付费频道用户接入运营机构是指利用广播电视分配网向用户提供付费频道接入服务的机构。付费频道用户接入运营机构，又可称为网络运营商、运营服务商、网络商等，负责直接面对终端用户、消费者进行销售，具体指的是各地的有线电视网络公司，他们是数字付费频道的分销商、销售商。付费频道用户接入运营机构在开拓付费频道业务、建立营销模式、服务模式等方面有很大的控制权，而且能够从付费频道这一内容业务中产生价值，并带动上下游共同创造和产生价值。付费频道用户接入运营机构应该引入市场竞争和激励机制，提高对付费频道的市场营销能力，增强推广力度，更好地完成付费频道的销售及服务工作。

六、十个著名的付费频道

中国目前有上百个付费频道，笔者根据对一些资料的分析和频道的了解，初略提出以下十个具有代表性的著名的付费电视频道。

1. 国防军事频道

央视风云的“国防军事”频道是中国首个自制的付费频道，其于2006年5月8日推出。国防军事频道围绕“国防军事”各个领域，针对不同层次的爱好者设置了多款形态各异的电视节目。央视风云的“国防军事”频道以自制节目为主，2/3的节目是自己编辑制作的。这种节目自制量不但在央视风云，在全国所有的付费频道中也是首屈一指的。本来国防军事是一种特殊又敏感的电视节目资源，“国防军事”频道的优势在于它在一定程度上垄断了这些资源。首先，背靠中央台的优势使它能够充分挖掘中央电视台已有的军事节目资源，包括许多珍贵的历史画面、装备资料等，丰富的素材库是进行节目自制的重要基础。其次，国防军事频道赢得国内各大军事部门，如空军、海军、二炮等30多家声像单位的支持，进行联合制作，不但节目权威，资料素材也更加丰富，同时还避免因题材敏感而导致的其他问题。再次，“国防军事”频道还网罗了一批资深的军事专家，组成了强大的专家团，包括全国最具影响力的各大军事专业杂志主编，来自国防大学、军事科学院等权威军事研究机构的顶级专家，此外，还有众多“专业级”的军事迷参加，共同构成“国防军事”频道权威的嘉宾队伍。在日常运营中，“国防军事”频道不仅依靠节约日常开销降低成本，还通过研究编排规律、以工业化生产模式制作节目来提高效益。在运营推广方面，频道广泛联合各类军事媒体和资源力量，积极打造我国重量级军事媒体航母。

2. 女性时尚

央视风云还打造了一档“女性时尚”频道，其于2006年8月正式开播，该频道特点是华美、靓丽、流行先锋闪亮登场，其有以下特点：①自办栏目独树一帜。“女性时尚”频道致力于创办自办栏目、增加频道栏目内容的独家性。现已有如《东方新时尚》、《风格汇》等2～3档自办栏目，并进行特色编排和集中宣传。②大型活动推广频道。“女性时尚”频道举办的“CCTV创新中国·设计赢家”服装设计活动，大赛是“女性时尚频道推广活动”的有机组成部分。③博客点击率雄踞央视国际榜首。“女性时尚”频道博客独领风骚，秉承原创为主、整合为辅、独家发布频道最新资讯的创作理念，引领“女性时尚”频道博客点击率突破千万大关，雄踞央视国际榜首。

3. 中国气象

由中国气象局主办，中国气象局华风气象影视信息集团与各省级气象局共同承办的“中国气象”频道，于2006年5月18日正式开播，现（由鼎视传媒代理。“中国气象”频道是一个全天候提供权威、实用、细分的各类气象信息和其他相关生活服务信息的专业化电视频道，以防灾减灾、服务大众为宗旨，提供精细化、专业化、实用性的气象信息服务和科普宣传。借鉴美国、加拿大、澳大利亚等发达国家专业天气频道的成功经验，“中国气象”频道也采用非栏目化、整频道打通的播出方式，以10分钟为基本单元，全天高频次滚动播出，内容随时更新。这种播出方式保证了观众只要打开电视机，就可以在10分钟内收看到所需的天气预报，其中的天气预警预报、城市天气预报等与百姓生活息息相关的内容每天可播出144次，改变了目前电视观众必须坐等在电视机前收看天气预报的局面。中国气象局为频道发展提供了坚实的科技业务支撑、丰富的气象产品和强大的资源支持，100余位各方面气象专家直接参与节目制作，每天为观众解读天气气候变化，作出及时准确的影响分析。

4. 靓妆

“靓妆”频道是目前国内内容最丰富、更新最及时的专业时尚电视频道，24小时全天候放送，每日首播节目8小时，囊括时装、配饰、妆容等各方面的精彩内容。与国际流行同步，结盟法国时尚电视台、意大利时尚频道以及日韩的时尚电视机构，同步播出来自巴黎、纽约、米兰、东京四大时尚之都的最新潮流资讯，让国内观众第一时间感受国际时尚的脉动。集合两岸三地的优秀制作团队，打造最新最in的品牌栏目，报道国内时尚资讯，追踪国内时尚热点，倡导时尚电视的娱乐新风尚。它以“美容、美体、服饰、礼仪”等流行资讯为内容定位，新锐时尚、权威实用，目标观众锁定20～50岁的中青年白领。“靓妆”频道2003年11月1日问世，24小时无间断播出，永不停歇地传播美丽。每天首播节目6小时，囊括四大类的时尚精彩内容，第一大类为国际时尚节目，以每天不低于2小时的容量，发布来自巴黎、米兰、纽约、东京国际四大时尚之都的最新流行资讯。第二大类为国内时尚节目，一网打尽国内时尚城市的新潮信息。第三大类为各类选美赛事，播出国内国际顶级模特大赛，佳丽云集，星光璀璨。第四大类为权威实用的装扮指导，每天将有国内外顶尖的时尚造型大师传授简单方便的扮靓技巧。2004年8月起，靓妆频道通过亚洲四号卫星传输，与中央电视台数字付费频道共同打包推广，覆盖区域以中心城市和东部沿海城市为主，到达率在我国省级同类频道中位居第一。

5. 风云音乐

"风云音乐"频道是由中央电视台开办，全天候播出的环球时尚音乐频道，于2004年8月9日开播，是国内最早开通的数字付费电视频道之一。"风云音乐"频道的节目主要来自欧美、日韩、港台和中国内陆地区，其中拥有独家版权的境外流行音乐占有重要位置。"风云音乐"频道旨在传播音乐，引领时尚。"风云音乐"频道全天候播出的《环球明星现场》主题音乐栏目，全频道立体声播出，完全明星现场编排，是国内独家定位于"现场演唱会"的专业音乐频道。"风云音乐"频道的节目集合了欧美、日韩、华语的热门现场音乐，其中拥有独家版权的境外流行现场音乐节目在频道中占有重要比例。中央电视台丰富的原创音乐节目也是频道的主打内容。风云音乐有以下特点：①现场音乐，环球共享；②与世界同步，览环球风采；③环球音乐盛典，视听饕餮大餐。[①]

6. CHC家庭影院

"CHC家庭影院"频道是国家广电总局批准的中国首家数字付费电影频道，由电影频道节目中心（CCTV－6）鼎力开办，于2003年9月通过卫星传输，在全国范围内播出。"CHC家庭影院"频道以中外故事片为主要内容，汇集了绝大多数国产新片、世界各国精彩影片、电影频道独家制作的高清晰数字电影等。全天24小时播出，每日15部影片轮番上演，无任何商业广告；21：00为首播片场，每天一部新电影。2007年"CHC家庭影院"频道推出三大特色片场："周末精选"（每周六21：00）、"巨星院线"（每周五22：30）和"金奖巨献"（每月第一个周日19：30）。

7. 中华美食

"中华美食"频道是以大型中华美食文化电视栏目《满汉全席》为依托，经国家广电总局批准，于2006年9月29日正式开播的全国数字电视付费频道。每天24小时播出，汇聚食界精英、大师，原汁原味地呈现世界各地美食文化；时时传播实用地道精品饮食，处处品味时尚流行健康美味。"中华美食"频道有名的节目有①《世界名酒品鉴》，该节目有世界顶尖品酒大师开启50瓶"天然佳酿"，它们大多系出名门，价值不菲，带领观众亲临欧洲大地，探寻酒庄城堡，并将葡萄酒的历史、酿造工艺、葡萄酒的文化以及葡萄酒的品鉴向您娓娓道来。②《丝绸之路上的美食》，该节目由来自中国、法国、马来西亚3名顶极大厨，分别代表世界三大烹饪流派——中餐、法餐、阿拉伯餐，历时一个月，环绕古丝绸之路——塔克拉玛干大沙漠，以各自不同的眼光和饮食文化积累，去欣赏、体

① 《"风云音乐"频道改版，8月9日全新亮相》，见 http://it.sohu.com/20050726/n240195884.shtml。

验和制作源自那个古老神秘而欣欣向荣的土地上的各种美食。将西域风光与特色美味集合在一起，以世界的眼光去领略来自西域的独特风貌，让更多的人通过顶极厨师的引领，去品味和感受古丝绸之路的丰厚底蕴和美食风情。

8. 游戏竞技

“游戏竞技”频道是经国家广电总局批准的，由辽宁电视台主办的数字电视付费频道，从2003年11月1日起全天24小时滚动播出。“游戏竞技”频道以引导竞技游戏的电视欣赏，开发游戏电视节目的新品种，倡导电子竞技，发展时尚健康的游戏娱乐文化市场为宗旨，以电子竞技游戏为载体，以游戏竞技比赛场面为主要传播内容，竞猜比赛结果为辅助形式，借助互联网为上行和互动通道，实现选手和广大电视观众共同参与的游戏竞技电视直播（或录播）。游戏竞技频道主要栏目有：《中国游戏报道》、《游戏宝典》、《反恐世界》、《争霸赛场》、《电子11人》、《开心竞技场》、《智勇棋牌道》等，游戏竞技频道力争通过自身的强大平台优势成为全国最具权威和影响力的专业电子竞技频道，成为全国（或全世界）范围内的电子竞技盛会的主要组织者，开创新式电视栏目，实现玩家和广大电视观众共同参与和互动。游戏竞技频道在中国电视网“您最喜爱的付费频道评选”中稳居全国第三名。

9. 天元围棋频道

天元围棋创办于2004年5月1日，是中国首家围棋专业数字付费电视频道。它依托贵州电视台强大的媒体影响力，整合的媒体资源有贵州卫视、《围棋报》、《贵州广播电视报》以及上海华体网、贵州电视台网站等资源，形成了强有力的立体报道的传播优势，在国内独树一帜。2007年1月，在超过40家数字电视频道参与的“2006年数字电视高峰论坛”中，天元围棋频道凭借自身综合实力，获得“数字电视先锋频道”称号。天元围棋频道是全国唯一一家拥有大型直播能力的围棋专业电视频道，月平均直播多达12场次，全年直播达150场次，年直播时长8250分钟。频道开播以来多次成功实现跨国直播，2006年第八届阿含·桐山杯中日冠军对抗赛，跨越中日两国的直播，得到了中国棋院领导和广大棋迷的高度评价。在第十一届三星保险杯决赛等重要赛事中，天元围棋频道实现了从上午9：30至下午17：30的全天候大容量直播，在围棋界、电视界得到了广泛好评。

10. 世界地理

世界地理频道是中央电视台强力打造的频道，联合美国国家地理的品牌和节目优势，以丰富心灵、传播真知、彰显趣位为第一要旨，每天播出19小时。

第五章　广州市家庭用户对付费频道的购买意愿之初步电话调查

一、引言

据业内权威研究公司格兰研究统计：截至2012年1月底，我国有线数字电视用户达到11390.2万户，有线数字化程度约为56.52%（有线电视用户基数为20152万户，数据来源于国家广电总局）。相比2011年同期有线数字化程度增长了8.26%。我国有线数字电视用户稳步增长，使得有线数字化程度也在稳步提高。

然而，与我国有线数字电视发展相比，我国的（有线）数字电视付费频道（以下简称“付费频道”）的发展却非常缓慢。尽管付费电视频道已经从2004年的十几套发展到2011年的130套以上，用户数从30多万发展到900多万，收入也从零起点增长到目前的30多亿元。但是从我国数字电视整体发展情况来看，付费电视频道用户仅占（有线）数字电视用户的10%，发展很不乐观。从经营方面来看，截至2006年年底，国家广电总局的相关统计显示，2004年最早开播的一批付费频道多数在亏损。表5－1为2006年部分付费频道收支状况调查表。

表5－1　2006年部分付费频道收支状况调查表

频道	天元围棋	留学世界	收藏天下	孕育指南	考试在线
支出	800万～900万元	800多万元	300万元	不详	1000万元
收入	66万元	140多万元	300万元	100多万元	不详

据中广研究测算，2010年全国有线行业收入构成中，基本收视维护费占了67.10%，宽带接入占5.42%，付费频道收入才占3.57%。[①] 这些都反映了我国

① 参见熊飞、林起劲《2011广电发展现状 付费电视占数字电视用户10%》，2011年12月8日，见http://tech.ifeng.com/meeting/special/7th－media/content－1/detail_2011_12/08/11197332_0.shtml.

用户对付费频道的购买意愿不高的情况，而相比于国外，2002 年美国电视广告收入仅为 1000 亿美元，而付费电视收入已高达 1700 亿美元。[①] 据英国付费管理机构通讯办公室于 2005 年 1 月公布的报告称，2003 年英国付费电视业务收入首次超过电视广告收入，达到了 32 亿英镑，超过了各大电视机构 31.5 亿英镑的广告收入总和。这也使英国成为继美国之后，世界上第二个付费电视收入超过广告收入的国家。[②] 英、美两国观众对付费电视的购买意愿远远高于我国的观众。这也说明了我们迫切需要了解我国观众对付费电视的购买意愿现状及影响因素。

二、文献分析与相关研究问题

在经济学上，购买意愿也称支付意愿，是指用户（或消费者）接受一定数量的消费物品或劳务所愿意购买或支付的金额，是其对特定物品或劳务的个人估价，带有强烈的主观评价成分。然而，愿意购买的金额并不能包括购买意愿的全部，因为人们在购买商品或者服务的时候会考虑价格以外的东西，如消费者在支付关税时可能并不高兴，但是他们却不得不支付关税。以往在测量电视服务的购买意愿上，不仅包括愿意购买的金额，还包括其他，如“英国公众愿意支付给当前 BBC 电视的服务费用是多少，如果 BBC 电视提供新的服务，英国公众又愿意支付多少”、“英国公众的购买意愿究竟是取决于他们的公民视角（社会价值）还是取决于消费者视角（个人价值）”、“英国公众对 BBC 当前收视费的购买意愿的多少受哪些个人特征和背景特征的影响”、“英国公众对 BBC 现在提供用户的服务评价如何及其希望 BBC 提供什么新的服务”等。[③]

本研究的付费频道的购买意愿包括以下方面：①付费频道是基于数字电视的，在数字电视用户中，分为已购买付费频道的用户和没有购买两种用户。对于已购买付费频道的用户来说，其付费状况与原因是购买意愿的表现；而对于没有购买付费频道的用户来说，其未来购买的可能及原因则是其购买意愿的表现，因为这两种情况实际上都反映了用户为什么愿意购买的问题。②数字电视用户（包括已购买付费频道的用户和没有购买的）对付费频道愿意购买的最高价格则

---

① 参见周星《2003 年中国电视产业观念变革透析》，转引自文化研究网，http://www.culstudies.com。

② 转引自科报网《英国付费电视收入大于广告收入》，http://www.jrj.com.cn/NewsRead/Detail.asp?NewsID=670520。

③ Fauth R，Horner L，Mahdon M *et al*（2006）. Willingness to Pay for the BBC During the Next Charter Period - A Report Prepared for the DCMS. London：The Work Foundation. Retrieved from http://www.theworkfoundation.com/Assets/Docs/DCMS_willingness%20to%20pay.pdf.

是购买意愿的量化表现，是愿意购买多少的问题。③在法律的允许下，数字电视可以利用广告来经营，因此，数字电视用户对播放广告以减少购买付费频道所需的钱的态度则也属于购买意愿的表现，因为这反映了其对替代支付的态度问题。综上所述，付费频道的购买意愿包括：现在购买付费频道的用户付费状况与原因、现在没有购买付费频道的用户未来的购买可能及原因、用户对付费频道愿意购买的最高价格、用户对播放广告以减少购买付费频道所需的钱的态度这四个方面。

对现在购买付费频道的用户，笔者提出问题1：有多少数字电视的用户购买了付费频道？他们购买了哪些付费频道内容？其原因是什么？

对现在没有购买付费频道的数字电视用户，笔者提出问题2：在目前拥有数字电视却没有购买付费频道的用户中，他们未来购买付费频道的可能性有多大？其原因是什么？

数字电视用户（包括现在购买付费频道的用户和没有购买的）对付费频道愿意购买的最高价格是否高于实际价格将会影响到其购买的可能。以往研究即有对愿意购买的最高价格的测量，如 Schiwer 和 Daneshvary（1995）对参与调查的拉斯维加斯用户就 PBS 公共电视的购买意愿测量问题为："为了让 PBS 公共电视继续在拉斯维加斯播放，你（或你家庭）一年最多愿意支付多少钱？"① 于是，笔者提出问题3：为购买付费频道，数字电视用户每月最多愿意出多少钱？

在以往的媒介经营中，有些媒介产品在用户对其购买意愿不高的情况下也能经营下去，这是因为大部分传媒是建立在内容产品市场与广告市场这二元产品市场的传媒赢利模式上，即使用户不购买媒介产品，媒介经营者也可以利用广告来获得收入，有些媒介产品甚至采用免费以获取更多的用户接触，从而获取更多的广告收入。付费频道在用户购买意愿不高的情况下，能否采用播放广告来获取更多的收入，在法律允许的情况下，主要取决于用户是否愿意付费频道播放广告，以便减少购买付费频道所需的钱的态度。于是，笔者提出问题4：数字电视的用户是否愿意付费频道播放广告，以减少其购买付费频道所需的钱？

解决付费频道购买意愿问题，关键是要对没有购买付费频道的数字电视用户的情况做更深入的研究，上述问题2的提出已经试图探索其购买可能的原因，但是仅凭其进行自我报告并不能了解其背后的潜在因素，还需要对相关变量进行回归分析才能挖掘其潜在因素。例如，Schiwer 和 Daneshvary（1995）采用回归方法挖掘影响公共电视的购买意愿的潜在因素，具体包括收入、电视使用、对替代

① Schwer R K, Daneshvary R (1995). Willingness to Pay For Public Television and The Advent of "Look-alike" Cable Television Channels: A Case Study. Journal of Media Economics, 8 (3), 95 - 109.

品的偏好和人口统计特征等。[①] 此外，付费频道的购买与报纸、杂志的购买状况同属于媒介产品购买，同一用户的这些购买行为是否也会存在相关性？过去经验研究没有涉及，本书试图做一探索。最后，根据微观经济学，收入对于购买意愿来说是一个重要的变量，因为收入影响消费者的预算线，从而影响一般产品的购买意愿。对于一般产品来说，在其他条件不变的情况下，收入越高，购买意愿就越高，这样的产品也叫正常品，很多媒介产品都是正常品。《纽约时报》的一篇文章指出美国2008年第三季度DVD销售量下降了9%，其原因在于当年的经济危机对消费者的总收入产生负面影响，而消费者总收入下降了，购买DVD的数量也就随之下降。[②] McCombs（1980）也曾在理论上指出一个国家总体上的受众及广告主的媒介消费将会随着国民收入的增加或减少而变动。[③]

但也有一些研究显示某些媒介产品不属于正常品，其与个人收入无关。Chyi（2005）通过对853个香港居民的随机电话调查发现，仅有几个用户付费使用网络新闻，而大部分人对网络新闻都没有购买意愿，而影响付费使用网络新闻的因素是年龄和报纸使用情况，而收入却与付费使用网络新闻无关。[④] 收入与付费频道的购买意愿的关系可反映付费频道究竟属于正常品，还是属于特殊商品。为此，本研究列出没有购买付费频道的数字电视用户在未来可能购买的四个潜在影响变量：人口统计特征；电视使用；报纸、杂志的购买状况；收入。对此，笔者提出问题5：人口统计特征、电视使用、报纸杂志的购买状况、收入是如何影响没有购买付费频道的数字电视用户未来购买的可能性的？

三、研究方法

1. 抽样方法

本研究的数据来自于2010年10月20日到11月20日在广州市范围内进行的一项电脑辅助电话调查。本问卷的访问员为经过培训的选修电话调查的本科生。为了使样本具有代表性，本研究的访问对象的电话号码采取随机生成法，在

---

① Schwer R K, Daneshvary R (1995). Willingness to Pay for Public Television and The Advent of "Look-alike" Cable Television Channels: A Case Study. Journal of Media Economics, 8 (3), 95-109.

② Brooks Barnes. "For a Thrifty Audience, Buying DVDs Is So 2004", New York Times, November 22, 2008.

③ Maxwell E. McCombs, Chaim H. Eyal (1980). Spending on Mass Media, Journal of Communication, 30 (1): 153-158.

④ Chyi H I. (2005). Willingness to Pay For Online News: An Empirical Study on The Viability of The Subscription Model. Journal of Media Economics, 18 (2), 131-142.

接通的家庭（单位、公用电话等均不访问）中按“最近生日法”（Last birthday rule）选择一位年龄在15周岁以上的家庭成员作为访问对象，最终共成功访问308名被访者。

2. 变量的测量

根据电话问卷调查的经验，本研究问卷设计在平均10分钟内完成，问卷首先根据暨南大学的两个8人一组的成员进行焦点组讨论后整合而成，然后根据正式研究前的20份问卷的前测，对问卷的修改进行相关调整。

现在购买付费频道的用户的测量问题为：“A. 请问您现在购买的付费频道是什么内容？”“B. 你购买付费频道的原因是什么？”“C. 您现在平均每月购买付费频道要花多少钱？”

现在没有购买付费频道的用户的测量问题为：“A. 将来您有多大可能购买付费频道呢？”回答选项从“极不可能”到“非常有可能”共5个；“B. 为什么呢？”

用户对付费频道愿意购买的最高价格的测量问题为：“您每月最多愿意出多少钱来购买付费频道呢？”

用户是否愿意付费频道播放广告，以减少购买付费频道价格的态度的测量问题为：“您愿意付费频道播放广告，以便减少购买付费频道的钱吗？”回答选项从“完全愿意”到“完全不愿意”共5个。

人口统计数据（如性别、年龄、学历、地区）按照标准的问卷测量去收集。性别（分男与女）；年龄（实际数字）；学历（分为初中及以下；高中或中专；大专；本科；研究生及以上）；地区（按广州的实际分区安排选项）。

报纸、杂志的购买状况的测量问题是：“您平时阅读报纸、杂志情况主要是：A. 自费订阅；B. 自费零散购买；C. 基本上没有自费购买报纸、杂志。”

电视使用的测量问题是：“您家平均每天看电视的时间为多少小时？”

收入这一变量测量比较复杂一点，因为对于中国人来说，收入是一个很敏感的问题，因此采用两个问题来测量：个人月收入和家庭年收入。个人月收入测量问题为：“您现在的平均月收入约为多少？”回答选项为“①2000元及以下；②2001～4000元；③4001～6000元；④6001～8000元；⑤8001元及以上”。家庭年收入测量问题为：“请您估计2009年全年的家庭收入总和约为多少？”回答选项为“①4万元以下；②4万～7.9万元；③8万～11.9万元；④12万～15.9万元；⑤16万元及以上”。

3. 样本特征与人口普查数据比较情况

表5－2　样本特征与广州市2010年第六次全国人口普查数据①比较

变　量	性别		年龄		家庭户地区分布											
	男	女	15～64岁	65岁以上	荔湾区	越秀区	海珠区	天河区	白云区	黄埔区	番禺区	花都区	南沙区	萝岗区	增城市	从化市
样本数据（%）	40.9	59.1	93.9	6.1	7.8	12	22.4	26.3	8.1	4.2	7.8	1.6	1.3	1.3	4.6	2.6
统计数据（%）	52.3	47.8	92.5	7.5	7.1	9.1	12.3	11.3	17.5	3.6	13.9	7.4	2.1	2.9	8.6	4.7

注：由于本次调查根据实际需要，没有调查15岁以下的被访者，因此统计数据也将15岁以下比例剔除，重新计算15～64岁与65岁以上群体的比例。

表5－2显示，该样本跟以往的电话调查一样，女性占的比例偏多，而样本在性别、年龄、家庭户地区这几个变量上，与广州市2010年第六次全国人口普查数据相比，虽然在个别指标上有些差距，但是从整体上来看，样本基本能够合理代表广州市的家庭及人口。

四、研究发现

在308个样本中，195户（63.3%）家庭现在收看数字电视，113户（36.7%）家庭现在没有收看数字电视。本研究的主要分析对象是建立在目前收看数字电视的数据上，因此没有收看数字电视的用户在以下研究中将不予考虑。在195户收看数字电视家庭中，11户（5.6%）家庭现在购买了付费频道，184户（94.4%）虽然收看数字电视，但并没有购买付费频道。

① 《广州市2010年第六次全国人口普查主要数据公报》，见 http://www.gzstats.gov.cn/tjgb/glpcgb/201105/t20110517_25227.htm。

1. 现在购买付费频道的用户付费状况与原因

表5-3　现在购买付费频道的用户付费状况与原因

序号	购买的付费频道内容	目前每月购买付费频道花费（元）	原　因
1	新闻、娱乐	25	休闲的时候有更多可以选择的电视频道
2	新闻、娱乐	23	希望收看较全面的新闻节目及较多的综艺节目
3	娱乐、休闲	25	收看自己喜欢的节目
4	娱乐、休闲	35	增长知识，节目更丰富
5	娱乐、休闲	26.5	其他的节目很无聊
6	球类	缺失	喜欢看球赛
7	足球、生活时事	缺失	兴趣
8	体育、围棋	缺失	业余兴趣
9	音乐	30	现在的许多电视频道缺少这一部分内容，喜欢音乐，尤其喜欢看MV
10	电影、故事	35	喜欢
11	动画片	缺失	家里有小孩子

从表5-3可以看出，购买付费频道的用户第一爱好是休闲娱乐类的内容。目前每月购买付费频道费用在剔除缺失值后，其均值为28.5，也就是说，目前用户购买付费频道大概花费30元左右。

2. 现在没有购买付费频道的用户未来购买的可能性及原因

在184个现在使用数字电视但却没有购买付费频道的用户中，除了38个回答“很难说或说不清”外，对其余的146个用户的回答都进行分析整理，并得出表5-4。

表 5-4　146 个没有购买付费频道用户未来购买的可能性及原因

回答	个数（百分比）	原因（分析最关键因素，并合并相近的，非关键的省略）
极不可能	82 个（44.6%）	25 个回答"对数字付费频道不需要或不感兴趣"
		18 个回答"目前的电视频道数量已经够多了"
		7 个回答"数字付费频道没有可吸引的内容"
		2 个回答"不清楚付费频道有什么内容看"
		13 个回答"由于自身经济原因，不愿付费"
		4 个回答"可从网上或其他媒体看到别的视频"
		6 个回答"工作忙，没有时间看电视"
		7 个拒绝"回答原因或不回答"
有些不可能	31 个（16.9%）	7 个回答"对数字付费频道不需要或不感兴趣"
		5 个回答"目前的电视频道数量已经够多了"
		3 个回答"数字付费频道没有可吸引的内容"
		1 个回答"不清楚付费频道有什么内容看"
		3 个回答"由于自身经济原因，不愿付费"
		6 个回答"可从网上或其他媒体看到别的视频"
		4 个回答"工作忙，没有时间看电视"
		2 个回答"由于自身习惯难以改变"
有些可能	30 个（16.3%）	3 个回答"越来越多的频道开始收费，频道内容越来越精彩"
		5 个回答"想收看多一些电视台，了解多一些资讯"
		2 个回答"购买后能选择性看想看的电视节目"
		6 个回答"如果付费频道的内容丰富就会购买"
		3 个回答"有需要就购买"
		1 个回答"看价格是多少"
有些可能	30 个（16.3%）	1 个回答"为了观看英超联赛"
		2 个回答"如果提供专业节目就会考虑（如国外探索频道、外国电影、连续剧）"
		7 个无回答及其他原因
极有可能	3 个（1.6%）	2 个回答"小孩需要"
		1 个回答"想收看更多电视频道"

进一步对回答未来不可能购买数字付费频道（包括“极不可能”和“有些不可能”）的原因进行归类，可分为以下几个方面：①免费的电视频道已经够多；②付费频道内容无特别；③价格与收入影响；④其他媒体的替代作用；⑤其他原因。而对未来可能购买数字付费频道（包括“有些可能”和“极有可能”）的原因进行归类，可分为以下几个方面：①如果付费频道内容丰富则会购买；②如果付费频道提供专业且有特色节目，则会购买；③为了收看更多的节目频道，也会购买；④其他原因。

为此，付费频道在未来购买的可能性取决于与目前的免费电视频道的差距，付费频道内容如果没有特色，是难以引发用户的购买可能的，而只有付费频道提供专业、丰富的内容的时候，才会促使用户产生购买的可能。

3. 用户对付费频道愿意购买的最高价格

用户对付费频道愿意购买的最高价格的分析对象是收看数字电视的195个家庭（包括使用付费频道用户和非用户），在付费频道的最高购买价格上，剔除19个缺失值后，这176个数据的均值为22.5，众数为0（90个用户51.1%），最高愿意购买价格低于25元的累积人数为131个（74.4%），低于100元的为173个（98.3%），这显示用户对付费频道愿意购买的最高价格不高。因此付费频道定价也不宜过高，比较适宜的价位是25元，最高的不应超过100元。

4. 用户对播放广告以减少购买付费频道所需的钱的态度

用户对播放广告以减少购买付费频道所需的钱的态度的分析对象同样包括收看数字电视的195户家庭，其态度表现如表5-5所示。

表5-5　用户对播放广告以减少购买付费频道所需的钱的态度

	选项	个数	百分比	有效值百分比
有效值	完全愿意	21	10.8%	11.9%
	大半愿意	20	10.3%	11.4%
	一半愿意，一半不愿意	39	20.0%	22.2%
	大半不愿意	36	18.5%	20.5%
	完全不愿意	60	30.8%	34.1%
	小结	176	90.3%	100.0%
缺失值		19	9.7%	
	总结	195	100.0%	

数据显示假设广告能在付费频道播放时，被访者对其的态度（剔除缺失值，

取有效值百分比）是：回答“完全愿意”的为11.9%；“大半愿意”的为11.4%；“一半愿意，一半不愿意”的为22.2%；“大半不愿意”为20.5%；“完全不愿意”的为34.1%，可见有相当一部分被访者并不愿意在付费频道播放广告。为此，选择在付费频道播放广告来谋求发展需要慎重，即使是播放广告，也不能引起用户的抵触心理，要符合他们的兴趣爱好。

5. 没有购买付费频道的用户未来购买的可能性的影响因素分析

虽然未来购买的可能性变量是定序变量，但可排列顺序转换为连续变量，因此可用多层回归分析方法来研究没有购买付费频道用户（185名）在未来购买可能性的影响因素。其中，没有购买付费频道用户在未来购买的可能性为因变量，自变量分成四个模块依次进入：人口统计变量（年龄、性别和学历）；电视使用；报纸、杂志的购买状况；收入。收入最后才进入分析模块，是因为要将其他变量都控制后才好分析收入的净影响。

在数据分析时，发现人口统计变量（年龄、性别和学历），电视使用，报纸、杂志的购买状况都有缺失值，但是缺失值的数量不多。根据过去研究的经验，这些变量的缺失值都可用各自数据的均值来替代；但是在表示收入的两个变量——年收入和月收入的时候，发现年收入有56个缺失值，实际数据为128个，月收入有45个缺失值，实际数据为139个。考虑到收入是本研究一个重要变量，(但是这两个反映收入的变量缺失值都很多)，为此，不采取用均值替代的方法，而是直接采用剔除缺失值的方法，并分别对年收入和月收入进行多层回归，得出表5－6和表5－7。

表5－6　自变量为年收入及其他变量时的多层回归

影响变量	模型1	模型2	模型3	模型4
性别（女性＝0）	0.143	0.139	0.13	0.134
年龄（连续变量）	－0.068	－0.079	－0.054	－0.074
学历	0.025	0.02	0.017	－0.064
报纸、杂志的购买状况		－0.069	－0.091	－0.092
家庭每天电视平均使用时间			－0.307**	－0.281**
年收入				0.167
拟合优度（R SQUARE）	0.03	0.034	0.127	0.149
调整后的拟合优度（ADJUSTED R SQUARE）	0.006	0.003	0.091	0.107
回归方程的显著性检验（F）	1.259	1.087	3.526	3.513
显著度（SIG）	0.292	0.366	0.005	0.003

注：样本个数＝128；“＊”表示 $P<0.05$；“＊＊”表示 $P<0.01$。

表 5-7 自变量为月收入及其他变量时的多层回归

影响变量	模型 1	模型 2	模型 3	模型 4
性别（女性 =0）	0.081	0.079	0.069	0.051
年龄（连续变量）	-0.084	-0.087	-0.08	-0.006
学历	0.03	0.031	0.019	0.08
报纸、杂志的购买状况		-0.043	-0.065	-0.065
家庭每天电视平均使用时间			-0.209*	-0.23**
月收入				-0.119
拟合优度（R SQUARE）	0.019	0.021	0.063	0.073
调整后的拟合优度（ADJUSTED R SQUARE）	-0.003	-0.009	0.028	0.031
回归方程的显著性检验（F）	0.859	0.702	1.794	1.74
显著度（SIG）	0.464	0.592	0.118	0.117

注：样本个数 =139；“＊”表示 $P<0.05$；“＊＊”表示 $P<0.01$。

结果显示，在人口统计变量（年龄、性别和学历），电视使用，报纸、杂志的购买状况这几个自变量分别进入回归模型的时候，家庭用户每天电视平均使用时间这一自变量能显著影响未来购买可能（$P<0.05$），但其标准回归系数均为负数，也就是说每天电视平均使用时间越长的用户，对数字电视付费频道在未来购买的可能性就越低。而这些分析的对象都是目前装有数字电视却无付费频道的用户，因此其观看的是数字电视频道的免费频道。也就是说，观看数字电视免费频道时间越长的用户，也就是越受免费频道所吸引的用户，其未来购买付费频道的几率就越低。这说明了免费频道是付费频道的强烈竞争者，这与前面的分析是一致的。本研究提出的报纸、杂志的购买状况变量对付费频道在未来购买可能性的影响不显著，即无关。

而年收入或月收入对未来购买可能的影响也不显著，这表明，虽然前述对未来购买可能的原因内容分析显示，有些用户由于价格和收入的原因不愿意购买付费频道，但实际上用户的收入与付费频道在未来购买可能性之间的关系是不相关的。

五、结论与局限

前述分析均显示付费频道的内容没有特色，免费频道数量多、内容多样是导致用户对付费频道购买意愿不高的主要原因。与英美等国的付费频道相比，我国付费频道的内容细分不足，限制太多，造成专业化、个性化不足，进而导致用户购买意愿不高。有调查表明，66.7%的试点地区表示“缺乏好的节目内容”是数字电视面对的各种困难之首。[①] 据一位不愿意透露姓名的数字付费频道负责人说：“现在付费频道的节目与公共频道没有多大区别，甚至还不如公共频道精彩。付费频道的节目多以体育、影视剧、综艺、专业节目为主，目的在于区分用户群体，但现在的情况却是精彩的体育转播还是要放在有广告效应和最大用户群的公共频道；影视剧则往往缺乏新意；综艺类节目内容雷同；专业节目也并不专业。虽然运营商推出了所谓的无广告电视节目作为诱饵，但节目内容难有创新，形式上的改变并没带来质的变化。”[②]

在收看付费频道的11个使用者中，虽然其每月购买费用都仅在25～35元之间，但却略高于大部分用户（74.4%）对付费频道愿意购买的最高价格（25元），因此适当降低付费频道价格是提高用户购买意愿的可行之道。付费频道之所以采用低价策略，还与其特性相关。在对没有购买付费频道用户未来购买可能的影响因素分析中，研究显示用户的未来购买可能与收入无关，这表明付费频道不是随着收入递增而购买意愿递增的正常品，所以即使用户收入提高，在其他情况不变的条件下，用户也是不愿意购买价格较高的付费频道的。目前，在付费频道购买意愿不高的情况下，降低付费频道的价格，可发展更多的用户和培养更多的用户收看付费频道的习惯，最终提高付费频道的购买意愿。而且，付费频道的播出是基于电视信号，每发展多一个用户，其边际成本也为零，总成本并没有增加，对付费频道的经营者也无甚影响。在过去，管理者往往容易忽视价格因素对付费频道发展带来的影响，其实价格也是影响付费频道业务拓展的重要因素之一。

此外，虽然2003年12月国家广电总局颁布的《广播电视有线数字付费频道业务管理暂行办法》第二十五条规定，“付费频道不得播出除推销付费频道的广告之外的商业广告，但经批准的专门播出广告或广告信息类服务的频道除外”，

① 参见黄升民、王兰柱、周艳《中国数字电视报告2005》，中国传媒大学出版社2005年版。

② 王炯：《“几家欢乐几家愁”，付费频道会战之年》，见 http：//media. people. eom. en/GB/40641/4561176. html。

笔者认为是否采用广告，应由付费频道自己决定，而不是依靠国家政策来规定。美国的付费电视广告收入一直占其总收入的10%左右，20世纪80年代，美国付费电视广告收入超过15亿美元，90年代则超过60亿美元。① 所以，相关政策应该允许付费频道适度播放广告。另据中央电视台对电视观众早前所做的一个抽样调查分析表明，当问到“假如某些频道只播节目，不播广告，但收看这个节目需要付费，你的选择是什么”时，多数观众的第一反应是宁可看有广告的节目，也不愿付费看电视。其中75.2%的观众赞成“播广告，观众不付费”，7.5%的观众赞成“不播广告，观众付费”，另有16.7%的观众“说不清”。这说明多数观众由于担心增加收视费用，因此对付费电视这种电视传播和经营的新方式持谨慎态度，他们宁愿保留现有的收看模式。② 可以说，相当多的观众习惯播广告、观众不付费的电视收看方式。不过，值得一提的是，即使政策允许播放广告，采用播放广告来弥补付费频道收入的办法也应慎重。因为调查显示相当一部分用户不愿意通过付费频道播放广告以便减少购买付费频道的钱，也即对在付费频道播放广告并不很支持。为此，要避免在付费频道上播放大众化广告，而应播放与付费频道内容相符的专业广告，以符合用户的兴趣，减少用户的抵触。

总之，本研究认为提高用户对付费频道购买意愿的关键在于提高付费频道的内容特色和降低付费频道的价格。当然，本研究也存在着一定的局限，如由于时间、资金的限制，样本数还比较少，其结论还需要更多相关的验证。另外，由于本研究是电话调查，其调查时间和深度都不足，未来的研究需要作相关的深度访谈，以了解用户对付费频道的购买意愿的更多情况。

---

① 参见张小争《中国电视业转型：数字付费时代》，载《南方电视学刊》2004年第2期。

② 参见刘建鸣等《对2002年全国电视观众抽样调查的分析》，载《电视研究》2003年第4期。

第六章 广州市家庭用户对数字电视付费频道的内容与价格的看法

一、研究背景

2010年10月到11月，笔者在广州市范围内进行关于数字电视付费频道的购买意愿及影响因素——基于广州市的一项计算机辅助电话初步调查中发现，提高付费频道购买意愿的关键在于提高付费频道的内容特色和降低付费频道的价格。但是由于初步调查比如由于时间、资金的限制，样本数还比较少，其结论还需要更多相关的验证，而且尤其需要了解广州市家庭用户对数字电视付费频道内容与价格的看法，为此，拟进一步进行相关方面的调查。这里先对广州数字电视付费频道的内容与价格作一介绍。

1. 广州数字电视付费频道发展的总体情况

从2003年7月国家广电总局确立全国首批33个试点名单开始，数字电视以有线形式为开端，正式席卷全国，掀起阵阵波澜。目前，广州市的数字电视主要由省数字电视公司、广州市数字电视公司和珠江传媒集团操作。省网共有105个频道，其中有2个购物频道和1个气象频道。广州市在2008年进行全市有线电视改造，其《广州市文化建设规划纲要（2004年—2010年）》预计，到2008年，数字电视信号有望进入广州的家家户户。① 广东有线广播电视网络股份有限公司目前在广州市区直接管理的数字电视用户已超过90万。在转换数字电视数字信号初期，在一片骂声中一刀切，将模拟信号大部分关闭，只留下4个模拟信号频道。可以说这种行为是强制受众转换，不留下任何余地。而所谓的付费频道在刚开始转换的时候免费播放了3个月，但是到了续费收看的时候，90%的受众不愿意续费，一方面是基本收费本来就贵，而付费频道更是高出一倍的价钱，受众不愿意再花更多的钱；另一方面是受众对于数字电视持观望态度，特别是付费

① 《我国将两年内实现有线电视“一省一网”》，见 http://news.163.com/11/0515/09/7437I8PL00014JB5.html。

频道，观众对于引进的节目并没多大兴趣。经过4年的发展，虽然付费频道的经营进行了多方面的宣传，运用不同的节目组合来吸引观众，但其经营并不见有什么起色。目前，有线电视运营商都采取宽带加付费频道的组合及两网融合的方法吸引消费者，即安装该网的有线电视，可以同时享受到一年2M的网络以及3个月的27个频道的付费节目。但消费者普遍表示，有线电视运营商提供的2M宽带速度很慢，不能同电信的宽带相比，而提供的27个付费频道，3个月所收看的时间其实并不多。如此一来，3个月一过，续费的家庭少之又少。

目前，除了“七彩戏剧”和“风云剧场”频道可以继续免费收看外，其余付费频道的界面都会出现黑屏，屏幕中间的蓝色背景框写着：“对不起，您未订购该频道，请切换其他频道！”而“风云足球”、“发现之旅”、“世界地理”、“怀旧剧场”、“第一剧场”和“高尔夫网球”这6个频道，虽然看不到节目内容，但屏幕下方会出现正在播放和即将播放内容的介绍。

2．广州数字电视付费频道节目内容

广州数字电视付费频道的分类主要分娱乐、经济、体育及其他专业频道等几个大类。生活娱乐频道细分为音乐频道、传统戏剧频道、电影频道、电视剧频道、纪实频道、卡通动漫频道、流行频道、汽车频道、时装频道；教育类频道分为财经频道、法治频道、股票频道、英语频道等；体育类分为足球频道、篮球频道、羽乒频道、高尔夫频道、棋类频道等。

3．广州数字电视付费频道的价格

广州的数字电视分为省网和市网，两网基本频道的收费是26.5元/月，而付费频道的收费则分按套餐收费或者单频道收费，套餐收费的价格比单独点播要划算，分按月收费和按年收费，运营公司为保客户，一般按年收费的价格是按月收费的4折～7.5折。例如，广东有线的“第一剧场”付费频道，主要是播放HBO剧集，收费是36元/月、90元/半年、120元/年。文广精品套餐里面有15个付费频道，分别有不同的价格，整个套餐的收费是48元/月、480元/年。表6－1为广州数字电视付费频道的报价单。

表6－1　广州数字电视付费频道的报价单

编号	付费频道名称	标准价格	包半年价格	包年优惠
79	宝贝家	16元/月	88元/半年	160元/年
80	先锋乒羽	20元/月	110元/半年	200元/年
81	CHC动作影院	12元/月	66元/半年	120元/年
82	新动漫	5元/月	28元/半年	50元/年

续表 6－1

编号	付费频道名称	标准价格	包半年价格	包年优惠
83	中华美食	10 元/月	55 元/半年	100 元/年
84	天元围棋	20 元/月	110 元/半年	200 元/年
85	英语辅导	10 元/月	55 元/半年	100 元/年
86	全纪实	8 元/月	45 元/半年	80 元/年
87	都市剧场	8 元/月	45 元/半年	80 元/年
88	生活时尚	5 元/月	28 元/半年	50 元/年
89	劲爆体育	15 元/月	83 元/半年	150 元/年
90	金色频道	8 元/月	45 元/半年	80 元/年
91	游戏风云	5 元/月	28 元/半年	50 元/年
92	东方财经	25 元/月	120 元/半年	200 元/年
93	法治天地	15 元/月	83 元/半年	150 元/年
94	魅力音乐	5 元/月	28 元/半年	50 元/年
95	七彩戏剧	8 元/月	45 元/半年	80 元/年
96	极速汽车	5 元/月	28 元/半年	50 元/年
97	动漫秀场	7 元/月	38 元/半年	70 元/年
98	卫生健康	10 元/月	55 元/半年	100 元/年
99	欢笑剧场	15 元/月	83 元/半年	150 元/年
100	CHC 家庭影院	12 元/月	—	120 元/年
101	高尔夫	100 元/月	—	1200 元/年
102	欧洲足球	68 元/月	388 元/半年	688 元/年
103	优优宝贝	25 元/月	—	250 元/年
104	四海钓鱼	15 元/月	—	150 元/年
105	收藏天下	15 元/月		150 元/年
106	家庭理财	15 元/月	—	150 元/年
107	国防军事	10 元/月		100 元/年
108	证券资讯	80 元/月		600 元/年
109	女性时尚	15 元/月	83 元/半年	150 元/年

续表 6-1

编号	付费频道名称	标准价格	包半年价格	包年优惠
110	风云音乐	15 元/月	83 元/半年	150 元/年
111	央视精品	8 元/月	44 元/半年	80 元/年
112	老故事	36 元/月	198 元/半年	360 元/年
113	风云足球	10 元/月	55 元/半年	100 元/年
114	发现之旅	12 元/月	66 元/半年	120 元/年
115	世界地理	15 元/月	83 元/半年	150 元/年
116	怀旧剧场	8 元/月	44 元/半年	80 元/年
117	风云剧场	10 元/月	55 元/半年	100 元/年
118	第一剧场	36 元/月	198 元/半年	360 元/年
119	高尔夫网球	28 元/月	154 元/半年	280 元/年
120	DOXTV	39 元/月	215 元/半年	390 元/年

二、研究方法

1. 抽样方法

本研究的数据来自于 2011 年 10 月 20 日到 12 月 20 日在广州市范围内进行的一项计算机辅助电话调查。其调查方法跟本书第五章的调查相似，不过问卷不同，最终校验核对后，共成功获得 606 份问卷。

2. 样本情况

这 606 份广州市的家庭住户样本中，收看数字电视的有 359 个，占 59.2%；没有收看数字电视的有 192 个，占 31.7%；不清楚或不知道的有 55 个，占 9.1%。本研究的主要分析对象是目前收看数字电视的 359 个家庭用户，因此其他没有收看数字电视的用户或者不清楚或不知道的用户在以下研究中将不予考虑。

3. 问卷的设置

对于现在收看数字电视的 359 个样本提出以下问题："您现在有否购买数字电视付费频道呢?"答案分三类：没有；有；不清楚或不知道。回答没有购买数字电视付费频道的有 241 个，占 67.1%；回答购买数字电视付费频道的有 68 个，占 18.9%；回答不清楚或不知道的有 50 个，占 13.9%。对这三类用户接着进行分类提问，①对没有购买数字电视付费频道的提问："您为什么现在没有购买数字电视付费频道?""您对现在的数字电视付费频道的内容与价格收费有什么评价?"②对购买数字电视付费频道的提问："请问您现在购买的数字电视付费频道是关于什么内容的呢?""您现在平均每月购买数字电视付费频道要花多少钱呢?"您对您现在所购买的付费频道的内容与价格收费有什么评价呢?"③对回答"不清楚或不知道"的提问："您不清楚或不知道数字电视付费频道的原因是什么?"

人口统计数据（如性别、年龄、学历、地区）按照标准的问卷测量去收集，与本书第五章的调查类似。

三、研究发现

1. 现在购买付费频道的用户对付费电视内容、价格的评价

现在购买数字电视付费频道的家庭样本有68个，占数字用户的18.9%，比2010年的调查仅占5.6%有了一定的提高。在购买数字电视付费频道的68个家庭的回答中，有些关于其现在购买付费频道收看的内容不止一个，因此对其分析得出75个回答关于现在购买付费频道的用户的收看节目内容，其分布见表6-2。

表6-2 现在购买付费频道的用户收看的节目内容

个数	百分比	购买的内容频道
8	10.67%	电影
2	2.67%	电视剧
8	10.67%	教育类
12	16.00%	体育类
19	25.33%	娱乐
1	1.33%	象棋
7	9.33%	证券资讯、财经新闻
1	1.33%	外语
1	1.33%	高尔夫
1	1.33%	网球
1	1.33%	知识类
3	4.00%	科普、娱乐、养生类内容

续表6-2

个数	百分比	购买的内容频道
1	1.33%	历史、地理
8	10.67%	资讯信息
1	1.33%	资讯类（国防军事）
1	1.33%	生活时尚
75	100.00%	

从表6-2可知，付费频道的用户收看最多的节目内容是娱乐类节目(25.33%)，其次是体育类（16.00%)，然后是教育类（10.67%)，从上面的关于广州数字电视付费频道节目内容分析可知，这是由于其提供的内容比例所致的。另外，付费用户现在还在看电影类（10.67%）节目，证券资讯和财经新闻类节目（9.33%)，资讯信息类节目（10.67%)。过去的一项调查数据表明，数字电视用户愿意付费的频道主要集中于影视、体育、财富、纪实、动漫、女性、休闲娱乐类频道，其中53.6%的人愿意为影视类频道付费，37.7%的人愿意为体育类频道付费，15.9%的人愿意为财富、纪实类频道付费。[①] 综合这些付费频道的内容偏好可发现，受众付费的重点在于娱乐和实际收益两个方面，如果付费频道的信息能给他们带来欢乐或实际价值，他们是愿意购买或实际购买的。

接下来，我们分析现在购买付费频道的用户对付费电视内容、价格的评价，具体见表6-3。

表6-3 现在购买付费频道的用户对付费电视频道内容、价格的评价

	个数	百分比	对付费电视频道内容和价格的评价
持正面态度的	1	1.25%	合理，内容专一，看得很爽
	9	11.25%	内容丰富
	2	2.50%	有趣，选择多
	7	8.75%	不错
	3	3.75%	内容可以
	1	1.25%	适当
	11	13.75%	价格较为合理
小计	34	42.50%	

① 参见吴玉玲、鲍立《数字电视节目收视偏好与付费意愿分析———基于北京地区数字电视收视情况的调研报告》，载《当代传播》2010年第4期。

续表6－3

	个数	百分比	对付费电视内容和价格的评价
持负面态度的	1	1.25%	质量没有想象中好
	4	5.00%	内容比较单一，接受不了
	1	1.25%	没新意，无聊
	14	17.50%	太贵
	1	1.25%	频道搜索的功能也很复杂
小计	21	26.25%	
持中立态度的	1	1.25%	通过电视看 NBA 还是比较清楚的
	1	1.25%	喜欢就看，不喜欢就不看
	2	2.50%	没时间看
	1	1.25%	可以更多节目
	1	1.25%	可以更丰富
	1	1.25%	一般
	4	5.00%	一般，经常回放
	14	17.50%	没有回答或没有意见
小计	25	31.25%	
总计	80	100.00%	

归纳这些评价，对内容持积极态度的有“合理，内容专一，看得很爽”（1个）、“内容丰富”（9个）、“有趣，选择多”（2个）、“不错”（7个）、“内容可以”（3个）、“适当”（1个），共28.75%；对价格持积极态度的“价格较为合理”（11个），占13.75%，总共42.5%。

对内容持消极态度的有“没新意，无聊”（1个，1.25%）、“内容比较单一，接受不了”（4个，5%）、质量没有想象中好（1个，1.25%）。对价格不满的“太贵”（14个，17.5%），其他不满的“频道搜索的功能也很复杂”（1个，1.25%），共26.25%。

持中立态度的有“通过电视看 NBA 还是比较清楚的”（1个，1.25%）、“喜欢就看，不喜欢就不看”（1个，1.25%）、“没时间看”（2个，2.5%）、“可以更多节目”（1个，1.25%）、“可以更丰富”（1个，1.25%）、“一般”（1个，1.25%）、“一般，经常回放”（4个，5%）、“没有回答或没有意见”（14

个，17.50%），共25个，占31.25%。

现在购买付费频道的用户的每月购买费用，见表6-4。

表6-4　现在购买付费频道的用户的每月购买费用

	个数	百分比	每月购买费用（元）
	1	1.75%	10
	3	5.26%	15
	3	5.26%	20
	1	1.75%	22
	1	1.75%	25
	8	14.04%	30
	1	1.75%	35
	8	14.04%	40
	1	1.75%	45
	11	19.30%	50
	1	1.75%	55
	3	5.26%	60
	1	1.75%	68
	1	1.75%	70
	1	1.75%	75
	1	1.75%	80
	6	10.53%	100
	3	5.26%	150
	1	1.75%	200
	1	1.75%	360
小计	57	—	—
缺失	11	—	—
总计	68	—	—
均值	61	—	—
众数	50	—	—

通过表6-4显示，50元为众数；共11个；其次是40元、30元，各8个；

再次是100元，6个，比2010年的调查付费电视用户的均值28.5元价格有了一定的提高。过去的一项调查显示，北京市18.3%的用户每月最多愿意为数字电视付费26到30元，这部分用户主要为20～29岁、大专高职文化程度、一般企业职员、月收入为1500到2999元的人群；16.9%的用户最多愿意付费21到25元/月，主要为30～39岁、大专高职文化程度、一般企业职员、无月收入或月收入在1500～2999元之间的人群；15.5%的用户最多愿意付费50元/月，主要为男性、20～39岁、大学本科文化程度、一般企业职员、月收入为7000～9999元的人群。所有人群平均每月最多愿意为数字电视共付费34.27元。① 因此，目前的价格是超过用户的最高意愿的。而本研究在2010年的调查也显示，广州市的176个用户愿意购买的最高价格的均值为22.5，众数为0（90个用户51.1%），最高愿意购买价格的低于25元的累积人数为131个（74.4%），低于100元的173个（98.3%），现在的价格是要大大高于一般受众的心理价格。

2. 用户没有购买付费频道的原因及其对内容和价格收费的评价

没有购买数字电视付费频道的用户有241个，占67.1%，其未购买的原因归类，见表6－5。

表6－5 用户没有购买数字电视付费频道的原因

归类	个数	百分比	没有购买数字电视付费频道的原因
自身内容问题	89	34.77%	对付费频道的内容并不需要，或不感兴趣
	39	15.23%	免费频道基本已足够
自身价格方面	36	14.06%	要收费，不想付费看电视
	1	0.39%	收费不合理
替代产品	15	5.86%	可以上网看
渠道问题	16	6.25%	不清楚数字电视的内容或付费流程
	1	0.39%	对付费频道的收费标准不了解
	6	2.34%	付费程序麻烦
受众问题	31	12.11%	很少时间看电视
	3	1.17%	数字电视是新生事物，不愿意轻易尝试

① 参见吴玉玲、鲍立《数字电视节目收视偏好与付费意愿分析———基于北京地区数字电视收视情况的调研报告》，载《当代传播》2010年第4期。

续表 6－5

归类	个数	百分比	没有购买数字电视付费频道的原因
受众问题	1	0.39%	家里没人看电视
	1	0.39%	很少在家
	2	0.78%	小区没有统一安排安装
	1	0.39%	在外租屋
	14	5.47%	没有回答或不清楚
总个数	256	100.00%	

注：在 241 个受众回答中，有些人回答的原因不只一个，实际原因有 256 个。

没有购买数字电视付费频道的用户对内容和价格的看法，见表 6－6。

表 6－6　没有购买数字电视付费频道的用户对付费电视频道内容和价格的看法

个数	百分比	对付费电视内容和价格收费的评价
114	43.68%	不太清楚或不了解
36	13.79%	太贵，收费过高
14	5.36%	内容一般，网络或其他地方也有，不值得花钱
7	2.68%	内容枯燥，不够吸引
1	0.38%	不需要
1	0.38%	种类不多
1	0.38%	节目比较多
3	1.15%	内容较好
4	1.53%	内容丰富
1	0.38%	选择太多，难以选择
1	0.38%	不适合老人
2	0.77%	没什么稀奇，现在网上资讯很丰富；政府有补贴可考虑
1	0.38%	节目内容一直重复
1	0.38%	也不贵，内容比较个性化
3	1.15%	多余
5	1.92%	不知道价格或收费标准

续表 6－6

个数	百分比	对付费电视内容和价格收费的评价
1	0.38%	画面的质量的确是清晰了很多，但觉得其内容与免费频道差别不大
1	0.38%	没有特别留意，但听身边的朋友介绍过，觉得应该不错
1	0.38%	付费麻烦
16	6.13%	价格合理，可以接受
1	0.38%	最好免费
1	0.38%	国际频道少
1	0.38%	看起来不错
1	0.38%	还好
43	16.48%	没有回答或没有意见
261	100.00%	

表 6－5 显示，有 89 个没有购买数字电视付费频道的用户“对付费频道的内容并不需要，或不感兴趣”，一方面的确是付费频道的内容还未能很吸引受众，另一方面也可能是付费频道的内容未能为这些用户所接触，所以这些用户不了解这些内容，所以也就不需要，而这从表 6－6 里有 114 个（43.68%）用户“不清楚或不了解付费频道的内容和价格”也可看出。

表 6－5 显示，有 36 个没有购买数字电视付费频道的用户由于付费频道的价格高而没有购买付费频道，而表 6－6 也显示 36 个用户对付费频道的评价是太贵，收费过高，所以价格是阻碍用户接触、了解付费频道的一个很重要的原因。

在一项北京市主要城区数字电视用户节目收视情况的调查结果显示，不愿意缴费开通付费电视的原因主要在于，有 65.4% 的用户认为现在的模拟电视频道已经足够，开通数字付费电视没有太大的实际意义；38.8% 的用户认为付费观看电视的费用太高，超出自己能够接受的范围，因此不愿缴费开通付费电视；13.1% 的用户认为，付费节目和免费节目差别并不大，节目不具吸引力，没必要开通付费电视；对于数字电视还缺乏了解而不愿意缴费开通付费电视的占 8.9%；8% 的用户认为看电视的时间很少，没必要付费；6.8% 的用户因目前数字电视的功能和业务并不齐全而不愿意缴费开通付费电视；5.1% 的用户因网络视频足够精彩而不愿意缴费开通付费电视；因目前数字电视的音视频效果并不太好、操作太麻烦而不愿意缴费开通付费电视的占4.2%。[①]

比较这两次调查的结果，可以发现，如果付费电视的费用太高，超出受众能够接受的范围，用户也会不愿缴费开通付费电视的。

3. 用户对付费频道持“不清楚或不知道”的原因分析

用户对付费频道持“不清楚或不知道”的原因，见表6-7。

表6-7 用户对付费频道持“不清楚或不知道”的原因

个数	百分比	对付费电视不知道或者不清楚
15	30.00%	不清楚家里购买的情况
19	38.00%	不太了解，没有留意
1	2.00%	没这个需求
3	6.00%	工作较忙，很少看电视
1	2.00%	有没有都可以
8	16.00%	没有回答
1	2.00%	觉得现有节目已足够，不需了解
1	2.00%	在家比较少看电视，主要都是通过互联网获取相关资讯的
1	2.00%	没有太留意电视频道收费的区分
50	100.00%	

对付费频道持“不清楚或不知道”的50个用户中有19个表示“不太了解，没有留意”，这进一步说明付费频道的宣传乏力，导致很多人都不清楚、不了解付费频道。2009年11月，广州市统计局咨询中心受托在广州市开展“广州地区数字电视服务满意度调查”，调查对象涉及越秀、荔湾、海珠、天河、白云、黄埔6个老城区1507户家庭。调查结果显示，65%的受访者家庭平均每天收看电视时间超过3小时以上，但是绝大多数看的是免费频道节目，付费频道节目的使用率还不足一成，表示“从不收看”以及“不知道有付费频道”节目的受访者分别占调查样本总数的89.1%和1.1%。[②] 虽然这是几年前的数据，但和这次数据比较，仍然有相当多的人不了解付费频道，因此，还需要继续加强付费频道的宣传。

---

① 参见吴玉玲、鲍立《数字电视节目收视偏好与付费意愿分析——基于北京地区数字电视收视情况的调研报告》，载《当代传播》2010年第4期。

② 《广东数字电视听证委员猛拍砖》，2009-11-27 04:06:00 大洋网—广州日报。

四、结论与局限

数字电视不仅仅是一场从模拟到数字的技术革命，而且它从根本上改变了传统意义上的电视节目收看方式和赢利模式。模拟电视节目面对的是广告商，节目通道的用户数量和覆盖范围非常重要，用户更多是被动性收看，每月十几元的有线网络维护费是运营商收入的主要来源；而在数字电视时代，电视节目必须以用户为导向，增值业务的商业模式也需要以用户为核心去构建。付费频道是数字电视一个重要的增值业务，当然需要了解用户，围绕以用户为核心去研究并发展。就目前的问题来说，内容和价格是数字电视付费频道用户最为关注的核心问题，本研究在2010年及2011年连续做了两次调查，都是采用电话调查随机抽样原则，表6-8是这两次调查的数据比较。

表6-8　2010年及2011年两次调查比较

	第一次调查	第二次调查
调查时间	2010年10月到11月	2011年10月到12月
调查对象	年龄在15周岁以上的家庭成员	年龄在15周岁以上的家庭成员
调查方式	计算机辅助电话调查	计算机辅助电话调查
获得问卷	获得308份问卷	获得606份问卷
样本男女比例	男（40.9%），女（59.1%）	男（45.4%），女（55.6%）
收看数字电视用户	195户（63.3%）	359个（59.2%）
购买付费频道用户	11户（5.6%）	68个（18.9%）
没有购买付费频道用户	184户（94.4%）	241个（67.1%）
不知道是否购买付费频道	没调查	50个（13.9%）
没有收看数字电视用户	113户（36.7%）	192个（31.7%）
不知道有否收看数字电视	没调查	55个（9.1%）

从两次调查数据来看，付费频道的普及率有了进一步提高，并且在第二次调查当中，发现了部分用户不知道是否购买付费频道，也有部分用户不知道是否有收看数字电视，仍然有10%左右的受众不知道数字电视或者是付费频道，这说明数字电视及付费电视的宣传推广还不够充分。

当然，就广州市家庭用户对数字电视付费频道的内容与价格评价这两方面来说，关键还是要了解广州市家庭用户需要什么样的付费电视内容。为此 2012 年 4 月到 5 月，本研究在广州市范围内又进行了一项计算机辅助电话调查，其中一部分内容是调查广州市家庭究竟会花钱购买观看哪种类型的付费电视频道节目。该次调查的方法跟上两次的电话调查类似，只不过问卷不同。

根据在北京 2009 年的一次对付费频道的调查数据表明，用户愿意付费的频道主要集中于影视、体育、财富、纪实、动漫、女性、休闲娱乐类频道，其中 53. 6% 的人愿意为影视类频道付费，37. 7% 的人愿意为体育类频道付费，15. 9% 的人愿意为财富、纪实类频道付费。[①] 为此，本次调查设置了“您会花钱购买观看哪种类型的付费电视频道节目（可多选）?”的问题，其选项为影视类节目；休闲娱乐类节目；政法类节目；体育类节目；气象类节目；音乐类节目；动漫类节目；生活类节目；纪实类节目；女性类节目；文化类节目；财富类节目；时尚类节目；旅游类节目；汽车类节目；购物类节目；戏曲类节目；游戏类节目；教育类节目；亲子类节目；棋坛类节目；其他；我不会花钱购买任何类型的付费电视频道节目；不清楚/没回答。将上述 2012 年广州的调查结果和 2009 年北京的调查结果对比，得出表 6 –9。

表 6 –9　2012 年广州的调查结果同 2009 年北京的调查结果比较

节目类型	广州调查的用户愿意购买频道的百分比	广州用户愿意购买频道排名	北京调查的用户偏好百分比	北京用户喜欢频道排名
影视类节目	50. 40%	1	81. 30%	1
休闲娱乐类节目	29. 00%	2	67. 80%	2
政法类节目	12. 00%	14	63. 20%	3
体育类节目	26. 30%	3	49. 00%	4
气象类节目	5. 80%	19	48. 00%	5
音乐类节目	23. 90%	4	47. 70%	6
动漫类节目	15. 50%	9	41. 10%	7
生活类节目	16. 40%	7	41. 10%	8
纪实类节目	20. 10%	6	35. 50%	9

① 参见吴玉玲、鲍立《数字电视节目收视偏好与付费意愿分析———基于北京地区数字电视收视情况的调研报告》，载《当代传播》2010 年第 4 期。

续表6-9

节目类型	广州调查的用户愿意购买频道的百分比	广州用户愿意购买频道排名	北京调查的用户偏好百分比	北京用户喜欢频道排名
女性类节目	14.20%	11	33.90%	10
文化类节目	14.80%	10	33.90%	11
财富类节目	14.10%	12	33.20%	12
时尚类节目	16.40%	7	31.60%	13
旅游类节目	21.20%	5	29.30%	14
汽车类节目	12.20%	13	25.00%	15
购物类节目	8.40%	17	24.00%	16
戏曲类节目	3.90%	21	21.40%	17
游戏类节目	10.00%	16	17.10%	18
教育类节目	11.50%	15	13.50%	19
亲子类节目	6.30%	18	10.20%	20
棋坛类节目	4.40%	20	9.20%	21
其他	3.50%			
我不会花钱购买任何类型的付费电视频道节目	19.20%	—	—	—
不清楚/没回答	—	—	—	—

由表6-9显示，广州用户愿意购买的前九个频道和北京用户喜欢的前九个频道的交集为影视类节目、休闲娱乐类节目、体育类节目、音乐类节目、动漫类节目、生活类节目、纪实类节目。因此，未来付费电视节目可以发展上述用户喜欢看且可能购买的节目内容，以尽快提高用户对付费电视的购买意愿。

第七章　网络视频对付费电视的影响

——基于广州市网民的实证调查

一、引言

网络视频，是指通过互联网，借助浏览器、客户端播放软件等工具，在线观看视频节目的互联网应用。2012年1月，中国互联网络信息中心（CNNIC）在北京发布《第29次中国互联网络发展状况统计报告》（以下简称《报告》）。报告显示，截至2011年12月底，中国网民规模突破5亿人。互联网普及率较2010年提升4个百分点，而在2011年，在大部分网络娱乐类应用的使用率持续下滑的同时，网络视频的使用率呈逆势上扬的态势，网络视频行业的发展势头相对良好。又据CNNIC发布的《2011年中国网民网络视频应用研究报告》显示，我国网络视频用户规模一直维持稳定扩大的态势，从2007年年底的1.61亿逐步增长至2011年年底的3.25亿，视频用户占网民比例由2010年年底的62.1%提升至2011年年底的63.4%。网络视频已经发展成为人们获取电影、电视、视频等数字内容的重要渠道，其媒体价值快速增长，而且在互联网行业中的地位也不断提升。

为了获得更多的内容选择，许多人都通过政府管制相对不太严格的互联网收看视频。虽然网络上的视频内容存在着合法性的问题，而且视频的低清晰度让人几乎难以忍受，但是不得不承认，互联网视频凭借着大量、丰富的内容以及点播实时收看的功能，特别是免费的特点，也着实吸引了不少人群，尤其是年轻一代，这在一定程度上分流了现有的电视观众。2011年以来，我国网络视频行业保持着高速增长的势头，网络视频行业发展前景被广泛看好，相关企业加快拓展步伐；与此同时，传统门户网站也纷纷通过不同路径强势进军这一领域，行业竞争趋势日益激烈。

目前，我国网络视频包括两方面的主体供给的内容，一类是非传统媒体提供的网络视频，一种是传统媒体提供的网络视频。首先介绍非传统媒体提供的网络

视频。互联网用户的发展，极大地促进了网络音视频业务的发展。目前，国内非传统媒体提供的网络视频行业主要分垂直类视频网站和门户视频两大类，垂直类视频网站主要以优酷、土豆、酷6、PPLive、PPS、激动网等为代表，门户视频则以搜狐为主力。在垂直类视频网站中，优酷、土豆、酷6等因网友上传共享模式而倍受盗版指责；激动网、乐视网以及搜狐等主打正版视频；PPLive和PPS依靠客户端，主打长篇电视剧。此外，从音视频网站提供的业务角度出发，可以将这些网站分为音视频分享类、在线点播直播类、音视频搜索类和流媒体类网站：音视频分享类包括以土豆网、优酷网等为代表的专业音视频分享网站和新浪播客等门户类音视频频道；在线点播直播类指提供音视频点播或直播的网站，如互联星空、天天在线等；音视频搜索类包括百度音视频搜索等提供音视频搜索服务的网站；流媒体类则指以迅雷为代表的采用流媒体技术提供音视频下载和浏览服务的网站。

另一种是传统媒体提供的网络视频。为应对新媒体的挑战，国内包括中央电视台和上海文广集团在内的众多广电媒体也开始进入网络音视频领域。1999年1月1日，中央电视台正式开通互联网网站后，《新闻联播》节目当晚就可以上网，成为国内最早的在因特网上播出的电视节目。同年6月1日，中国虹桥网开通了网络电视服务，以交互式推出三档现场直播的青少年节目。这一节目最显著的特点就是拥有交互性、实时性和多媒体沟通的特性。2001年，新华社与中国电信合作推出网络电视平台；2004年，北京电台推出网络电视台“北京网视”；2004年5月31日，中国最大的网络视频运营商之一中视网络开通了中央电视台的网络电视服务。中视网络依托中央电视台的节目资源，通过宽带互联网为用户提供视频点播服务。中视网络汇集了中央电视台自成立以来几十万小时的历史资料片，同时每天新增几十个小时的实时电视节目，这是网络电视在内容突破上的里程碑。对于用户来说，通过央视网络电视可以随时点播自己喜爱的中央电视台各栏目的节目，还可以在线收看高质量的电视剧。2005年春节后，中央人民广播电台成立网络电视台。2005年5月，上海文广旗下的上海电视台获得了国家广电总局颁发的第一张IPTV、手机电视全业务牌照。随后，上海文广投资组建了百视通、东方宽频等公司，发展以网络视频为主的新媒体业务。东方宽频还在2009年正式推出了“上海网络电视台”；2008年1月，湖南卫视新媒体平台“金鹰网”上线，并立起了其“视频门户”的市场地位。2009年，金鹰网旗下的芒果网络电视分离，面向市场以独立品牌运营。2009年，新华社正式播出网络视频专线，包括现场直接播报、多点电视连线、演播室访谈等多种节目形态，有着“现代、时尚、活力”的风格。这是与新华社文字新闻线路、图片新闻线路并列运行的视频新闻播发线路，每天24小时滚动播发，并在时下非常流行的社交网站开心网开通了中文电视新闻服务。新华社英语电视新闻线路每日首播内容为90分钟，通过卫星线路向中国的用户传送，其他国家和地区的用户主要通过互联网接收。中央人民广播电台旗下的“中国广播网”正以丰富的新闻信息资源和音频节目资源为基础，建设一个以中央台为中心、全国各地电台为依托，面向全国、全球的“中国广播网”，共设有新闻、财经、体育、音乐、书院、汽车、旅游、军事、民族、台湾等64个专业频道、400多个栏目，网站音频数据总量2TB。网站以国际领先、国内一流的流媒体音频广播技术，提供中央人民广播电台9套节目网上直播、270多个重点栏目的在线点播服务。2009年12月28日，“中国网络电视台”（cntv. cn）正式开播。中国网络电视台的开播是我国新兴媒体发展的一个重要里程碑，伴随着中国网络电视台的正式上线，央视、上海文广、凤凰卫视、湖南广电、浙江广电这几家具有官方背景的广电军团在网络视频市场版图上的布局已初见规模。

无论非传统媒体提供的网络视频，还是传统媒体提供的网络视频，其大多是属于免费电视，而我国的付费电视主要在数字电视付费频道播出，其渠道、内容都截然不同。而网络视频由于借助了互联网平台，其可检索、海量、随时观看的特性已成为目前超越付费电视的主要优点。另外，中国主要的视频网站在2011年着重提供高质量的版权影视内容，随着内容资源的不断丰富，网民上网看电影、热播剧集的习惯开始养成，中国网络视频使用率逐步回稳。进入2011年，视频网站之间版权大战越加激烈，各网站花费了大量资源和精力购买热播影视剧版权，在不断充实视频内容储备的同时，许多网站提出自制内容战略，完善了视频内容的种类和题材。为了能够实现一定的差异化竞争，视频网站在新闻内容、动漫、综艺娱乐、纪录片等多方面都有涉猎，甚至开始聘请专业电视制作人负责视频业务，从而对不同内容兴趣和需求的人群都产生了吸引力。

那么究竟受众在接触网络视频与付费电视上有何不同，其又是如何认识评价网络视频与付费电视的呢？网络视频的普及会给付费电视带来影响吗？本章将对之进行探讨。

二、文献综述相关问题

对于付费电视的文献，前面已有所分析，下面主要分析在网络视频（或者称网络电视）的相关研究。

在著作方面，张海潮的《眼球经济——中国电视的数字化、产业化生存》一书中对网络电视的相关情况做了介绍，主要包括：网络电视的管理政策、网络运营现状、技术现状、用户和网络电视收费情况等，并且还指出了网络电视区别

于其他电视传播形态的主要方面。还有黄升民等在《广电媒介产业经营新论》一书中对网络电视的发展背景以及网络电视发展初期可能遇到的问题进行了初步归纳，如“运营模式问题、产业政策问题、硬件设施问题、标准问题及内容问题”。① 黄楚新编著的《擅变与重构——中国IPTV发展现状与走向》一书对中国IPTV的发展做了全面的阐述，从它的定义说起，包括网络电视的技术、媒介生态景观、传播学意义，以及网络电视的发展模式和遇到的问题，并且预测了网络电视的未来发展趋势，全书是对IPTV网络电视的综合描述，具有代表性。② 王明轩的《即将消亡的电视——网络化与互动视频时代的到来》一书以其新颖的角度和风趣的语言比较了中美网络视频发展的差异，并分析了网络电视对传统电视所产生的巨大冲击。③ 这些著作在网络视频的研究上，注重宏观、描述性的分析，缺乏微观、论证的分析。

在论文方面，华中理工大学的石长顺在《现代传播》上发表的《网络电视及其传播特点》中列举了网络电视的基本特点，如“超时空的信息选择”、“个人化的信息服务”、“交互式的信息传播”；④ 四川大学吕良安的《网络电视发展思考》从网络电视的发展现状入手，以案例做支撑，分析网络电视的发展瓶颈，提出了监管制度、牌照的发放、产业链的上下游整合以及培养用户消费习惯等几个方面的建议。⑤ 四川社会科学院研究生石晓峰的《中国网络电视发展现状研究》对网络电视的动力和优势进行了分析，在解决网络电视发展问题上，提出了创新赢利模式的关键性，并对未来网络电视的发展趋势进行了阐述，指出网络电视要发展必须要对整个网络电视的市场重新洗牌，并找到了网络电视的助推器——竞技体育赛事的直播。⑥

在实证研究方面，张莉以在校大学生作为调查对象，通过调查了解大学生对网络视频的使用行为以及对网络视频广告的态度，对网络视频广告的传播效果进行合理评价，并提出改善和提升网络视频广告传播效果的建议。⑦ 邓晓璇以西安市大学生为例，对大学生使用网络电视的重点影响因素和基本情况进行了相关的调查分析，以创新扩散理论和使用与满足理论为理论框架，从感知特征、感知流

---

① 参见黄升民、周艳等《广电媒介产业经营新论》，复旦大学出版社2005年版。

② 参见黄楚新《擅变与重构——中国IPTV发展现状与走向》，中国传媒大学出版社2008年版。

③ 参见王明轩《即将消亡的电视——网络化与互动视频时代的到来》，中国传媒大学出版社2009年版。

④ 参见石长顺《网络电视及其传播特点》，载《现代传播》1999年版。

⑤ 参见吕良安《网络电视发展思考》，四川大学2006年硕士论文。

⑥ 参见石晓峰《中国网络电视发展现状研究》，四川省社会科学院2009年硕士论文。

⑦ 参见张莉《提升网络视频广告的传播效果——基于大学生网络视频使用行为的调查》，载《广告大观理论版》2010年第5期。

行、感知需求三个方面分析影响大学生使用网络电视的重点因素，调查发现：感知网络电视的相对优越性、易用性影响了大学生使用网络电视；感知流行以及感知消耗时间需求、获取信息需求、情感交流需求、放松情绪等感知需求均对大学生使用网络电视施加了影响。这些研究多以大学生为对象，难以推广到一般受众。而由 CNNIC 推出的《2009 年至 2011 年中国网民网络视频应用研究报告》中的描述统计比较多，虽值得借鉴，但缺乏某一城市的细致的调查、分析，尤其缺乏多元回归分析相关变量。①

国外方面，美国南加利福尼亚大学的安那伯格传播学院教授 Jonathan Taplin 分析了"电视媒体将从模拟时代的渠道稀缺到数字时代的渠道丰富，并引发一场虫咬的转变或革命"②。在这篇文章中，作者提出了要转变的五个要素，即内容制造商、内容分发商、电信提供商、广告商等。在用户如何使用网络电视方面，有研究者提出了一个包括个人创新和计算机能力为基础的感知有用、感知易用、感知快乐，以及感知价格为最终变量的网络电视使用模型。③ 国外的研究虽然很有启发，但是不能直接用于中国的实际。

三、研究方法

本次统计调查数据时间为 2011 年 11 月，调查的对象总体是过去半年内使用过互联网的 16 周岁及以上现居住在广州的居民。这次调查是网络调查，通过 QQ 这种当前中国网民比较常用的网络沟通交流工具进行配额调查。虽然配额调查不同于传统的按比例分层抽样，但却能产生与总体特征较为可比的数据。其具体配额过程如下：①使用 QQ 号码登陆，没有 QQ 号码的注册一个号码；②点击 QQ 右下角"查找"；③在弹出窗口查找方式中选择"按条件查询"，国家选择"中国"，地区选择"广州"。其他的设置根据前几年的网民统计数据中的性别和年龄数据进行配额，每个学生共需完成 9 份有效问卷：16 ～ 22 岁的 2 人，23 ～ 30 岁的 3 人，31 ～ 40 岁的 2 人，40 岁以上的 2 人。另外，这 9 人的男女比例为

① 参见邓晓璇《西安大学生网络电视使用影响因素调查分析》，载《东南传播》2012 年第 4 期。

② Jonathan Taplin. The IPTV Revolution. The Network Society and the Knowledge Economy：Portugal in the Global context Seminar，2005，(3)

③ Agarwal R，Karahanna E (2000) . Time Flies When You're Having Fun：Cognitive Absorption and Beliefs about Information Technology Usage. Management Information Systems Quarterly. 24 (4)，665 - 694；Davis F (1989) . Perceived Usefulness，Perceived Ease of Use，and User Acceptance of Information Technology. Management Information Systems Quarterly. 13 (3)，318 - 339. Venkatesh V (2000) . Determinants of Perceived Ease of Use：Integrating Control，Intrinsic Motivation，and Emotion into the Technology Acceptance Model. Information Systems Research. 11 (4)，342 - 365.

5∶4，也就是说5个男的、4个女的。而具体查找调查对象的方法如下：

（1）先查找16～22岁的QQ在线对象，按其在线顺序采访，不管其性别，只要成功采访就可以，但采访成功后必须根据问卷记下性别，如果男的达到5人，或者女的达到4人，就停止采访。（采访特别说明，一个QQ号采访一次，如遇已接受采访的，就换其他QQ号）。

（2）查找23～30岁的QQ在线对象，方法同上。

（3）查找31～40岁的的QQ在线对象。在查找前要分析一下，前两次已经采访了多少个男的，多少个女的？如果男的达到5人，剩下的采访对象就要限定性别，只采访女的；而如果女的达到4人，剩下的采访对象就要限定性别，只采访男的。

（4）查找40岁以上的的QQ在线对象。在查找前要分析一下，前三次已经采访了多少个男的，多少个女的？如果男的达到5人，剩下的采访对象就要限定性别，只采访女的；而如果女的达到4人，剩下的采访对象就要限定性别，只采访男的。

另外，如果完成到“个人基本情况”的“第4题：请问你家在广州的哪个区呢?”那么该问卷就是有效问卷，但还不能到此为止，要继续问下去。参与访问的调查员为选修笔者“网络经营管理”和“网络传播概论”课程的学生。为了保证可信度，访问员完成访问后需要填写该次成功访问的QQ号码，并签上自己的名字。

本次调研最终共成功访问1317名被访者，调查结束后对数据进行了预处理、核对了变量的取值和变量之间的逻辑关系等，对于不合格样本及存在着缺失值的数据予以整体删除处理，总共得到个1162个数据，问卷及格率为88.2%，以下数据将围绕这1162个数据进行分析。

由于无法找到对住在广州市网民的整体调查数据，所以只能将样本数据与全体中国网民的数据及住在广州市市民的分布数据作一比较。

样本数据与《中国互联网络发展状况统计报告（2011年7月）》中的网民结构进行对比，见表7－1。

表7－1　样本数据与《中国互联网络发展状况统计报告（2011年7月）》对比

变量	性别		年龄（岁）						学历				
	男	女	16～19	20～29	30～39	40～49	50～59	60以上	小学及以下	初中	高中或中专	大专	本科
样本数据（%）	55.2	44.8	9.0	49.9	21.7	15.6	3.5	0.3	1.2	8.4	25.1	22.4	42.9
统计数据（%）	55.1	44.9	10.7	37.8	28.5	14.2	5.9	2.9	8.7	35.1	33.9	10.5	11.7

变量	职业分布													
	学生	个体户/自由职业者	无业、下岗、失业人员	专业技术人员	制造业/生产性企业工人	商业/服务业职工	企业/公司一般职员	企业/公司中层管理人员	企业/公司高层管理人员	党政机关事业单位一般职员	党政机关事业单位领导干部	农民	退休人员	其他
样本数据（%）	27.7	13.0	4.2	9.1	3.3	9.8	16.6	5.4	2.8	1.6	0.3	0.1	0.5	5.7
统计数据（%）	29.9	14.6	9.5	8.7	4.8	3.6	10.9	4.0	0.8	2.4	1.7	5.3	2.7	1.0

样本数据与广州市2010年第六次全国人口普查数据比较，见表7－2。

表7－2　样本数据与广州市2010年第六次全国人口普查数据比较

变量	家庭户地区											
	荔湾区	越秀区	海珠区	天河区	白云区	黄埔区	番禺区	花都区	南沙区	萝岗区	增城市	从化市
样本数据（%）	8.6	13.5	13.2	26.5	10.9	3.8	11.4	5.2	2.5	0.6	2.4	1.4
统计数据（%）	7.1	9.1	12.3	11.3	17.5	3.6	13.9	7.4	2.1	2.9	8.6	4.7

注：由于本次调查根据实际需要，没有调查16岁以下的被访者，因此统计数据也将16岁以下比例剔除，重新计算16岁以上各群体的比例。

样本数据与《中国互联网络发展状况统计报告（2011年7月）》中的网民结构进行对比得出，样本数据与统计数据，性别方面基本一致，误差在1%以内；年龄方面，20～29岁的样本比统计数据要多10%左右，因为QQ是年轻人普遍使用的聊天工具；学历显示样本（使用QQ者）比统计数据（一般网民）要高，职业分布各项差别都不大。而样本数据与广州市2010年第六次全国人口普查数据比较，样本者与统计数据基本一致，除了有些区域分布不均衡，如天河区样本数比较多，这也是由于天河区是广州信息技术、公司、写字楼集中的地区导致的。但就整体上来看，从性别分布、年龄分布、地域分布上分析，样本数据对住在广州市网民这一总体来说是有足够的代表性的。

四、研究发现

1. 收看传统电视和网络视频（电视）的频率比较

在1162人中，对于看传统电视的频率这一问题回答"从不收看"占2.2%，回答"几乎很少收看"占17.0%，回答"有时收看"占44.7%，回答"较常收看"占25.8%，回答"经常收看"的占6.0%，回答"不知道/不愿回答"占1.3%。

而对于看网络视频（电视）的频率这一问题回答"从不收看"占4.4%，回答"几乎很少收看"占18.2%，回答"有时收看"占32.6%，回答"较常收看"占26.0%，回答"经常收看"的占16.4%，回答"不知道/不愿回答"1.5%。

通过对这1162名广州网民收看传统电视和网络视频（电视）的频率比较，可得出表7-3。

表7-3 1162名广州网民收看传统电视和网络视频（电视）的频率比较

	看传统电视的频率	看网络视频（电视）的频率
从不收看	2.2%	4.4%
几乎很少收看	17.0%	18.2%
有时收看	44.7%	32.6%
较常收看	25.8%	26.0%
经常收看	6.0%	16.4%
不知道/不愿回答	1.3%	1.5%

从这些数字来看，对于广州市目前的网民来说，经常看传统电视的频率仅有6.0%，而经常看网络电视的频率为16.4%，有时收看传统电视的为44.7%，高于有时收看网络电视的32.6%

进一步以看传统电视频率为因变量，性别、年龄、学历、平均月收入为自变量进行回归分析，发现年龄对看传统电视频率有显著正面影响（B=0.150，$P<0.001$），即年龄越大，看传统电视频率越高；而学历对看传统电视频率有显著负面影响（B=-0.76，$P<0.05$），即学历越高，看传统电视频率越低。归结这两个变量，即可看出，现在看传统电视的为年龄大且低学历的受众。见表7-4。

表7-4　看传统电视频率的回归分析[a]

模型		非标准化系数		标准化系数	t检验的值	显著水平（Sig）
		回归系数（B）	标准误（Std. Error）	回归系数（B）		
1	常数（Constant）	3.162	0.151		20.923	0.000
	性别	-0.104	0.057	-0.054	-1.848	0.065
	年龄	0.015	0.003	0.150	4.692	0.000
	学历	-0.066	0.026	-0.076	-2.559	0.011
	平均月收入	-0.004	0.010	-0.013	-0.406	0.685

注：a. 因变量：看传统电视频率。

进一步以看网络电视频率为因变量，性别、年龄、学历、平均月收入为自变量进行回归分析，发现年龄对看网络电视频率呈显著负面影响（B=-0.238，$P<0.001$），即年龄越大，看网络电视频率越低；而学历对看网络电视频率呈显著正面影响（B=0.082，$P<0.05$），即学历越高，看网络电视频率越高。归结这两个变量，即可看出，现在看网络电视的为年龄小且高学历的受众。（见表7-5）这一分析结果正好与看传统电视的受众相对，也说明了网络电视的发展，将年轻且学历高的受众吸引过来，会对传统电视产生一定的冲击。

表7-5 看网络电视频率的回归分析[a]

模型		非标准化系数		标准化系数	t检验的值	显著水平（Sig）
		回归系数（B）	标准误（Std. Error）	回归系数（B）		
1	常数（Constant）	3.997	0.173		23.057	0.000
	性别	-0.087	0.065	-0.038	-1.342	0.180
	年龄	-0.028	0.004	-0.238	-7.618	0.000
	学历	0.083	0.029	0.082	2.824	0.005
	平均月收入	-0.015	0.011	-0.040	-1.312	0.190

注：a. 因变量：看网络电视频率。

进一步分析网络视频（电视）是否对观看传统电视有影响，得出以下表7-6。

表7-6 网络视频（电视）是否对观看传统电视有影响

		个数	百分比	有效百分比	累计百分比
有效值	影响很大	225	19.4	19.4	19.4
	有些影响	400	34.4	34.5	53.9
	一般，没感觉	315	27.1	27.2	81.0
	很少影响	111	9.6	9.6	90.6
	没有影响	66	5.7	5.7	96.3
	不知道/不愿回答	43	3.7	3.7	100.0
	小计	1160	99.8	100.0	
缺失值		2	0.2		
合计		1162	100.0		

在1162人中，除了2个缺失值外，对网络视频（电视）的出现对观看传统电视的频率是否有影响这一问题，回答“影响很大”的占19.4%，回答“有些影响”的34.5%，回答“一般，没感觉”的27.1%，回答“很少影响”的9.6%，回答“没有影响”的占5.7%，回答“不知道/不愿回答”的3.7%。在相应答项中，有影响53.9%（19.4%+34.5%）多于没影响15.3%（9.6%+5.7%），所以整体来说，受众是觉得网络视频（电视）的出现对受众观看传统电视的频率是有影响。从观看频率的实际行为的改变到对网络视频（电视）对

传统电视的影响认知来看，网络视频（电视）目前正成为传统电视的有力竞争者，而这传统电视也包括数字付费电视。

2. 网络视频（电视）的特点认知

在对网络视频（电视）与传统电视的比较中，被调查者的认同度见表7－7所示。

表7－7 被调查者对网络视频（电视）与传统电视的相比较的认同度

认同度 对网络视频（电视）与传统电视比较	很不同意（%）	不同意（%）	一般（%）	同意（%）	非常同意（%）
网络视频（电视）比传统电视有更加丰富、多样的视频资源	1.4	5.3	29.9	44.8	18.4
网络视频（电视）更新时间快，可以自主搜索喜欢的节目，随时随点随看	0.7	4.5	21.9	47.1	25.6
收看网络视频（电视）时，可以通过在线评论、跟帖等方式，实现双向互动	0.9	5.5	39.6	38.8	15.1
收看网络视频（电视）时弹出的广告窗口多	3.0	3.6	25.1	36.9	31.2
收看网络视频（电视）没有看传统电视的画质、感觉、舒适度等好	1.9	12.8	36.1	34.7	14.5
网络视频（电视）的低俗、暴力、色情没有被完全净化	4.3	8.6	39.2	34.6	13.3

从上面的数字我们可以看出，上面的所有判断受到网民“同意”与“非常同意”都高于“很不同意”和“不同意”，也就是说，上面的判断，网民大多认同。即网络视频（电视）的优点是：有比传统电视更加丰富、多样的视频资源，更新时间快，可以自主搜索喜欢的节目，随时随点随看；还可以通过在线评论、跟帖等方式，实现双向互动。但是网络视频（电视）的缺点则是收看网络视频（电视）时弹出的广告窗口多，收看网络视频（电视）没有看传统电视的画质、感觉、舒适度等好，网络视频（电视）的低俗、暴力、色情没有被完全净化。

3. 是否愿意收看网络视频（电视）或数字电视付费频道的比较

在1162人中，对于“您是否愿意付费收看网络视频（电视）”这一问题，回答“完全愿意”的占3.0%，回答“大半愿意”的占7.6%，回答“一半愿意，一半不愿意”的占25.6，回答“大半不愿意”的占28.3%，回答“完全不

愿意”的占29.2%，回答“不知道/不愿回答”的占6.4%。总的来说，网民对付费收看网络视频（电视）仍然不认同。而在1162人中，对于“您是否愿意收看数字电视付费频道”这一问题，回答“完全愿意”的占6.3%，回答“大半愿意”的占13.3%，回答“一半愿意，一半不愿意”的占28.5%，回答“大半不愿意”的占22.0%，回答“完全不愿意”的占21.9%，回答“不知道/不愿回答”的占7.9%。具体见表7－8所示。

表7－8　1162名广州网民是否愿意付费收看传统电视与网络视频（电视）的认知比较

	愿意付费收看网络视频（电视）	愿意付费收看数字电视付费频道
完全愿意	3.0%	6.3%
大半愿意	7.6%	13.3%
一半愿意，一半不愿意	25.6%	28.5%
大半不愿意	28.3%	22.0%
完全不愿意	29.2%	21.9%
不知道/不愿回答	6.4%	7.9%

从这两组数字比较，可看出：尽管网络视频（电视）对电视（包括付费电视）有影响，但是愿意付费收看数字电视付费频道的占19.6%（6.3%＋13.3%），高于愿意付费收看网络视频（电视）的10.6%（3.0%＋13.3%）。本研究的这一结论与《2011年中国网民网络视频应用研究报告》的结论类似。《2011年中国网民网络视频应用研究报告》显示：“①目前中国视频用户付费的比例非常低，如果扣除付费用户中偶尔一两次或者几个月才有一次付费行为的用户，视频用户中有比较稳定付费习惯的用户占比大约只有1.5%。用户付费的主要动机在于想收看更多更好的资源，或者想看的资源找不到免费的。②在没有付费收看视频行为的用户中，有约3/4的用户明确表示未来肯定不会付费。③在未来可能会考虑付费的潜在付费视频用户中，75.5%表示会在内容吸引人的情况下付费，因而内容还是吸引这部分用户转化为实际付费用户最重要的因素。”

而在1162人中，对于“您现在有否购买数字电视付费频道”这一问题，回答“没有”的71.9%，而回答“有”的占19.7%，回答“不知道/不愿回答”的占8.5%。购买数字电视付费频道的用户比例上升，说明尽管网络视频（电视）对电视有冲击与影响，但其冲击影响还是局限于免费电视上，对付费电视来说，网络视频（电视）无法提供类似于付费电视的专业化、个性化的内容，因此无法带来有力的冲击。从另一方面则显示，假如付费电视拓展其播出渠道，如手机、互联网，则必然会对目前依靠免费内容的网络视频形成冲击。

五、结论与讨论

为了使本研究的结论更具推广性及可对比性，以下分析这几年全国性的网络视频用户的调查报告，见表7-9。

表7-9　2009—2011年中国网络视频应用研究报告

<table>
<tr><th colspan="2"></th><th>2009年中国网民网络视频应用研究报告</th><th>2010年中国网民网络视频应用研究报告</th><th>2011年中国网民网络视频应用研究报告</th></tr>
<tr><td rowspan="2">性别</td><td>男性</td><td>58.10%</td><td>60.00%</td><td>57.50%</td></tr>
<tr><td>女性</td><td>14.90%</td><td>40.00%</td><td>42.50%</td></tr>
<tr><td rowspan="7">年龄</td><td>10岁以下</td><td>1.00%</td><td rowspan="2">30.10%</td><td>1.60%</td></tr>
<tr><td>10～19岁</td><td>32.90%</td><td>27.70%</td></tr>
<tr><td>20～29岁</td><td>28.60%</td><td>32.30%</td><td>31.70%</td></tr>
<tr><td>30～39岁</td><td>21.90%</td><td>22.50%</td><td>25.40%</td></tr>
<tr><td>40～49岁</td><td>10.40%</td><td>9.30%</td><td>9.90%</td></tr>
<tr><td>50～59岁</td><td>3.70%</td><td>4.40%</td><td rowspan="2">3.60%</td></tr>
<tr><td>60岁以上</td><td>1.50%</td><td>1.40%</td></tr>
<tr><td rowspan="5">学历</td><td>小学及以下</td><td>6.30%</td><td>5.70%</td><td>7.30%</td></tr>
<tr><td>初中</td><td>23.10%</td><td>21.80%</td><td>33.70%</td></tr>
<tr><td>高中</td><td>40.40%</td><td>41.50%</td><td>33.40%</td></tr>
<tr><td>大专</td><td>13.90%</td><td>15.10%</td><td>11.10%</td></tr>
<tr><td>本科以上</td><td>16.30%</td><td>15.90%</td><td>14.40%</td></tr>
</table>

结果显示，看网络电视的受众在10～39岁的年龄段里平均约占80%，表明看网络电视以年轻人居多。

另外，根据2010年3月CNNIC公布的《2009年中国网民网络视频应用研究报告》显示，有66.8%的网络视频用户表示，与以往相比观看电视的时间明显减少，其中有23.7%的用户表示现在基本不使用电视收看电视台的节目。以网络上观看和通过电视收看作为对比，考察用户对观看电影、电视剧的态度差别，有23.1%的网络视频用户认同“更喜欢在网络上看电影、电视剧”。超过半数的

网络视频用户对互联网的依赖要超过电视，56.7%的网络视频用户认同“比起电视，我更离不开互联网”，其中有26.9%的人对这一描述非常认同。在网络视频的使用中，有73%的被访者表示认同“在获知热播影视剧的信息后，会马上在网上找来看”。网络视频用户对广告接受程度较高，62.9%的用户表示可以接受网络视频服务中的广告，其中有39.9%的用户表示在不影响观看视频（如播放前/播放中的缓冲时间、播放暂停时间、片尾播放结束时间、不影响观看的位置等）的情况下，可以接受视频中出现的广告。

而根据《2010年中国网民网络视频应用研究报告》显示，国内网络视频付费市场仍不景气。在本次调查中，只有6%的网络视频用户在过去半年曾经付费收看过视频节目。对非付费用户进行付费意愿调查显示，22.4%的用户表示如果喜欢的视频节目收费会考虑付费，72.9%的用户习惯了免费收看视频，不考虑付费。对用户付费收看的视频节目类型调查显示，最受用户喜欢的是高清电影、电视剧，78.8%的付费用户在过去半年内曾付费收看过高清电影、电视剧；新上映的电影也比较受付费用户的欢迎，77%的用户过去半年曾付费在网上收看过新上映的电影；其他用户付费观看过的视频节目依次是热播电视剧、体育赛事集锦、动漫全集、电视节目直播、娱乐节目专题等。

而根据《2011年中国网民网络视频应用研究报告》显示，网络视频用户中，每周1～2天看视频的用户比例最高，占35.3%；其次为每天都看视频的用户，占比为28.5%。整体来看，由于视频内容日渐丰富，无论是影视剧类长视频还是用户原创类短视频，都较好地满足了用户需求，网络视频用户收看视频的频率较高。但是，网络视频的收看频率与电视的差距还是比较明显的，近六成电视观众每天都会看电视，相比之下，对于许多网络视频用户来说还没有形成比较稳定的视频收视习惯，其中有高达47.8%的用户是每周看一两天甚至平均每周不到一天的低粘度用户。2011年，中国网络视频用户中有过付费行为的占比仅为7.6%；而在有过付费行为的用户中，高达73.5%是仅发生过一两次的偶然付费行为，显示出当前中国网民付费收看视频的习惯还非常不成熟。在极为有限的付费用户中，促使他们发生付费行为的最主要原因是因为付费后能够看到更多更好的资源，占比接近半数（47.9%）；此外，34.6%是因为实在找不到免费才选择付费看视频，属于被迫行为。其他的因素发挥的作用则较为有限，比如视频清晰度、无广告等。与付费视频用户的偶然付费行为相对应，其付费形式主要是单次点播付费，有71.9%的付费视频用户选择这一方式。而有过包月或包年行为的付费用户占比仅为28.1%。在没有付费收看视频行为的用户中，有约3/4的用户明确表示未来肯定不会付费，互联网上免费收看视频的习惯已经深入人心，相关市场的培育将是漫长而艰难的过程。另外，有25.1%的用户表示可能会付费，说明有 1/4 的未付过费的用户对付费的态度并不完全抗拒，有可能会接受。

根据本研究所得到的结果同全国统计数据的结果相对比分析，可以发现目前接触网络视频的受众有以下共同特点：

（1）接触网络视频的受众主要为 10 ～ 39 岁的年轻人。

（2）网络视频（电视）的出现对受众观看传统电视的频率是有影响的。从观看频率的实际行为的改变到对网络视频（电视）对传统电视的影响认知来看，网络视频（电视）目前正成为传统电视的有力竞争者，而这也包括数字付费电视。

（3）尽管越来越多受众开始接触网络视频，但是受众对网络视频的购买意愿并不高。

本研究通过调查分析，发现网络视频对传统电视（包括数字付费电视）的影响在于吸引了年轻受众观看，但是网络视频仅能吸引受众观看，而不能吸引其付费，因此，其对付费电视的直接影响是有限的。这是因为网络视频虽然在互动性上、可检索性方面远远高于传统电视，但是由于其内容主要还是来源于传统电视的免费部分，因此难以与数字付费电视竞争。而如果数字付费电视将自己的发行平台扩展到网络，必然能与现在免费的网络视频进行有力竞争，吸引更多的受众观看和购买。

当然，本研究也仍存在以下局限：首先，本研究的局限在于问卷调查，这样一种自我报告的有效程度是否足够有效？尽管近来在受众测量技术方面的发展有了一定突破，产生了一些追踪网络受众行为习惯的工具，如尼尔森（Nielsen NetRating）和美国知名的互联网统计公司 ComScore 公司通过在受众的计算机上装追踪软件以收集他们的个人数据。但是，在收集关于受众的多种媒介产品的使用中，问卷调查仍然是一种合理或者说是最为有效的工具。

其次，本研究的局限还在于仅通过 QQ 对广州市网民进行调查。QQ 是一个网络聊天工具，尽管在中国有很多网民使用 QQ，但并不是所有网民都使用 QQ。因此，QQ 被访者能否反映所有的广州市网民的电视接触情况就成了一个问题。另外，即使 QQ 被访者能够代表广州市网民的电视接触情况，其与广州市普通民众的电视接触情况还存在着一定差距。

综上所述，未来的研究将应以广州市普通民众的电视接触情况为母体，进行更为科学的调查研究，以获得更为普遍的结论。

第八章　媒介购买意愿的现实
——媒介消费支出的影响因素分析

一、引言

媒介消费支出是指受众在使用媒介的时候所花费金钱的数量，它是受众媒介购买意愿的现实表现，有支付能力（收入）去购买和有购买意愿（态度，期望）去购买，决定了媒介消费支出；反之，从媒介消费支出可看出一定的购买意愿。媒介消费支出包括订阅、购买报纸及杂志的花费，有线电视的付费，上网的花费等。目前，在我国官方宏观的统计数据里，还没有专门的媒介消费指标，居民在媒介方面的消费都归入文化娱乐消费中。在宏观的统计数据中，可以获得的相关指标有居民人均消费支出、居民人均文化娱乐消费支出和千人日报拥有量。根据二元产品市场理论，受众的媒介消费支出与广告主在媒介上的支出构成了媒介机构的总收入。自从大众化报纸出现后，广告主在媒介上的支出便成为媒介机构总收入的重要组成部分，也成为媒介经济研究的重点，对于受众的媒介消费支出虽有研究，却不如广告研究多。随着各种新媒介的出现，以及媒介机构过度依赖广告收入所带来的问题，媒介消费支出逐渐成为新的媒介经济研究的重点。更重要的是，随着时代的发展，媒介消费支出的数量在消费支出中的比重不断增加。麦库姆斯（1972）发现在1968年的时候，美国的媒介消费支出占总的媒介机构总收入的48%，而广告消费金额则占媒介机构总收入的52%。[①] 到了1992年，美国的媒介消费支出占媒介机构总收入的58%，而广告消费金额则只占媒介机构总收入的42%。[②] 也就是说，美国媒介机构的收入已经逐渐降低对广告主的依赖，转向依靠受众在媒介上的花费来获得收入。

---

① Maxwell McCombs（1972）. Mass Media in the Marketplace, Journalism Monographs, 1972, p. 5, 38 - 47, 10, 30.

② Veronis, Suhler, Associates（1993）. Communications industry forecast New York.

以往研究媒介消费支出较为集中在宏观经济方面，而且迄今为止大量的关于媒介消费支出的研究都集中于在相对常数假设理论框架下对媒介消费支出与国民经济收入的关系中进行研究。[①] 相对常数理论假设最早起源于诺斯对报纸产业的市场供需情况的研究，诺斯1884年发表了一篇文章，根据1880年美国报纸产业的调查数据，提出了“报纸增长法则”，认为报纸的增长受到一些因素的影响和制约，一个市场能容纳的报纸的数量是有一定限度的。[②] 1940—1950年代，这个法则得到了美国学者的验证。20世纪60年，斯克里普斯报业集团的前董事长斯克里普斯把“报纸增长法则”延伸到所有媒介，提出了“尽管大众传播事业变得越来越复杂，新的媒体不断涌现，但媒介产业的经济规模是相对稳定的，这种规模更大程度上取决于宏观经济情况，而不是取决于媒介产业本身的变化和趋势”的猜想，并且认为“媒介产业的这种现象产生于美国，是因为美国人在媒介上的支出，已经如在住房上、在衣服上、在食物上的支出一样，相对比较固定了，即使在美国经济危机时也一样在其收入中占有相对稳定的比重。这同时也表明美国的消费者觉得大众媒介是其生活的必需品，虽然他们在具体的媒介选择上可能是不同”。[③] 不过，斯克里普斯并没有提出具体的假设，也没有利用统计数据来证实其猜想是可靠的。

1972年，麦库姆斯在《新闻学专论》上发表文章《市场中的大众媒介产业》，第一次全面检验宏观经济对媒介消费支出的制约作用。麦库姆斯使用从1929年到1968年的全国性数据，检验了媒介消费支出与宏观经济的关系，这近40年间发生了很多历史性事件，包括大萧条、第二次世界大战、电视在美国家庭中迅速普及、报纸杂志产业受到广播电视产业巨大冲击等，但受众的媒介消费支出在总体消费支出中所占的比重变化不大，1929年为3.46%，1968年为

---

① Dupagne M（1994）. Testing the Relative Constancy of Mass Media Expenditures in the United Kingdon, The Journal of Media Economics, 7（3）, 1－14; Dupagne M（1996）. Beyond the Principle of Relative Constancy: Determinants of Consumer Mass Media Expenditures in Belgium. Paper presented at the meeting of the Association for Education in Journalism and Mass Communication, Anaheim, CA; Maxwell McCombs（1972）. Mass Media in the Marketplace, Journalism Monographs, 1972, p. 5. 38－47, 10, 30; McCombs M E, Son J（1986）. Patterns of Economic Support for Mass Media During a Decade of Electronic Innovation, Paper presented at the meeting of the Association for Education in Journalism and Mass Communication, Norman, OK; Wood W C（1986）. Consumer Spending on the Mass Media: The Principle of Relative Constancy Reconsidered. Journal of Communication, 36（2）, 39－51; Wood W C, O'Hare S L（1991）. Paying for the Video Revolution: Consumer Spending on the Mass Media. Jurnal of Communication, 41（1）, 24－30.

② Maxwell McCombs, Jack Nolan（1992）. The Relative Constancy Approach to Consumer Spending for Media, Journal of Media Economics, 1992 Summer, p. 43. 43－52.

③ Maxwell McCombs（1972）. Mass Media in the Marketplace, Journalism Monographs, 1972, p. 5. 38－47, 10, 30.

3.14%，40年的平均值为3.04%，标准差为0.19%。麦库姆斯据此第一次明确提出相对常数原理，描述媒介产业与宏观经济之间这种相对稳定的关系。[①] 也就是说，当受众有更多钱的时候，消费者将花费更多的钱在媒介上，而当他们没有钱的时候，他们将会减少对媒介的消费。在麦库姆斯和恩雅后来的研究中（1970）对1968年到1977年间的相关数据进行实证分析，发现在控制通货膨胀、经济增长、人口增长等因素的情况下，媒介的消费支出在整个国家经济中的比重也相对比较稳定。[②]

相对常数理论假设的核心内涵是指媒介消费支出的变化取决于宏观经济水平的变化，其中包含着两层关系：媒介产业与宏观经济的关系；同一市场上不同媒体之间的关系。首先，宏观经济状况决定了媒介产业的市场空间，传媒消费支出在经济总量中占一个相对固定的比例，即"消费者和广告主的媒介消费支出水平，取决于宏观经济状况，宏观经济情况的变化，会导致媒体消费的相应变化"。[③] 经济发展使得媒介消费支出增加，经济萎缩使得媒介消费支出减少。其次，在第一层关系成立的前提下，不同媒体之间则呈现此消彼长的零和竞争关系。[④] 因为媒介产业的整体市场空间是固定的，一个媒体市场份额的增加就意味着另一个媒体相应的市场份额的减少。当然，在经济繁荣的时候，受众的传媒消费总额会扩大，媒介产业的市场蛋糕会增大，从理论上来说，各媒体的收入都会按原有市场份额成比例增加。但实际上，不同媒体的发展状况不可能完全相同，如果一种媒体的增长比宏观经济的增长速度快，它将抢占其他媒体的市场份额。

然而，随着有线电视、VCR等新的传播技术不断出现，受众的媒介消费支出不论是绝对值还是在整个国民收入中所占的比重都有所增加，相对常数原理的核心内涵受到挑战。伍德与欧赫尔（1991）的研究中指出，新的视听技术，如VCR并没有抢占已有媒体的市场份额，1979年到1988年间，消费者媒介消费支出在总支出中的比例越来越高了。[⑤] 1979年大众传媒消费占收入的比例为2.57%，如果保持这个比例，1988年的大众传媒消费应该为894亿美元，但实

---

① Maxwell McCombs（1972）. Mass Media in the Marketplace, Journalism Monographs, 1972, p. 5. 38 – 47, 10, 30

② McCombs M E, Eyal C H（1980）. Spending on Mass Media Journal of Communication, 31（1）, 153 – 158.

③ Maxwell McCombs（1972）. Mass Media in the Marketplace, Journalism Monographs, 1972, p. 5. 38 – 47, 10, 30.

④ Maxwell McCombs, Jack Nolan（1992）. The Relative Constancy Approach to Consumer Spending for Media', Journal of Media Economics, 1992 Summer, p. 43. 43 – 52.

⑤ Wood W C, O'Hare S L（1991）. Paying for the Video Revolution: Consumer Spending on the Mass Media. Journal of Communication, 41（1）, 24 – 30.

际上该年份的媒体消费支出总量为1138亿美元。[①]其所得出的结论认为，媒体消费在消费结构中占的比重不再是常数，新的传播技术改变了消费支出结构，消费者愿意把更多的收入用于媒介消费。

后来，拉西等更是指出媒介消费支出属于商品消费支出，对其的讨论应该包含需求理论。微观经济学中的完全竞争模型显示，商品的价格、替代品的价格、竞争品的价格、个人品味等都是决定商品和服务的需求的因素，相对常数原理所考察的收入因素只是其中之一，其他很多变量都被忽视了。如果研究媒介消费支出与收入之间是否存在正相关关系，其他变量要先被控制起来；否则，可能会得出错误的结论。

虽然从宏观经济方面研究媒介消费支出可以理解媒介产业结构的发展以及制约因素，但是却难以理解媒介中不同产品的消费支出的情况以及影响因素。在过去的研究中，有对不同媒介产品支付意愿情况及其影响因素的调查。Chyi（2012）通过对美国的767位美国成年人的网络调查，探索这些用户对不同的报纸形态（纸质、网络、手机）的支付意愿以及他们的愿意支付金额、他们对报业推出的不同支付方式的态度。研究表明，在使用偏好和支付意愿上，纸质报纸形态比网络和手机形态要好，并被认为是最有价值的平台；而用户对报纸的网络和手机形态的支付意愿及对报业推出的不同支付方式的支付意愿都比较弱。[②] Chyi的研究从微观上探索了支付意愿这一与媒介消费支出高度相关的概念的情况和影响因素，显示了内容相同而形态不同仍然会导致不同的支付意愿，这也是媒介消费支出的潜在心理。

当然，中国的媒介经济与美国的媒介经济有着很大的不同，如中国的媒介皆为国有等，为了更好地理解国内消费者对不同的媒介产品的消费支出情况，本研究将探索焦点放在媒介消费支出的状况及影响因素上，本研究不仅满足于描述性研究，还试图在一个理论框架下进行解释性研究，主要分析在微观环境下，在控制了其他变量之后，受众的收入、媒介使用时间、对媒介的态度是如何影响媒介消费支出的。通过分析不同的媒介产品的消费支出与收入之间的关系，希望在消费品理论框架下探索不同的媒介产品究竟是属于正常品还是低劣品。

本研究的调查地点为中国广州。之所以选择广州作为研究地点，是因为广州是中国最早的改革开放城市之一。30多年的改革开放不仅促进了广州的经济发

① Maxwell McCombs（1972）. Mass Media in the Marketplace, Journalism Monographs, 1972, p. 5. 38－47, 10, 30.

② Chyi. H I（2012）. Paying for What? How Much? And Why（Not）? Predictors of Paying Intent for Multiplatform Newspapers. International Journal on Media Management Volume 14, Issue 3, 2012, p. 227－250. DOI: 10. 1080/14241277. 2012. 657284.

展，也促使了大量的较为开放的媒体的发展。另外，过去的媒介消费支出的实证研究大部分在美国进行，一部分在欧洲国家进行①，极少在亚洲国家或者社会主义国家进行，为此，本研究实际上扩展了媒介消费支出的研究领域与地域。

二、理论与文献综述

1. 媒介消费支出与收入

媒介消费支出是受众所形成的对媒介最终消费品（包括物品和服务）的有支付能力的购买总量。“有支付能力”是构成媒介市场的关键，而“收入”又是构成消费者“有支付能力”的关键。为此，收入与媒介消费支出必然会有一定的关联，不过这一关联也要取决于媒介产品的特性。

在微观经济学上，消费品理论框架区分了正常品和低劣品。所谓正常品，指的是“在其他条件不变的情况下，如果一种商品的消费数量随着消费者收入的增加而提高，那么这种商品就被叫做正常品”。低劣品则是指“在其他条件不变的情况下，如果一种商品的消费数量随着消费者收入的增加而降低，那么这种商品就被叫做低劣品”。在经济学上，正常品与低劣品的区分不在于商品的品质，而在于其消费数量与收入之间的关系。

为了分析消费数量与收入之间的关系，经济学上使用需求的收入弹性来进行分析。所谓需求的收入弹性是指在价格和其他因素不变的条件下，由于消费者的收入变化所引起的需求数量发生变化的程度大小。通常使用需求的收入弹性系数（εM），它是计算需求量变化率对收入变化率的反应程度的一种量度，其计算公式为：ε_M = 需求量变化的百分比/收入变化的百分比 = $\frac{\Delta x/x}{\Delta M/M}$

当 $\Delta M \to 0$ 时，上式可写为：$\varepsilon_M = \mathrm{d}x/\mathrm{d}M \cdot M/x$

西方学者借助需求收入弹性系数对商品进行分类，详见表 8 - 1。当 ε_M 为正时，该商品为正常品；当 ε_M 为零时，该商品为中性品；当 ε_M 为负时，该商品为低劣品。正常品又可再分为奢侈品和必需品，前者的 $\varepsilon_M > 1$，后者的收入弹性为：$0 < \varepsilon_M < 1$。

① Dupagne M（1997）. Beyond the Principle of Relative Constancy：Determinants of Consumer Mass Media Expenditures in Belgium，Journal of Media Economics，Volume 10，Issue 2，1997.

表 8－1　需求收入弹性和商品类别

需求收入弹性系数 ε_M	商品类别
>0	正常品
=0	收入中性品
<0	低劣品
>1	奢侈品
<1	必需品

在传播学研究中，较少有对媒介产品究竟属于什么样的产品进行研究的。在媒介经济的教科书上，曾以黑白电视为例，说明其属于低劣品。在 20 世纪 70 年代，收入的提高使得人们用彩色电视机替代了黑白电视机，最后导致黑白电视机需求下降。不过，大部分的媒介产品都是被认为是正常品。如在《纽约时报》的一篇文章指出美国 2008 年第三季度 DVD 销售量下降了 9%，其原因在于当年的经济危机对消费者的总收入产生负面影响，而消费者总收入下降了，购买 DVD 的数量也就随之下降。[①] 对此，麦克姆在相对常数理论假设的基础上指出，一个国家总体上的受众及广告主的媒介消费将会随着国民收入的增加或减少而同向变动。[②] 但也有一些研究显示某些媒介产品不属于正常品，其与个人收入无关。Chyi（2005）通过对 853 名香港居民进行随机电话调查，发现仅有几个用户付费使用网络新闻，而大部分人对网络新闻都没有支付意愿，而影响付费使用网络新闻的因素是年龄、报纸使用情况，而收入却与付费使用网络新闻无关。[③] 在后来的研究中，Chyi（2009）通过分析皮尔研究中心的调查数据发现，在其他条件不变下，随着消费者的收入增加，网络新闻的消费降低，因此，对于受众来说，网络新闻是低劣品。[④] 不过，Chyi 关注的是网络新闻，而不是指互联网，互联网除了提供网络新闻，还提供其他交流、娱乐、表达等。为此，如果我们将媒介产品中互联网的使用不仅局限于网络新闻，那么根据微观经济学的收入决定需求的原理，我们还是把互联网的使用作为正常品看待，在前述的基础上，本书

① Brooks Barnes（2008）. For a Thrifty Audience, Buying DVDs Is So 2004, New York Times, November 22, 2008.

② McCombs M E, Eyal C H（1980）. Spending on Mass Media Journal of Communication, 31（1）, 153－158.

③ Chyi, H I（2005）. Willingness to Pay for Online News: An Empirical Study on the Viability of the Subscription Model. Journal of Media Economics, 18（2）, 131－142.

④ Chyi H I, Yang M J（2009）. Is Online News an Inferior Good? Empirically Examining the Economic Nature of Online News Among Users. Journalism & Mass Communication Quarterly, 86（3）, 594－612.

提出假设1：在控制了其他条件后，媒介产品的消费支出随着收入的增加而增加。

2. 媒介消费支出与对媒介的态度

态度是人们在自身道德观和价值观基础上对事物的评价和行为倾向。态度表现于人对外界事物的内在感受（道德观和价值观）、情感（即“喜欢—厌恶”、“爱—恨”等）和意向（态度谋虑、企图等）三方面的构成要素。激发态度中的任何一个表现要素，都会引发另外两个要素的相应反应，这也就是感受（道德观和价值观）、情感（即“喜欢—厌恶”、“爱—恨”等）和意向（谋虑、企图等）这三个要素的协调一致性。一般来说，态度的各个成分之间是协调一致的，但在它们不协调时，情感成分往往占有主导地位，并决定态度的基本取向与行为倾向。态度中的内在感受是指人们对事物存在的价值或必要性的认识，它包括道德观和价值观，价值观以得可偿失为条件来影响人们的行为，而道德观则能使人们不惜任何代价甚至是不惜生命来达到一些目标或目的；态度中的情感是和人的社会性需要相联系的一种较复杂而又稳定的评价和体验，它包括道德感和价值感两个方面；意向是指人们对待或处理客观事物的活动，是人们的欲望、愿望、希望、意图等行为的反应倾向。

态度是一种心理倾向，也就是一种心理状态，它会在某种程度上影响行为方式。巴郎提出态度的ABC模型，认为态度包含情感、行为、认知3种成分，这里的行为成分指的是行动或行为的意图这种心理倾向，而不是真正的行为。[①] 尤米耶等人认为行为指的是判断、决策、明显的行为序列过程，而且行为是潜在的态度的表达。[②] 由此可见态度和行为之间的关联非常紧密。另外，态度有强度这个指标，比较强的态度不易改变，能够影响人们对信息的判断和决策过程，因此也能够影响相应的行为。[③] 在早期的态度研究中，很多研究者认为人们的行为是由态度导致的，后来的研究加入了一些其他变量来探索态度与行为之间的关系，如费什贝和阿迪在1975年提出了理性行为理论：对特定行为的态度（AB）和主观基准（SN）两者结合起来决定行为意图（BI），而行为意图导致有意志力的行

① Baron R A, Byrnt D, Suls J (1988). Exploring Social Psychology. 3th ed. Allyn and Bacon, 1988. 79-82.

② Upmeyer A, Six B (1989) *et al.* Attitudes and Behavioral Decisions, Springer ~ Verlag New York Inc, 1989. 1-2.

③ Skitka L G, Bauman C W, Sargis E G (2005). Moral Conviction: Another Contributor to Attitude Strength or Something More? Journal of Personality and Social Psychology, 2005, 88 (6): 895-917.

为（B）。[①] 这一理论认为行为意图是态度和主观的标准衡量的结果，即人依靠理性的对特定事物的态度来做内部的判断，依据社会的标准来权衡，判断和权衡后才会形成接下来的行为。所以他们认为许多社会性的突出的行为是带着一定的特殊目的有意做出的，要预测一定的行为，首先要确定这个行为意图的强度。这个理论的优势就在于考虑了人有社会角色这样一个特殊的因素。

虽然也有研究指出态度和行为不一致的关系，如认为行为只反映符合理性的信念、态度、意图等，而在一些特殊的情况下，行为是不能用理性的标准去衡量的[②]。例如，存在缺乏知识的了解，存在矛盾的信念、抵消的价值（如持人道主义精神却处在战争事务中）、由于身体上或者社会环境造成的成瘾性行为（如吸烟），或者是病态心理等都不能用态度来解释相应的行为。

但是，无论如何来看，研究行为的影响因素不能不考虑态度这一重要因素。国内外学者从消费者态度的角度对购买意愿的研究有了相关成果，如 Kim 和 Littrell 利用著名的费什贝模型对游客的态度进行了有效的测量，其研究结论证明了这样一个观点，即游客对于所到之地的人文、景观的态度会影响其对当地旅游纪念品的购买意向。[③] Sondergaard 等（2005）对购买意愿的研究集中在公众对待酶制品的接受上，其研究表明，公众对于酶制食品的接受态度是一系统的过程：一开始顾客对于食品有自己的评价，然后通过信息收集做实际的评判，最后作出购买决策。[④] 换句话说，消费者在形成购买意愿之前就形成了其对待产品的态度，如果开始的态度积极的话，更易于产生正向的购买意愿。从另外一个角度来看，消费者在进行购买决定的时候，其目的是为了最大化效用[⑤]。所谓效用，往往被操作化为满意程度，满意程度与态度高度相关，为此，态度越积极，满意程度越高，效用就越高，从而就会达成购买。媒介消费支出是一种行为，它究竟与受众的媒介态度呈什么样的关系呢？研究显示，网络新闻目前的支付情况不好的原

---

① Elliott M A, Armitage C J, Baughan C J (2003). Drivers' Compliance With Speed Limits: An Application of the Theory of Planned Behavior. Journal of Applied Psychology. 2003, 88 (5): 964－972.

② Sapp S G (2002). Incomplete Knowledge and Attitude-behavior Inconsistency. Social Behavior and Personality, 2002, 30 (1): 37－45.

③ Kim S, Littrell M A (1999). Predieting Souvenir Purehase Intentions [J]. Journal of Travel Researeh, 1999, 38 (2): 153－162.

④ Sondergaard H A, Grunert K G, Scholderer J (2005). Consumer Attitudes to Enzymes in Food Produetion. Trends in Food Seience & Technology, 2005 (16): 466－474.

⑤ Hoskins C, McFadyen S, Finn A (2004). Media Economics: Applying Economics to New and Traditional Media. Thousand Oaks, CA: Sage.

因，主要是因为与报纸新闻相比较，人们对网络新闻的态度并不那么喜欢。[①] 又如，在2004年，网络出版协会对41个主要新闻网站的25852名用户进行调查，这些用户认为网络媒介与非网络媒介相比，更为之“不令人满意”、“不很喜欢”、“不感到满足”。厄恩斯特和勇对全世界12个国家的媒介消费情况进行调查，该研究比较受众对于传统媒介和网络媒介之间的异同，以及受众对它们的支付意愿。其中发现不同国家的传统媒介消费的差异更多是由于文化因素，而不仅是财富。其差异的解释因素来源于每个国家的消费者对媒介消费活动的态度，这可以说是由于文化，而不是财富导致的。基于以上的分析和以往的经验研究，本书提出假设2：在控制了其他条件后，媒介消费支出随受众对媒介的态度喜好增加而增加。

3. 媒介消费支出与媒介使用时间

受众使用媒介，需要付出时间和（或）金钱，当媒介产品需要付费的时候，受众就要付出金钱，当媒介产品是免费的时候，受众仅需要付出时间，也就是说，受众使用媒介必须付出时间，而不一定付出金钱。媒介消费支出是考察受众付出金钱获得媒介这一方面，而媒介使用时间是受众付出时间使用媒介这一方面。从理论上来说，媒介消费支出和媒介使用时间都属于媒介接触，并且是媒介接触的两个重要方面。而媒介接触是研究受众特征的一个重要角度。1959年，美国学者卡茨提出代表性的媒介接触行为过程的基本模式：社会因素+心理因素→媒介期待→媒介接触→需求满足。这一模式显示媒介接触是受众特征的一个关键环节。在当前中国，媒体和受众都在经历持续的分化和互相影响，人们的媒介接触行为和媒介消费日益多样化。媒介消费支出与媒介使用时间究竟存在着何种关系？麦库姆斯（1972）在最早的关于相对常数假设理论研究中讨论过媒介使用时间，但他是将媒介消费支出合在一起讨论关于媒介使用的。相似的观点出现在Son和麦库姆斯（1993）的研究中，他们的研究认为，因为受众在时间和金钱上的资源也是有限的，所以他们必须合理地分配相关资源，以支持新媒介的使用。同时，媒介使用时间还与媒介的广告收入相关，因为媒介通常被认为是免费使用的，他们通过出卖受众的媒介使用时间来获得广告收入。[②]

德末（1994）在他的关于相对常数假设理论的研究中，分析了媒介使用时间的作用并得出：“总的来看，本研究的主要结论是：相对常数假设理论中的隐

---

① Chyi，Lasorsa（1999）. Access，Use and Preference for Online Newspapers，Newspaper Research Journal；Fall1999，Vol. 20 Issue 4，p. 2.

② Son J，McCombs M（1993）. A look at the Constancy Principle Under Changing Market Conditions. The Journal of Media Economics，6（2），24-36.

藏的基本假设——受众的媒介使用时间是相对固定或者稳定的——是错误的。”

因为媒介使用时间是不固定的，它成为媒介需求的一个重要因素。相对常数假设理论处理媒介使用时间的一个办法是引入机会成本。任何一种商品的使用都有其价格和额外的由于使用它所带来的成本，也就是机会成本。所以，消费者从商品中获得的净效用并不是总效用减去价格，而是应再减少机会成本。例如，阅读《纽约时报》的总效用是消费者的总效用减去价格，再减少由于阅读《纽约时报》而失去阅读《华盛顿邮报》或其他类似的报纸所带来的机会成本。因此，相对常数假设理论认为媒介使用时间对于受众来说是没有成本的，这是不恰当的。

为此，在衡量媒介消费支出的时候，媒介使用时间应该考虑进来，即使它的测量并不太精确。机会成本的概念与市场的产品是紧密相关的，例如，在电视出现的时候，看电视的时间究竟来自于何种机会成本呢？可能一些是来自于收听收音机的时间，但并不会都是，一些可能来自于睡觉时间，或者是其他形式的娱乐，甚至是工作时间，因为随着效率的提高，人们获得了更多的娱乐时间。为此，在研究媒介消费支出的时候，可以先探索以下一个问题：在控制了其他条件后，媒介消费支出与媒介使用时间的关系究竟如何？

三、研究方法

1. 样本数据

本次统计调查数据来自于第七章调查问卷的其中一部分，其抽样过程可参考第七章的方法。最终得到 1162 个数据，问卷及格率为 88.2%，以下数据将围绕调查所得的 1162 个数据进行分析。

由于无法找到对住在广州市网民的整体调查数据，所以只能将样本数据与全体中国网民的数据以及住在广州市市民的分布数据作一比较（其具体比较与第七章一样，从整体上来看，样本数据对住在广州市网民这一总体来说是有足够代表性的）。

2. 变量的操作化定义

(1) 因变量。

媒介消费支出属于因变量。媒介消费支出作报纸、杂志、电视、上网四项划分，考虑到广州目前广播基本没有什么支出，就没有把它设为考察的项目，其具体问题如下：①请问您个人平均每月在报纸消费上的支出大概为多少元？②请问您个人平均每月在杂志消费上的支出大概为多少元？③请问您家平均每月在电视消费上的支出大概为多少元？其中数字付费频道的支出大概为多少元？④请问您

个人平均每月在上互联网（包括手机上网）的支出，即网费（不包括网络购物）平均大概为多少元？其中订阅网络新闻的支出大概为多少元？

（2）自变量。

1）收入。因为对于中国人来说，收入是一个很敏感的问题，收入这一变量测量起来比较复杂一点，因此采用两个问题来测量，即个人月收入和家庭年收入。个人月收入测量问题为：您个人现在的平均月收入约为：①无收入；②500元以下；③501～1000元；④1001～1500元；⑤1501～2000元；⑥2001～3000元；⑦3001～5000元；⑧5001～8000元；⑨8000元以上；⑩不知道/不愿回答。家庭年收入测量问题为：请您估计您全家去年（2010年）一年的收入总和约为：①4万元以下；②4万～7.9万元；③8万～11.9万元；④12～15.9万元；⑤16万及以上；⑥不知道/不愿回答。

2）对媒介的态度。本项调查共设置5个项目，分别为电视、报纸、杂志、广播、互联网（包括手机上网），各项目依照不同的程度分为：1分为“一点都不喜欢”；2分为“不很喜欢”；3分为“一般”；4分为“较为喜欢”；5分为“非常喜欢”。

3）媒介使用时间。本项调查设置报纸、杂志、广播3个项目，依照不同的程度分为：1分为“不看报纸（不看杂志或不听广播）”；2分为“5分钟以内”；3分为“5～15分钟”；4分为“15分钟到半小时”；5分为“半小时到1个小时”；6分为“1小时及以上”；0分为“不知道/不愿回答”。而对于电视、互联网项目，则按以下划分：1分为“不看电视（不上互联网）”；2分为“1小时以内”；3分为“1小时到2小时”；4分为“2小时到5小时”；5分为“5小时到8小时”；6分为“8小时及以上”；0分为“不知道/不愿回答”。

（3）控制变量。以往研究显示媒介的消费支出与年龄、性别、学历这些人口变量相关①，为了研究自变量与因变量的关系，本研究将年龄、性别、学历作为控制变量。人口统计数据（如性别、年龄、学历）按照标准的问卷测量去收集，分为性别（男=1，女=0）、年龄（实际数字）、学历（小学程度及以下=1；初中=2；高中或中专=2；大专=4；本科=5；研究生及以上程度=6）。对新闻的兴趣采取以下问题测量：您对新闻感兴趣吗？①非常感兴趣；②比较感兴

---

① Pew Internet, American Life Project (2003), America Online Pursuits, December 22, 2003, http://www.pewinternet.org/pdfs/PIP_ Online_ Pursuits_ Final. PDF (accessed May 3, 2004); Guido H Stempel III, Thomas Hargrove (1996). Mass Media Audiences in a Changing MediaEnvironment. Journalism & Mass Communication Quarterly 73 (autumn1996): 549-58; Guido H Stempel III, Thomas Hargrove, Joseph P Bernt (2000). Relation of Growth of Use of the Internet to Changes in MediaUse from 1995 to 1999. Journalism & Mass Communication Quarterly 77 (spring 2000): 71-79.

趣；③一般；④较不感兴趣；⑤极不感兴趣。

四、研究发现

首先，先对广州市网民每月各种媒介产品的消费支出作一描述性分析：在1162名调查者中，平均每月看报纸的支出均值（16.49元）<每月看杂志的支出（18.37元）<每月看电视支出（40.56元）<每月上网支出（89.78元），各类媒介的消费总支出为179.73元。随着媒介产品从最早出现的报纸到杂志，再到电视、网络，其消费支出在逐步提升，其中上网消费支出占媒介总支出的49.9%。另外，由于收听广播基本不需要费用（除了电费之外的额外支出），所以也就没有调查。这样的结果与喻国明（2012）等在天津调查的结果基本相似，他调查了天津居民在报纸、杂志、互联网、手机、电影、书籍、付费电视上的购买支出金额，其调查结果显示，居民每个月在各类主要媒介的月均消费总额为166元。天津居民主要的媒介消费支出花费在新媒体上，手机月均使用费用达到了49.4元，占到了媒介消费总额的29.8%，互联网媒体的月均使用费用达到了46.6元，占到了媒介消费总额的28.1%。①

其次，分析不同媒介产品的使用时间情况。调查数据显示，广州网民每天不看报纸的占33.4%，不看杂志的占38.0%，不听广播的占60.0%。而在看报纸的人群中，最多的人群是看5～15分钟（21.3%）；在看杂志的人群里，最多的人群也是看5～15分钟（21.3%）；在听广播的人群里，最多5分钟以内（10.1%）。广州网民每天不看电视的人群占17.6%，由于都是网民，所以不存在不上网人群。在看电视的人群中，最多的是1～2小时（28.5%），其次是2～5小时（23.7%）。而在广州网民这一群体里，每天上网2～5小时的人群占32.4%，每天上网5～8小时的占22.0%。总之，从时间来看，广州网民每天听广播的时间最少，而看报纸和杂志的时间较多，看电视的时间较长，而上网的时间最长。

为了深入分析广州市网民的媒介消费支出受什么因素影响，本研究进一步进行数据分析。因为本研究的因变量（媒介消费支出）属于连续变量，自变量和控制变量为类别变量（哑变量）或连续变量，因此使用一般线性回归分析分别对报纸、杂志、电视、付费电视、上互联网的消费支出作为因变量进行分析，得出表8－2。

① 参见喻国明《居民媒介消费金额结构的基本情况———基于天津居民的“媒介接触”的定量考察》，载《新闻与写作》2012年第8期。

表8-2　广州市网民不同媒介产品的消费支出的影响因素分析（样本个数=1162）

	报纸消费支出	杂志消费支出	电视消费支出	付费电视消费支出	上互联网消费支出
性别	-0.006	0.027	0.031	0.033	-0.005
学历	0.05	0.034	0.099***	0.046	0.012
年龄	0.175***	0.035	0.038	-0.008	0.062#
平均月收入	0.069*	0.04	0.016	0.011	0.091**
您平均每天大概用多少时间看报纸（或看杂志，或听广播，或看电视，或上互联网）	0.209***	0.335***	0.128***	0.09**	0.176***
对报纸（或杂志，或广播，或电视，或互联网）的喜好	0.112***	0.193***	-0.002	-0.032	0.111***
拟合优度（R SQUARE）	0.169	0.218	0.026	0.010	0.059
调整后的拟合优度（ADJUSTED R SQUARE）	0.165	0.214	0.020	0.004	0.054
回归方程的显著性检验（F）	38.269	52.472	4.720	1.749	11.785
显著度（SIG）	0.000***	0.000***	0.000***	0.106	0.000***

注：表中的数字为标准化回归系数，即 B，而“#”表示 $P<0.1$；“*”表示 $P<0.05$；“**”表示 $P<0.01$；“***”表示 $P<0.001$.

表8-2显示：假设1预测在控制了其他条件后，媒介产品的消费支出随着收入的增加而增加。一般线性回归分析表明，在其他条件相同的情况下，对于报纸来说，收入是报纸消费支出的正向显著影响因素（B=0.069，$P<0.05$），对于互联网来说，收入是上互联网消费支出的正向显著影响因素（B=0.091，$P<0.01$）；而对于杂志、电视、付费电视来说，收入对其消费支出没有显著影响，假设1部分得到证实。对于报纸、互联网来说，其由于在控制了其他条件后其消费支出随着收入而增加，所以其为正常品；但是杂志、电视、付费电视，其消费支出与收入无关，因此这些不能算低劣品，只能属于非正常品，其增加受制于其他因素，而非收入。

假设2预测在控制了其他条件后，媒介消费支出随受众对媒介的态度喜好增加而增加。一般线性回归分析表明，在其他条件相同的情况下，对于报纸来说，对报纸的喜好是报纸消费支出的正向显著影响因素（B=0.112，$P<0.001$;，对

于杂志来说，对杂志的喜好是杂志消费支出的正向显著影响因素（B =0.193，$P<0.001$）；对于上互联网来说，对上互联网的喜好是上互联网消费支出的正向显著影响因素（B =0.111，$P<0.001$）；而仅对于电视（包括付费电视）、的喜好及其消费支出没有影响，因此假设2基本得到证实。

想了解在控制了其他条件后，媒介消费支出与媒介使用时间的关系究竟如何？发现所有媒介使用时间都对媒介消费支出呈现显著地正向影响。其中，报纸为B =0.209，$P<0.001$；杂志为B =0.335，$P<0.001$；电视为B =0.128，$P<0.001$，付费电视为B =0.09，$P<0.01$；上互联网为B =0.176，$P<0.001$。

在控制变量中，年龄对报纸消费支出的影响因素为B =0.175，$P<0.001$；对上互联网的消费支出为B =0.062，$P<0.05$，呈现显著地正向影响。而教育对电视消费支出的影响因素为B =00.099，$P<0.001$，呈现显著地正向影响。

在报纸消费支出模型中拟合优度为0.169，拟合优度也称为方程的确定系数，区间为0到1之间，越接近1，表明方程的变量对y的解释能力越强，当自变量个数增加时，尽管有的自变量与y的线性关系不显著，拟合优度也会增大，这是因为拟合优度受自变量个数与样本规模影响。对于这点，通过调整后的拟合优度进行发现，在报纸消费支出模型中调整后的拟合优度为0.165，即考虑到自变量个数，性别、教育程度、周岁、平均月收入、您平均每天大概用多少时间看报纸、对报纸的喜好这几个自变量对因变量报纸消费支出解释了16.5%，这在社会科学中是一个比较大的解释比例，而且该方程通过回归方程的显著性检验（F =38.269，SIG =0.000***）。而在其他几个模型中，杂志消费支出的调整后的拟合优度（ADJUSTED R SQUARE）为0.214，比报纸的高，而电视消费支出（ADJUSTED R SQUARE =0.02）、付费电视消费支出（ADJUSTED R SQUARE =0.004）、上互联网消费支出（ADJUSTED R SQUARE =0.054）则比较低。也就是说，在解释报纸消费支出、杂志消费支出中，所介绍的自变量有很大的解释力，而由于电视消费支出是带有强制固定收费性质，上互联网消费支出和付费电视消费支出一般是一次性收取，因此其解释力度就不如报纸和杂志消费，甚至付费电视消费支出模型还无法通过假设检验（F =1.749，SIG = 0.106）。

五、讨论与结论

1. 研究意义

本次研究基于广州市网民，发现了在控制了其他变量之后，三个自变量中收入与报纸、互联网的消费支出正向相关，而与杂志、电视、付费电视无关。在宏观数据上，喻国明（2008）曾经分析了全国各省市的2006年居民人均消费支出

与文化娱乐支出所占比重的相关性。其研究发现，一般来说，一省（市区）的居民消费支出（与收入相关的指标）多，文化娱乐消费支出（与媒介支出相关的指标）就多。而在微观方面，Chyi 和 Yang（2009）曾指出报纸消费与收入正相关，而网络新闻消费与收入负相关。[①] 这说明，报纸为正常品是中外都经过实证证实的。而由于互联网的消费与网络新闻的消费并不相同，对于广州市市民来说，互联网的消费主要是网费，这是固定的，而网络新闻是非固定的，所以各自与收入的关系也不可比。

而对媒介的态度，除了对电视的态度没有显著影响其消费支出外，对其他的媒介（报纸、杂志、互联网）的态度都显著影响其消费支出，而且这些影响都是正向的，也就是说，对媒介的态度越喜欢，其消费支出这一行为就越强烈，实际上就是态度影响行为。

而媒介使用时间全部与媒介消费支出正向相关。则表明受众在接触媒介的时间越长，其也会在该项媒介花费越多的金钱，所以媒体只要增加受众对其的接触，就不仅能够提高广告收入，还能获得受众直接的支付，如订阅费、购买费等。

本次研究的理论意义在于分析了不同的媒介产品（报纸、杂志、广播、电视、互联网）的经济特性，目前的数据至少证明了用户对报纸和互联网的消费支出与用户的收入相关，因而属于正常品。在宏观数据上，喻国明（2008）曾经分析了全国各省市 2006 年居民人均消费支出、人均文化娱乐支出和千人日报拥有量相关性，发现居民人均消费支出、人均文化娱乐支出和该地区的千人日报拥有量相关性较显著，分别为 0.863 和 0.754，这说明在消费潜力比较大的城市，人均消费额度较高的城市，其人均文化娱乐消费支出和千人日报拥有量也往往相对比较高。也就是说，宏观数据表明收入与报纸接触及消费是相关的。用户的杂志、电视、付费电视消费支出是否与其收入有关，仍需要更多的实证资料证明。此外，本研究得出的对媒介的态度正面影响媒介消费的结论可以解释一些媒介经济学的问题，如为什么受众对网络新闻缺乏好感，而网络新闻的订阅又如此之低。麦库姆斯（1972）在最早的关于相对常数假设理论研究中讨论过媒介使用时间，但是他是将媒介消费支出合在一起讨论关于媒介使用的。[②] 但是其研究没有分析证明媒介使用时间与媒介消费支出的关系，因此容易受到其他学者的质

---

① Chyi H I, Yang M J (2009). Is Online News an Inferior Good? Empirically Examining the Economic Nature of Online News Among Users. Journalism & Mass Communication Quarterly, 86 (3), 594 -612.

② Maxwell McCombs (1972). Mass Media in the Marketplace, Journalism Monographs, 1972, p. 5. 38 -47, 10, 30.

疑。本研究首次证明了所有的媒介产品的使用时间都与其媒介消费支出相关，这也解决了麦库姆斯以前没有解决的问题。

本次研究的实践意义在于：首先，本研究通过抽样获得广州市市民在媒介消费支出方面的数据，在数据上补充了宏观数据在这方面的缺乏，突破仅有居民人均文化娱乐消费支出的局限。其次，以往媒介由于依赖广告赢利模式，所以更多的是关注广告主的需求、广告主的态度，现在，媒介如果转向广告赢利模式与用户付费模式并存的话，就要关注用户的情况。一般来说，用户收入越高，用户对媒介的态度越好，用户使用该媒介的时间越长，用户就越容易在该媒介上消费。也就是说，增加用户的粘度与忠诚度是提高用户媒介消费的关键环节。

2. 研究局限

本研究仅调查了广州这一地区的部分受众的媒介消费支出并得出一些数据，但是在中国这个经济发展极度不平衡的国度里，广州的数据并不能代表全国的数据。根据2006年官方公开的与媒介消费支出相关的指标“人均文化娱乐消费支出”显示，广东在媒介消费支出方面人均一年1010.23元，在全国排在北京、上海之后，但却远远超过某些地区，如西藏等仅有87.44元。[①] 所以未来的研究可以研究其他更多的城市。

由于问卷的限制，本研究并没有研究各媒介的功能问题。现在使用经济学理论解释媒介消费发展趋势的一个主要方向是功能研究。Young 和 Grant（1997）提出，不同媒体之间的关系是由其功能决定的，功能或者替代，或者互补[②]。例如，有线电视和 VCR 的出现使人们的媒介消费支出在可支配收入中所占的比重增加了，相对常数原理没有预测，也无法解释这个现象，但不同媒体的不同功能解释了这种现象，以 VCR 在市场上的扩散和推广过程为例，消费者的媒介消费支出在 GNP 中所占的比重有所增加，主要由两个原因造成：VCR 提供了一系列新的功能，包括满足消费者大众传播和人际传播的两方面需求，其功能具有独特性，吸引了大量消费者；同时，VCR 功能的发挥显然离不开电视媒体，因此并没有减少电视媒体的消费。VCR 与现有媒体的关系更大程度上属于互补关系，而不是竞争关系，它没有“剥夺”现有媒体的市场，相反却增大了整个媒体市场。而在广州市网民的媒介消费中，互联网的消费支出远远高于其他媒介，而互联网的功能也越来越高于其他媒介获得信息和娱乐的功能，互联网所能提供的查找信息、沟通交流、意见表达功能都是其他媒介产品无法提供的，因而应该从不

① 参见喻国明《中国传媒发展指数报告2008》，社会科学文献出版社2008年版。

② Ghee - Young Noh & August E Grant (1997). Media Functionality and the Principle of Relative Constancy: An Explanation of the VCR Aberration, Journal of Media Economics, 1997, 10 (3), 17 - 31.

同的媒介产品的功能去分析其对媒介消费支出的影响。

3. 未来的研究

首先，未来的研究可以对国家或者某一地区统计的受众媒介消费支出进行数据分析或者使用电话调查。本研究是一次网上调查，必然会存在一定的抽样误差。如果对统计局或相关研究机构公布的受众媒介消费支出及相关材料进行分析或者进行计算机辅助问卷调查方法，将会使其结论具有更广泛的普及性。

其次，未来的研究还可以发掘影响媒介消费支出的更多的影响因素。由于问卷调查的容量限制，本研究主要分析了三个自变量，即收入、态度和使用时间，在过去的研究中，媒介消费支出还受价格、人口、失业率和利率等因素的影响，如 Dupagne 使用 1953 年到 1991 年间比利时的媒介消费支出数据，建立了两个模型，第一个模型是价格、人口、失业率和利率等因素与媒介消费的现时相关模型；第二个模型是这些因素与消费者媒介消费支出的延滞相关模型。[①] 模型一的回归分析表明，价格和人口比收入状况更多地反映传媒消费支出的变动情况；模型二回归分析结果显示，延滞变量在解释媒介消费支出的变化方面也有重要作用，在预测未来的媒介消费规模时，使用延滞变量进行预测非常重要。其他如对新闻的偏好、职业上对新闻获得的需要、生活习惯等都有可能影响到媒介的消费支出。因此，媒介消费支出还受哪些影响因素影响，则需要设计更多的问题去分析。

最后，未来的研究应该比较不同的媒介产品的功能，以及受众对不同媒介产品的功能的认知与评价，这会更有利于对媒介消费支出影响因素的研究。

① Michel Dupagne（1997）. Beyond the Principle of Relative Constancy：Determinants of Consumer Mass Media Expenditures in Belgium，Journal of Media Economics，1997，10（2），3 – 19.

第九章　付费电视频道的购买意愿指数编制与调查

一、前言

付费电视是一种商品，对于商品的购买意愿是消费者心理的一个很重要的衡量指标。对于购买意愿的测量前几章都有所反映，主要是使用问卷调查法，但是其测量的结果仍然属于比较模糊的指标，而没有一个更为精确的指标反映，因此有必要采用购买意愿指数这一指标来进行更为精确的测量。指数来源于统计学，指数的含义有广义和狭义两种，广义的指数是指一切说明社会经济现象数量变动或差异程度的相对数；狭义的指数是一种特殊的相对数，也即专指说明不能直接相加的复杂的社会经济现象综合变动的相对数。

利用指数来反映购买意愿，有以下几种作用：第一，反映用户对付费电视购买意愿的总体综合变动方向和变动程度。当其构成购买意愿的各部分不能直接相加和对比的时候，可以通过编制统计指数使它们过渡到可以相加、可以对比，从而综合反映付费电视购买意愿的总体的变动方向和变动程度。第二，分析用户对付费电视购买意愿总体变动的各个因素的影响方向和影响程度。许多社会现象是复杂的，其变动受多种因素影响，如付费电视购买意愿会受用户对付费电视的认知与评价等因素的影响。究竟是何种因素影响着付费电视的购买意愿的方向和程度呢？这就可以通过编制各种因素指数，以分析其影响方向和强度。第三，分析研究不同地区、不同时期用户付费电视购买意愿的比较与发展。利用编制各地区的付费电视购买意愿，以及连续编制动态的指数数列，既可以横向地对付费电视购买意愿进行比较，又可纵向描述和分析其发展趋势。

指数在国民经济社会生活中有着广泛的应用。根据国家哲学社会科学成果文库资助出版的《统计指数理论、方法与应用》介绍，从大的方面讲，我国的指数应用于物价指数、证券市场价格指数、中国房价指数、消费者满意度指数、上海社会经济指数、上海建设工程材料质量评估指数体系、经济景气指数等方面。显然，付费电视购买意愿指数与消费者满意度指数有着很大的关联。

当然，本研究并不在于为了编制指数而去编制，指数的构造必须要有其信度和效度的测量和检验，本研究期望指数的构造或其因子能够预测付费电视的实际购买情况或最高愿意支付价格，为此，本研究的目的是要解决以下问题：一是付费电视购买意愿指数由什么构成？二是付费电视购买意愿总指数及各分指数如何测量及其调查测量值是多少？三是付费电视购买意愿的因子能否显著影响付费电视的实际购买情况或最高愿意支付价格？

二、理论框架和相关文献

1. 文献综述

国内关于媒介指数的著名研究有喻国明提出的中国传媒发展指数（China Media Development Index，CMDI），该指数强调把对全国和各地区传媒综合实力整体的监测与评估，放到一个大的宏观经济环境背景中去，着眼从媒介的生产结构和规模、传媒的赢利模式、受众的媒介使用习惯、传媒经营本身的发达和利用程度，以及媒介消费特征与宏观经济的关系五个方面，去搜寻、整合和挖掘我国现有的各种权威、经典的经济统计和传媒专业指标及数据，并辅以科学方法进行归纳、研究与处理，从而构建出一个综合、动态、结构性的中国传媒发展指数（CMDI）指标体系。通过这一指数指标体系，一方面可以对中国及31个不同省市区域的传媒产业进行跨区域、跨年度和跨媒介的横向纵向比较，从而对全国各个地区的传媒发展状态和综合实力有了一个整体、动态地科学评估、判断与排序；另一方面通过指数指标的比较和参照，可以全面、深入地发现各个地区的传媒发展优势、不足及其具体原因，并从统计指标意义上给予细致的解读和剖析。据此，该概念的提出虽是出自对中国传媒发展指数的编制成果的学术理论研究，却具备了对传媒产业战略指导和实际传媒经济运作参考的双重现实意义。不过这一指数体系过于庞大，没有集中于消费者的认知和评价的角度予以研究。

2010年3月，在数字广电产业发展中心发布的《全国付费频道市场监测2009年度报告》中，提出了付费频道落地播出排行指数、付费频道订购排行指数和付费频道被投诉排行指数三大量化指标，用以衡量付费频道市场的实际发展状况。但是在付费电视的购买意愿方面，却没有进行相关的研究。

上面分析到与付费电视的购买意愿相关最为密切的是消费者满意度指数。消费者满意度指数构建的早期方法直接以满意顾客所占的比例为满意度指数，其具体的做法是，直接调查顾客的总体满意度，按照顾客的回答将顾客对产品或服务的总体满意度分为“非常满意”、“满意”、“一般”、“不满意”、“很不满意”等几种情况，然后统计各种情况所占的比例。后来消费者满意度指数构建进一步发展到主观加权的满意度指数，这种方法考虑产品或服务相关属性的满意度，采用对各个属性的满意度分值加权求和的方法计算顾客总体的满意度指数。其中，权重主要是主观的，即由用户自己确定或者采用专家赋权的方法，不过这种方法存在一个难以解决的问题，即如何衡量各属性的权重，无论是用户赋权或专家赋权，都是主观赋权的方法，较难保证满意度的准确性和客观性。后来虽然提出了更为科学的客观加权的消费者满意度指数，但是由于其采取的方法包括多元线性回归分析、主成分回归分析、偏最小二乘回归、改进的主成分回归分析和结构方程建模等，显得过于复杂，难以很好地应用。①

2. 消费者信心指数概念

为了更为集中地对比建构付费电视的购买意愿指数，本次构建的购买意愿指数参照消费者满意度指数的其中一个分支——“消费者信心指数”概念及其测量来进行。消费者信心指数（Consumer Confidence Index，CCI），有些人也把它称为消费者情绪指数（Index of Consumer Sentiment，ICS）。它产生于1940年美国联邦储备局资助的消费者资金年度调查项目，由密歇根大学调查研究中心承担，即Michigan指数（UMCCI），而后来在1967年又出现了Conference Board指数，即会议委员会指数（CBCCI）。

消费者信心指数是根据消费者对国家（或当地）经济形势、社会就业状况、个人预期收入、个人生活质量、国家消费政策、物价和股市走势等情况的主观判断和心理感受来编制的一种指数，是宏观景气监测预警系统中的一项重要内容。②消费者信心指数以消费者调查为基础，主要测度消费者对经济发展的信心状况，用来反映和预测国民经济、预期消费等指标。不同国家和地区的消费者信心指数的编制方法基本思路都差不多。

我国各信心指数编制的差异主要表现为：研究的出发点、调查手段、调查时间间隔、样本量大小、指数测算方法等方面的差异。例如，我国国家统计局景气监测中心发布的消费者信心指数，目前主要通过对全国20个主要城市进行随机抽样的调查问卷编制而成。调查问卷的问题主要涉及五个方面：受访者对当前经济形势的判断、对家庭收入的看法、对目前购买商品时机的判断、对未来整体经济的判断以及对自身收入的评判。而首都经贸大学参与发布的两岸四地信心指数反映并量化了消费者对经济形势、就业状况、物价水平、生活状况、购房和投资六个方面的主观感受，这六个方面可定义为消费者信心的分指数，每个分指数均由即期指数和预期指数构成，反映消费者对当前的满意度和对未来的期望。西南

① 参见郭洪伟《我国消费者信心指数编制及存在的问题》，载《商业经济》2010年第33期。

② 参见国家统计局经济景气监测中心《何谓消费者信心指数》，载《北京统计》2000年第3期。

财经大学的成都消费者信心指数与首都经济贸易大学的类似。上海财经大学推出上海市消费者信心指数的主要目的是：了解当前经济环境中消费者对形势、收入、就业、消费的判断和预期，分析经济形势、收入、就业、耐用消费品购买意愿四项分指数。从上述论述可以看出，我国的几种消费者信心指数的调查编制包含的内容还是有明显差异的。

不过，无论各指数的调查编制差异怎样，分指数的计算基础都是一样的，即都是乐观比例与悲观比例差值加上基数得到的。具体来讲，每个问题回答选项分五档，分别为很好、较好、一般、较差、很差。统计每个问题各选项回答所占的比例，假设数值为：A，B，C，D，E，那么该问题对应的指数 X，按下面公式计算：

$$X = A \times 100 + B \times 50 + C \times 0 - D \times 50 - E \times 100 + 100$$

计算每个分指数的预期指数 X1 和现状指数 X2，则：

$$\text{每项分指数} = W1 \times X1 + W2 \times X2$$

其中，W 为权数，W1 + W2 = 100%。

而消费者信心指数的计算与各项分指数的计算类似：

$$JZ\ \text{消费者信心指数} = \text{消费者现状信心指数} \times W1 + \text{消费者预期指数} \times W2$$

其中，W 为权数，W1 + W2 = 100%。

消费者现状信心指数是各分项现状看法信心指数（X2）的加权平均，消费者预期指数是各分项预期信心指数（X1）的加权平均，权重可以调整。从上述计算方法可知，信心指数取值在 0 ～ 200 之间，其中 0 表示最没信心，200 表示最有信心，当大于 100 时，表示消费者的信心是积极的，当小于 100 时表示消费者的信心是消极的，而等于 100 则意味着消费者持中立的态度。

3. 付费电视购买意愿指数的构造

消费者信心指数能对消费支出进行有效的预测，如 Mueller（1963）对消费者信心指数能够预测消费支出进行了验证，并成功地验证了消费者信心调查的预测。研究结果表明，消费者信心指数与指数调查之后半年的耐用品消费之间存在显著的相关性，特别是信心指数能够合理解释消费者新车需求的波动。[①] Carroll 等（1994）利用简约型回归方程，分别分析了密歇根消费者信心指数（ICS）较长数据期（1955 年第一季度至 1992 年第四季度）和较短数据期（1978 年第一季度至 1992 年第四季度）的相关数据对美国家庭消费支出变化的预测效果。研究结果发现较长期 ICS 数据的滞后值能够解释美国家庭实际消费支出变化的

① Mueller E. Ten Years of Consumer Attitude Surveys: Their Forecasting Record. Journal of the American Statistical Association, 1963, 58 (304): 899 - 917.

14%，而且对商品消费支出的变化（不包括机动车辆）的解释能力最强，为17%；对汽车消费支出变化的解释能力最弱，为4%；对服务消费支出变化的解释能力为10%。较短期ICS数据的滞后值只能解释美国实际消费支出增长变化的5%，解释服务支出变化的2%；对汽车消费支出变化则不存在解释能力。[①] 以上的关于消费者信心的研究都证明了消费者信心指数确实能够帮助预测居民消费支出。

付费电视购买意愿指数是参照消费者信心指数建构的，其也能很好地预测付费电视购买及消费支出。当然，与消费者信心指数中的耐用消费品购买意愿不同，付费电视是“低档品”，购买它并不存在现状与未来的延迟购买问题，所以本研究在构造付费电视购买意愿时并不区分现状与未来的延迟购买，而是将付费电视购买意愿分为两部分：认知与评价。认知包括四个方面：内容的认知、价格的认知、宣传推广的认知、销售方式的认知，其对应的选项分为：①很好；②较好；③一般；④较差；⑤很差；⑥不了解，没法发表看法。评价系列是针对“我了解现在有哪些付费电视及其主要特色”、“我认为未来付费频道会发展得越来越好”、“我会继续或者考虑购买付费频道”、“我会向他人推荐付费频道”四句话的认同，选项分为：①极其肯定的；②较肯定的；③中性的；④较否定的；⑤极其否定的；⑥不清楚/没回答。之所以选择这四句，主要是其包括了对付费频道现在的评价、将来的评价、对付费频道的个人购买、对付费频道的介绍推荐评价层层递进的四个方面。

对于分指数，剔除了选项⑥“不清楚/没回答”后，统计每个问题各答案选项所占的比例，假设数值为：A，B，C，D，E，那么该问题对应的指数X应按下面公式计算：

$$X = A \times 100 + B \times 50 + C \times 0 - D \times 50 - E \times 100 + 100$$

计算了每个分指数后，即可根据算术平均来计算付费频道的认知指数和评价指数。这次并不设置各分指数的权重，目的是简化问卷，而且让受众谈对付费频道各自的要素的比重也不现实。

三、研究方法

本次研究资料来自于2012年在广州市范围内进行的一项电话调查。本问卷的访员为经过培训的选修“电话调查”的本科生。为了获取更多的问卷份数，

① Carroll C. D., Fuhrer J. C., Wilcox D. W. Does consumer sentiment forecasting household spending? If so, Why?. The American Economic Review, 1994, 84 (5): 1397 - 1408.

本研究采取滚雪球的问卷调查方法。所谓滚雪球的抽样，也即先让学生找自己认识的在广州的家庭住户，然后通过他们得到更多的调查对象，这样一步步地扩大样本范围。在接通的采访电话家庭中选择一位年龄在15周岁以上的家庭成员作为访问对象，根据电话问卷调查的经验，本研究问卷设计在10分钟内完成，其主要了解用户数字电视付费频道使用情况及其他相关情况。问题首先进行访问者的甄别，第一道甄别问题：请问这里是家庭电话吗？（　　）①是②不是，如果回答不是，则再选择一个号码。第二道甄别问题：请问您的年龄是？（　　）①15～24岁；②25～34岁；③35～44岁；④45～54岁；⑤55～64岁；⑥65岁以上；⑦15岁以下。如果选择⑦，则再选择一个号码。最终获得993份问卷，经过校检共获得有效问卷966，问卷效率为97.28%。接下来是将样本特征与总体特征相对比，见表9－1。

表9－1　样本特征与广州市2010年第六次全国人口普查数据比较

变量	性别		年龄①		家庭户地区分布												学历的分布			
	男	女	15～64岁	65岁以上	荔湾区	越秀区	海珠区	天河区	白云区	黄埔区	番禺区	花都区	南沙区	萝岗区	增城市	从化市	小学程度及以下	初中	高中或中专	大学（包括大专以上）
样本数据（%）	51.7	48.3	98.3	1.7	5.49	16.67	20.81	36.13	5.49	2.59	6.11	4.04	0.62	0.52	0.72	0.83	2.65	7.22	12.00	78.13
统计数据（%）	52.3	47.8	92.5	7.5	7.1	9.1	12.3	11.3	17.5	3.6	13.9	7.4	2.1	2.9	8.6	4.7	16.73	38.43	24.39	20.45

注：由于本次调查根据实际需要，没有调查15岁以下的被访者，因此统计数据也将15岁以下比例剔除，重新计算15～64岁与65岁以上群体的比例。

由于是滚雪球抽样，所以样本比较集中在越秀区、海珠区、天河区三个广州市经济比较发达，人口比较集中的区域，而且学历集中在大学（包括大专以上）人口里。本研究所采取的滚雪球方法虽然在科学随机性方面比以往的随机抽样要差，但是却在短时间内获得了足够多的样本，而且样本都经过事后的抽样监督，确保了其信度。

① 《广州市2010年第六次全国人口普查主要数据公报》，见 http：//www.gzstats.gov.cn/tjgb/glpcgb/201105/t20110517_25227.htm。

四、研究发现

1. 对付费电视的内容认知选项及其分指数

在付费电视的内容认知上，966 名被访者选择很好的占 2.6%，较好的占 16.8%，一般的占 30.3%，较差的占 3.3%，很差的占 2.2%，不清楚/没回答的占 44.8%

对于付费电视的内容认知分指数，剔除“不清楚/没回答”的答案后，重新统计每个问题各选项回答所占的比例，则为选择很好的占 4.7%，较好的占 30.4%，一般的占 55.0%，较差的占 6.0%，很差的占 3.9%。

按公式计算的内容认知分指数为：

付费电视的内容认知分指数

$$=4.7\% \times 100+30.4\% \times 50+55.0\% \times 0-6.0\% \times 50-3.9\% \times 100+100=113$$

为了使得数据具有可比较性，本研究的问卷同时设计了一项对免费内容认知的比较，具体为“您对免费频道的内容认知是什么？（当用户不明白什么是免费频道时，访员可解释免费频道指用户按月或按次交纳的有线电视收视费后就能收看到的频道）”选项为：①很好；②较好；③一般；④较差；⑤很差；⑥不清楚/没回答。

其结果为在免费电视的内容认知上，966 名被访者选择很好的占 13.8%，较好的占 35.3%，一般的占 34.6%，较差的占 6.0%，很差的占 1.2%，不清楚/没回答的占 9.1%。

这里也尝试计算免费电视的内容认知分指数，剔除“不清楚/没回答”的答案后，重新统计每个问题各选项回答所占的比例，则为选择很好的占 15.1%，较好的占 38.8%，一般的占 38.0%，较差的占 6.6%，很差的占 1.4%。

按公式计算的内容评价分指数为：

免费电视的内容认知分指数

$$=15.1\% \times 100+38.8\% \times 50+38.0\% \times 0-6.6\% \times 50-1.4\% \times 100+100=129.8$$

2. 对付费电视价格的认知选项及其分指数

在对付费电视的价格认知上，966 名被访者选择很好的占 1.6%，较好的占 8.4%，一般的占 32.9%，较差的占 8.8%，很差的占 3.1%，不清楚/没回答的占 45.2%。

对于价格认知分指数，剔除了“不清楚/没回答”的答案后，重新统计每个问题各选项回答所占的比例，则为选择很好的占 2.8%，较好的占 15.3%，一般的占 60.1%，较差的占 16.1%，很差的占 5.7%。

按公式计算的价格认知分指数为：

价格认知分指数

=2.8%×100+15.3%×50+60.1%×0-16.1%×50-5.7%×100+100=96.7

3. 对付费电视的宣传推广的认知选项及其分指数

在对付费电视的宣传推广认知上，966名被访者选择很好的占1.7%，较好的占7.8%，一般的占36.1%，较差的占11.1%，很差的占5.3%，不清楚/没回答的占38.1%

对于宣传推广认知分指数，剔除了“不清楚/没回答”的答案后，重新统计每个问题各选项回答所占的比例，则为选择很好的占2.7%，较好的占12.5%，一般的占58.4%，较差的占17.9%，很差的占8.5%。

按公式计算的宣传推广认知分指数为：

宣传推广认知分指数

=2.7%×100+12.5%×50+58.4%×0-17.9%×50-8.5%×100+100=91.5

4. 对付费电视的销售方式的认知选项及其分指数

在付费电视销售方式的认知上，966名被访者选择很好的占1.8%，较好的占7.6%，一般的占31.9%，较差的占11.7%，很差的占3.8%，不清楚/没回答的占43.3%。

对于销售方式的认知分指数，剔除了“不清楚/没回答”的答案后，重新统计每个问题各选项回答所占的比例，则为选择很好的占3.1%，较好的占13.3%，一般的占56.2%，较差的占20.6%，很差的占6.8%。

按公式计算的销售方式的认知分指数为：

销售方式认知分指数

=3.1%×100+13.3%×50+56.2%×0-20.6%×50-6.8%×100+100=92.65

5. 对付费电视的现状评价选项及其分指数

在对付费电视现状评价选项上，966名被访者选择极其肯定的占1.0%，较肯定的占11.7%，中性的占35.5%，较否定的占26.1%，极其否定的占5.8%，不清楚/没回答的占19.9%。

对于对付费电视现状的评价分指数，剔除了“不清楚/没回答”的答案后，重新统计每个问题各选项回答所占的比例，极其肯定的占1.3%，较肯定的占14.6%，中性的占44.3%，较否定的占32.6%，极其否定的占7.2%。

按公式计算的付费电视现状的评价分指数为：

付费电视现状评价分指数

=1.3%×100+14.6%×50+44.3%×0-32.6%×50-7.2%×100+100=85.1

6. 对付费电视的未来评价选项及其分指数

在对付费电视未来评价选项上，966 名被访者选择极其肯定的占 4.1%，较肯定的占 23.5%，中性的占 36.4%，较否定的占 14.8%，极其否定的占 2.2%，不清楚/没回答的占 18.9%。

对于付费电视未来评价分指数，剔除了“不清楚/没回答”的答案后，重新统计每个问题各选项回答所占的比例，极其肯定的占 5.1%，较肯定的占 29.0%，中性的占 45.0%，较否定的占 18.3%，极其否定的占 2.7%。

按公式计算的付费电视未来评价分指数为：

付费电视未来的评价分指数

$$= 5.1\% \times 100 + 29.0\% \times 50 + 45.0\% \times 0 - 18.3\% \times 50 - 2.7\% \times 100 + 100 = 107.75$$

7. 对付费电视购买与否的评价选项及其分指数

在对付费电视考虑购买与否的评价上，966 名被访者选择极其肯定的占 2.1%，较肯定的占 16.5%，中性的占 35.2%，较否定的占 22.7%，极其否定的占 10.7%，不清楚/没回答的占 12.9%。

对于付费电视购买与否评价分指数，剔除了“不清楚/没回答”的答案后，重新统计每个问题各选项回答所占的比例，极其肯定的占 2.4%，较肯定的占 18.9%，中性的占 40.4%，较否定的占 26.0%，极其否定的占 12.2%。

按公式计算的付费电视购买与否评价分指数为：

付费电视购买与否评价分指数

$$= 2.4\% \times 100 + 18.9\% \times 50 + 40.4\% \times 0 - 26.0\% \times 50 - 12.2\% \times 100 + 100 = 86.65$$

8. 对付费电视推荐与否的评价选项及其分指数

在对付费电视推荐与否的评价选项上，966 名被访者选择极其肯定的占 0.9%，较肯定的占 7.7%，中性的占 35.5%，较否定的占 29.0%，极其否定的占 14.3%，不清楚/没回答的占 12.6%。

对于付费电视推荐与否的评价分指数，剔除了“不清楚/没回答”的答案后，重新统计每个问题各选项回答所占的比例，极其肯定的占 1.1%，较肯定的占 8.8%，中性的占 40.6%，较否定的占 33.2%，极其否定的占 16.4%。

按公式计算的付费电视推荐与否的评价分指数为：

付费电视推荐与否评价分指数

$$= 1.1\% \times 100 + 8.8\% \times 50 + 40.6\% \times 0 - 33.2\% \times 50 - 16.4\% \times 100 + 100 = 72.50$$

9. 各指数的比较

各指数的比较，见表 9－2。

表9－2　各指数的比较

各项目指数	分值
对免费电视内容认知分指数	129.80
对付费电视内容认知分指数	113.00
对付费电视价格认知分指数	96.70
对付费电视宣传推广认知分指数	91.50
对付费电视销售方式认知分指数	92.65
对付费电视的现状评价分指数	85.10
对付费电视的未来评价分指数	107.75
对付费电视购买与否的评价分指数	86.65
对付费电视推荐与否的评价分指数	72.50
付费电视的综合平均指数	93.23

从该表看出，付费电视的综合平均指数（由付费电视的分指数经过简单平均加总而成）为93.23，比100分的标准中间值低下，说明广州市用户对付费电视的综合认知评价不高，在构成付费电视的综合平均指数的八个分指数中，有付费电视内容认知分指数、付费电视价格认知分指数、对付费电视的未来评价分指数是高于平均值的；而其余的指数，包括付费电视宣传推广认知分指数、对付费电视现状的评价分指数、对付费电视考虑购买与否分指数、对付费电视推荐与否分指数则低于平均值。

在所有付费电视的分指数中，付费电视内容认知分指数最高，为113.00，说明付费电视这两年的内容有了一定的提高，这与2011年10月20日—12月20日在广州市范围内进行的一项计算机辅助电话调查（可见“广州市家庭用户对数字电视付费频道的内容与价格的看法”章节）中的结果可以体现出来。虽然付费电视的内容认知分指数提高了，但是给人们的感受却还是低于免费电视内容认知分指数（129.80），这里的原因在于付费电视内容虽然有自己的特点，但是接触到的人不多，而且与长期经营的免费电视的内容相比较，所引起的好评难以有很大的提高。

付费电视价格认知分指数仅略高于平均值，说明用户不是很认同这一价格。付费电视要降低价格，吸引更多用户的好评，从而达到薄利多销的目的。

付费电视销售方式认知分指数和付费电视宣传推广认知分指数都低于平均值，其中，付费电视宣传推广认知分指数在认知系列指数是最低的，仅为91.50。为此，对付费电视宣传还需要加大力度，而采用多样的销售方式也成为提高付费电视购买意愿的关键。

在付费电视的评价中，尽管人们对付费电视的未来充满信心（对付费电视的未来认知分指数为107.75，高于平均值），但是人们对付费电视的现状评价分指数却不高（对付费电视的现状评价分指数为85.10，低于平均值），这可能与付费电视的宣传推广不力有关。对付费电视考虑购买与否的评价分指数为86.65，对付费电视推荐与否评价分指数则最低，为72.50。这也反映了消费者对付费电视认知指数高、评价低的心理现象。

当然，本研究将付费电视的这八个指数作为相等的作用进行分析，其目的是了解在统一标准下，付费电视的八个方面在用户心目中的认知或评价是如何的。在前几章的研究中，用户都显示了对内容和价格的高度关注，因此在考虑提高付费电视的购买意愿的时候，仍然不能忽略这两个方面的问题。

10. 对付费电视购买意愿指数相关变量进行相关因子分析

这次因子分析方法是采取主成分分析法，采用方差最大法的正交旋转方法，并去除所有含缺失值的个案后再进行分析。通过为KMO检验和Bartlett球度检验得到KMO值为0.821，根据统计学家Kaiser给出的标准，KMO值大于0.6，非常适合做因子分析，而Bartlett球度检验给出的相伴概率为0.000，小于显著性水平，因此拒绝Bartlett球度检验的零假设，适合于因子分析。通过SPSS，产生以下表格（见表9－3）。

表9－3　总方差解释

公因子	初始值			特征值大于1的方差贡献			旋转后的特征值大于1的方差贡献		
	特征值	方差贡献率（%）	累计贡献率（%）	特征值	方差贡献率（%）	累计贡献率（%）	特征值	方差贡献率（%）	累计贡献率（%）
1	3.624	45.299	45.299	3.624	45.299	45.299	2.474	30.928	30.928
2	1.133	14.168	59.468	1.133	14.168	59.468	2.283	28.54	59.468
3	0.826	10.327	69.795						
4	0.645	8.063	77.858						
5	0.552	6.905	84.763						
6	0.489	6.107	90.869						
7	0.407	5.084	95.954						
8	0.324	4.046	100						

注：因子提取方法：主成分因子分析。

该表格是因子分析后因子提取和因子旋转的结果。其中，公因子和初始值（第一列到第四列）描述了因子分析初始值对原有变量总体描述情况，第一列是因子分析8个初始解序号。

第二列是因子变量的方差贡献（特征值），它是衡量因子重要程度的指标，如第一行中特征值为3.624，表示第一个因子描述了原有变量总方差8中3.624，后面因子描述的方差依次减少。

第三列是各因子变量的方差贡献率，表示该因子描述的方差占原有变量总方差的比例，它的值是第二列特征值除以原有变量总方差8的结果，如第一行中的45.299%就是3.624除以8的结果。

第四列是因子变量的累计方差贡献，表示前m个因子描述的总方差占原有变量的总方差的比例。

第五列到第七列则是初始解中按照一定标准（这里设定了提取因子的标准是特征值大于1）提取了2个公共因子后对原变量总体的描述情况。

第八到第十列是旋转以后得到的因子对原变量总体的刻画情况，各列的含义和第五到第七列一样。接着，根据方差极大化对因子载荷矩阵旋转后产生以下表格（见表9-4所示）。

表9-4　转轴后的成分矩阵[a]

	因子	
	1	2
对付费电视内容的认知	0.666	0.333
对付费电视价格的认知	0.739	0.252
对付费电视宣传推广的认知	0.797	0.119
对付费电视销售方式的认知	0.774	0.179
对付费电视现状的评价	0.344	0.509
对付费电视未来的评价	0.305	0.669
对付费电视的购买与否	0.113	0.878
对付费电视的推荐与否	0.160	0.765

注：因子提取方法：主成分因子分析；旋转方法：Kaiser正规化最大变量法；a. 经过三次迭代后的旋转汇集。

经过旋转后，第一个因子变量含义清楚，反映了“对付费电视内容的认知”，“对付费电视价格的认知”，“对付费电视宣传推广的认知”，“对付费电视销售方式的认知”，即为付费电视购买意愿认知因子。第二个因子变量含义清楚，反映了“对付费电视现状的评价”、“对付费电视未来的评价”、“对付费电视的购买与否”、“对付费电视的推荐与否”，即为付费电视购买意愿评价因子。

进一步对因子变量的信度检验，采用分析量表的内部一致性 Cronbachps A 系数方法进行。将分别表征以上 2 个付费电视购买意愿的因子共 8 个项目看成 2 个单维量表，统计结果表明：付费电视购买意愿认知因子为 0.827，其方差分析 F = 28.511，$P < 0.0001$，该量表的重复度量效果良好。而付费电视购买意愿评价因子为 0.748，比认知因子要低，其方差分析 F = 109.382，$P < 0.0001$，该量表的重复度量效果良好。

整个量表的 Cronbachps A 系数为 0.827，其方差分析 F = 34.997，$P < 0.0001$，该量表的重复度量效果良好。从信度分析的结果可以看出，整个付费电视购买意愿的信度良好。

11. 运用付费电视购买意愿指数的两个因子对购买付费电视进行 Logistic 回归分析

该回归分析的因变量为购买付费电视（赋值 1）、没有购买付费电视（赋值 0），控制变量包括性别、年龄自变量，自变量包括社会经济变量组的学历、月收入、年收入变量，付费电视购买意愿变量组的付费电视购买意愿认知因子和付费电视购买意愿评价因子两变量。最终得出 284 个个案被选入作为回归分析的个案，而因变量值也已经转换成逻辑回归分析的常用 0、1 值。而 Logistic 回归分析为概率型非线性回归模型，其不同于一般线性回归模型，因而系数意义也不尽相同。

而假设模型的卡方值为 75.075，是初始截距模型的（−2）倍的对数似然函数（391.677）与假设模型的（−2）倍的对数似然函数的值（316.602）之差，假设模型的（−2）倍的对数似然函数的值为 316.602，伪拟合优度（Nagelkerke R Square）为 0.310。

经过迭代后，对于 y = 0，有 74.0% 的准确性，对于 y = 1 有 65.4% 的准确性，因此，对于所有个案共有 82.1% 的准确性。

而各自变量的回归系数及检验情况如下表 9 − 5。

表 9－5　概率型非线性（Logistic）回归方程的变量值

		回归系数（B）	标准误（S. E.）	卡方值（Wald）	自由度（Df）	显著度（Sig）	发生比率［Exp（B）］	95.0% 估计发生比率的置信空间	
								最低	最高
Step1[a]	性别	0.064	0.284	0.051	1	0.821	1.066	0.611	1.861
	年龄	0.311	0.179	3.008	1	0.083	1.365	0.960	1.939
	学历	－0.223	0.142	2.469	1	0.116	0.800	0.606	1.057
	月收入	0.115	0.083	1.929	1	0.165	1.122	0.954	1.320
	年收入	0.052	0.087	0.349	1	0.555	1.053	0.887	1.249
	认知因子	－0.387	0.154	6.340	1	0.012	0.679	0.503	0.918
	评价因子	－1.009	0.163	38.441	1	0.000	0.365	0.265	0.502
	常数	－0.311	0.738	0.177	1	0.674	0.733		

注：a. 进入方程的变量：性别、年龄、学历、月收入、年收入、（付费电视购买意愿）认知因子、（付费电视购买意愿）评价因子。

从显著度（Sig）一栏来看，控制变量和自变量中的社会经济变量的所有变量都不显著，而自变量中付费电视购买意愿变量组的两因子变量（认知因子、评价因子）都是显著的（认知的 Sig＝0.012＜0.05，评价的 Sig＝0.000＜0.05），因此可以肯定这两自变量的作用；回归系数 B 一栏中，两个自变量的系数都是负值，其含义是什么呢？付费电视购买意愿变量组的两因子变量（认知因子、评价因子）是由付费电视购买意愿认知与评价的八个问题答案产生的，这八个选项是赋值越低，付费电视购买意愿实际认知与评价值就越高，如 1 是很好，5 是很差，0 为不了解。因此，付费电视购买意愿变量组的两因子变量的值越大，认知或评价越低，则说明付费电视购买意愿变量组的两因子变量的值越大（对付费电视的认知或评价越低），就越不可能购买付费电视（系数为负），换句话来说，即对付费电视的认知或评价越高，则越有可能购买付费电视。

12. 运用付费电视购买意愿指数的两个因子对购买付费电视的最高愿意支付价格进行回归分析

购买付费电视的最高愿意支付价格的问题为“您每月最多愿意出多少钱来购买数字电视的付费频道呢？”答案为：①15 元及以下；②16 ～ 20 元；③21 ～ 25 元；④26 ～ 30 元；⑤31 ～ 35 元；⑥36 ～ 40 元；⑦41 元及以上；⑧不清楚/没回答。分别以期答案序号赋值，即回答 1 的赋值 1，回答 7 的赋值 7（回答 8 赋值为 0 除外）。

付费电视购买意愿指数的两个因子变量值是赋值越低，对付费电视购买意愿的认知评价因子就越高，这两个因子变量为自变量。另外，设立学历、月收入、年收入这三变量为社会经济地位变量，设性别、年龄为控制变量得出以下表格（见表9－6所示）：

表9－6　购买付费电视的最高愿意支付价格回归分析

		模型1		模型2		模型3	
		回归系数（B）	显著度（Sig）	回归系数（B）	显著度（Sig）	回归系数（B）	显著度（Sig）
控制变量	性别	0.161**	0.006	0.134*	0.029	0.134*	0.023
	年龄	0.119	0.043	0.097	0.126	0.09	0.145
社会经济地位变量	学历			0.045	0.49	0.065	0.301
	月收入			0.138*	0.036	0.107#	0.094
	年收入			0.004	0.951	0.028	0.650
		回归系数（B）	显著度（Sig）	回归系数（B）	显著度（Sig）	回归系数（B）	显著度（Sig）
付费电视购买意愿变量	付费电视购买意愿认知因子					－0.11#	0.058
	付费电视购买意愿评价因子					－0.253***	0.000
拟合优度（R Square）		0.043		0.063		0.138	
调整后的拟合优度（Adjusted R Square）		0.036		0.046		0.116	
拟合优度的改变（R Square Change）		0.043		0.020		0.075	
回归方程的显著性检验（F）		6.283		3.728		6.283	
显著度（Sig）		0.002		0.003		0.000	

注：“#”表示 $P<0.10$；“*”表示 $P<0.05$；“**”表示 $P<0.01$；“***”表示 $P<0.001$。

模型1到模型3显示，如果其仅用控制变量分析，则仅能解释3.6%（调整后的拟合优度）的方程，而加入社会经济地位变量，可解释4.6%的偏差，而加入付费电视购买意愿变量，则解释偏差大大提高，到 11.6%。这三个方程都通过回归方程的显著性检验。

模型3显示，当所有变量都进入方程，起显著作用的有性别（$b>0$），即相比于女性，男性更愿意付高价购买付费电视；月收入（$b>0$），即月收入越高，越愿意高价购买付费电视；付费电视购买意愿认知因子与付费电视购买意愿评价因子的 b 都小于 0，根据本研究的数据结果发现，付费电视购买意愿两因子值越高，其付费电视购买意愿的认知与评价就越低，为此，在这里付费电视购买意愿两因子值越高，付费电视购买意愿的认知与评价就越低，则最高愿意支付付费电视的价格也就越低。也就是说，付费电视购买意愿的认知、评价与最高愿意支付付费电视的价格是正向显著关系。

至此，付费电视购买意愿的认知与评价因子不仅能够影响是否购买付费电视变量，还能影响付费电视的最高支付价格。

五、结论与讨论

以上通过对付费电视购买意愿的变量进行因子分析并且运用因子对购买付费电视与否进行概率型非线性回归模型方程回归分析，探讨了控制变量、自变量的社会经济地位组变量和自变量的付费电视购买意愿的因子变量对因变量的影响，由此我们可以得出以下结论：付费电视购买意愿由认知、评价因子构成，认知包括内容、价格、宣传推广、销售方式的影响；评价包括对付费电视现状的评价、对付费电视未来购买的评价、对付费电视是否购买的评价、对付费电视是否推荐的评价。付费电视购买意愿的两因子变量对付费电视的购买状况有着显著影响，回归系数显示，付费电视购买意愿越高，其付费电视的购买就越高。

本研究运用因子对付费电视最高支付价格进行回归分析时，发现在控制了其他变量之后，付费电视购买意愿两因子值越高，付费电视购买意愿的认知与评价就越低，则付费电视的最高愿意支付价格也就越低。也就是说，付费电视购买意愿的认知、评价与付费电视的最高愿意支付价格是正向显著关系，付费电视购买意愿的认知与评价因子也能影响付费电视的最高支付价格。因此，要提高付费电视的购买可能和购买价格，关键是提高付费电视购买意愿的认知与评价。

根据本研究的调查结果显示，广州市用户的付费电视的综合平均指数为 93.23，比 100 分的标准中间值低下。说明广州市用户对付费电视的综合认知评价不高，在构成付费电视的综合平均指数的八个分指数中，付费电视内容认知分指数、付费电视价格认知分指数和付费电视的未来评价分指数是高于平均值的，而其余的指数，包括付费电视宣传推广认知分指数、付费电视现状的评价分指数、付费电视购买与否的评价分指数、费电视推荐与否的评价分指数则低于平均值。而付费电视的宣传推广认知和付费电视现状评价息息相关，因此，目前要考虑继续大力推广付费电视，让用户对付费电视加以接触和了解。例如可以采取免费收看、低价收看等方式让尽可能多的用户接触和了解付费电视，从而增加其对付费电视购买的考虑和推荐的评价，最终促进付费电视的购买行为的实现。

另外，相比于内容来说，付费电视价格认知分指数仅略高于平均值，说明用户不是很认同这一价格，所以，要降低价格，吸引更多用户的好评，从而达到薄利多销的目的；同时，降低价格，才能促进用户接触和了解付费电视的可能。

本次研究基于广州市用户，提出并构建了付费电视购买意愿的测量量表，同时还计算了付费电视购买意愿的综合指数和分指数，这不仅具有理论意义上的创新，还有实践意愿的应用，如可采用这一测量表不断检测付费电视购买意愿的状况并调整相关的测量。在过去的研究中，如喻国明提出的中国传媒发展指数指标体系，包含生产指数、受众消费指数、广告竞争指数与赢利指数。本研究的付费电视购买意愿指数是与喻国明提出的受众消费指数相关，喻国明的受众消费指数包括时间消费、核心受众规模、主媒介渗透率三个指标①，而本研究的付费电视购买意愿指数包括认知与评价共八个方面，更重要的是，本研究的付费电视购买意愿指数对购买付费电视状况和购买付费电视的最高愿意支付价格都有较好的预测能力，这样的指数建构可以推广到其他的媒介购买意愿上去。

本研究的局限在于滚雪球抽样，滚雪球抽样方法便利，节约时间和资源，但是由于样本特征与总体特征相差太大，因此其外部效果不高，难以真正推广到整个广州市用户当中去。未来的研究可以对国家或者某一地区统计的受众付费电视购买意愿进行电话或上门调查，将会使其结论具有更广泛的普及性。

本研究的局限还在于没有测量付费电视的综合平均指数的八个分指数在付费电视的综合平均指数的权重，这的确简化了问卷和计算，但这八个方面对付费电视的各自影响究竟如何，却是未来的研究要关注的。

---

① 参见喻国明、江萍、苏林森《论中国传媒发展指数指标体系的构建》，载《当代传播》2009 年第 4 期。

第十章　付费电视的购买意愿理论探讨

——价值创造的赢利模式

一、价值创造中的利益相关者

价值创造指的是组织如何确定和管理为利益相关者创造价值并取得经营成果和实现组织增值的主要过程。传媒要确定新闻产品的价值创造，就要在实现增值的过程中考虑其利益相关者。利益相关者是指与企业有一定利益关系的个人或企业群体，可能是企业内部的（如雇员），也可能是企业外部的（如供应商或压力群体）。根据罗伯特·皮卡特的观点，传媒的利益相关者包括传媒拥有者、受众、广告商、传媒工作人员、社会五个方面①，不同的利益相关者需要不同的价值创造，其具体表现如下：①传媒所有者，其目标为组织资产的保存、高投资回报率、资产的增值。②受众，其目标是以较低的价格获得较高质量的传媒产品和服务。③广告商，其目标是以较低的价格最大限度地接近目标受众。④传媒工作人员，其目标是职业地位和合理报酬。⑤社会，其目标是提供一个思考和问题讨论的平台，以便其能够维持社会秩序和推动社会发展。

传媒的发展历史显示了不同的历史时期所服务的利益相关者的次序是不同的。

1. 政党传媒阶段

所谓政党传媒，指的是从属于政党集团、政治性明显且主要是宣传政党的方针政策和相关活动的传媒。如清末时维新派为了宣传自己的主张，办起的《中外纪闻》、《强学报》等，这些报纸具有浓厚的政治色彩和政论性。政党传媒时期，重要的是宣传传媒工作者的政治主张，并参与社会政治生活，而受众仅为宣传对象，新闻工作为的是说服受众接受传媒的主张，传媒所有者不会或很少考虑

① Robert G Picard. Media Economics: Concepts and Issues, Thousand Oaks, Calif, Sage Publications, 1989, p. 7.

资产的增值，基本没有广告。因此，政党传媒为传媒工作者创造最高的价值，而为社会和受众创造较高的价值，为广告商和传媒所有者创造一般的价值。

2. 大众化传媒阶段

大众化传媒，发源于工业革命后各国先后出现的面向社会中下层发行的廉价报纸。其后随着广播、电视的发展，成为了一种面向大部分普通老百姓的传媒。大众化传媒阶段主要采取在内容产品市场和广告市场进行双重出售的赢利模式，而且随着传媒的发展，其越来越依赖广告收入。例如，1956 年美国报纸的广告收入仅占总收入的71%，到了20世纪末，则占到82%[①]，广告收入的迅猛发展成为传媒所有者收益的重要保障。这一阶段，受众虽然为传媒所关注，但其目的是要在受众方面创造发行量或收视（听）率，其考虑的是大多数受众的一般需要，而不是不同受众之间的个性化需求。为此，大众化传媒为广告商和传媒所有者创造出最高的价值，为受众、社会和传媒工作者创造一般的价值。

3. 公营传媒阶段

公营传媒指以服务社会为宗旨的传媒，如英国广播公司就是一家由政府资助但独立运作的公营传媒。公营传媒的经费来源于受众的直接供给，不依赖广告；其节目独立于任何利益集团包括政府；节目考虑少数受众特别是社会难以顾及的特殊受众的需求；节目内容不追求视听率而是追求节目质量，然而，这一阶段的节目也仅考虑社会公众的整体利益，并不考虑不同受众的个性化需求。可见，公营传媒为社会创造出最高的价值，为受众、传媒工作者创造较高的价值，为广告商和传媒所有者创造一般的价值。

从上面传媒发展历史的三个主要阶段来看，传媒都没有把受众的个性化需求摆在最重要之处，因此难以真正为受众所看重，要改变这种状况，就要创造一种个人化的传媒阶段，作为未来的发展方向。

4. 未来的传媒——个人化的传媒阶段

个人化的传媒阶段，指的是以服务受众的个性化需求为核心的传媒，不过这样一种受众，并不是过去所认为的被动的、大规模的甚至是乌合之众，而是在不同的人群中变动的、由具有不同需求的人组成。传媒提供的产品嵌入到受众的生活中去，并保持与受众的联系，为受众创造真正的价值。个人化的传媒阶段建立在民主参与理论上，其主要观点有：①任何民众个人和社会群体都拥有知晓权、传播权、对媒介的接近和使用权、接受媒介服务权；②媒介应主要为受众而非媒介组织、广告商、宣传家存在；③社会各界都应有自己的媒介；④小规模的、双

---

① Robert G. Picard. Newspaper Ad Revenue Shows Consistent Growth, Newspaper Research Journal, 2002, Vol. 23, pp. 21 – 33.

向互动性的、参与性的媒介更合乎社会理想。由于考虑到受众的个人利益，受众对传媒的购买意愿提高了，也会带动广告的到达质量，并增加广告商和传媒所有者的利益。① 可见，个人化的传媒为受众创造最高的价值，同时也为受众、广告商和传媒工作者、传媒所有者创造较高的价值。

二、价值创造赢利模式的内涵

那么，与个人化的传媒阶段相对应的是一种什么样的赢利模式呢？目前，大部分传媒是建立在内容产品市场与广告市场这一二元产品市场的传媒赢利模式上(见图10－1)。在内容产品市场里，传媒作为销售方提供信息给受众，受众则提供金钱和（或）时间给传媒，当然，并不是所有传媒产品都需要受众用金钱交换，但是所有媒介产品都需要消费者用时间这一稀缺资源来交换。在广告市场里，表面上是传媒出售其空间或者时间给广告主，实际上却是媒介出售观众的接近权给广告主，广告主以金钱与传媒进行交换。而受众接近权的衡量依据为第一市场的衡量指标，实质是受众的数量与质量，其又常以受众接触传媒的时间作为衡量指标。随着传媒的发展，过度依赖广告市场获取广告收入已成为大部分传媒的运作方式，也构成了这种二元产品市场赢利模式的核心。然而，过度依赖广告市场导致传媒偏重关注于受众的数量以及受众对传媒产品的支付时间，而缺乏对受众个性化需求的重视，缺乏受众对传媒产品支付金钱的重视，最终导致传媒产品的庸俗化及受众对其产品支付金钱的缺乏。

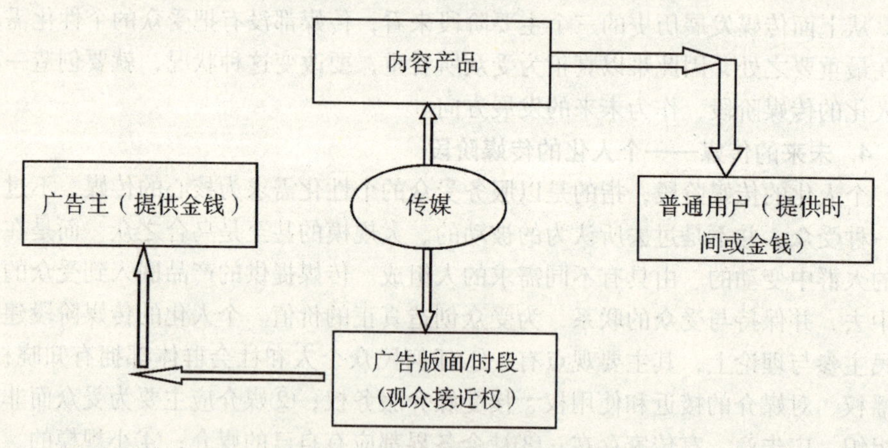

图10－1 二元产品市场赢利模式

① 参见郭庆光《传播学教程》，中国人民大学出版社1999年版。

对于一般消费品来说，企业关心的是消费者对该商品支付金钱的意愿，这一心理在微观经济学上被称为购买意愿。受众的购买意愿是指为该产品愿意支付的最高价格，如果其购买意愿高于实际价格，那么受众就愿意购买这一消费品；如果其购买意愿低于实际价格，则受众会放弃购买这一消费品。在二元产品市场赢利模式下，由于有广告市场的收入补偿，传媒常以低价甚至免费的传媒产品来吸引受众，这样，即使受众的购买意愿不高，但只要其大于实际价格，受众就会购买该传媒产品。传媒也通过此策略扩大了受众面，获取更多的受众时间，最终在广告市场上获利。然而，这种策略往往使得传媒忽视受众对传媒产品的购买意愿，使得其难以提供真正高质量的满足不同受众心理需求的产品，为此，要改革传统二元产品市场赢利模式，创新价值创造的赢利模式。所谓价值创造的赢利模式，指的是传媒提供服务受众的个性化需求的产品，该种传媒产品能够促使受众购买意愿提高，增加传媒在内容产品市场上的收入，最终摆脱目前传媒过度依赖广告收入这一种赢利模式。

这种新的价值创造赢利模式以满足受众的个性化需求为核心，以提高受众的购买意愿为突破点，不仅能给受众创造价值，还能给传媒的其他利益相关者如传媒所有者、广告商、传媒工作人员、社会创造价值。其原理如下：传媒工作人员通过生产服务受众的个性化需求的产品，从而得到受众的认可，进而提高受众的购买意愿和增加接触传媒的时间，受众的购买意愿增加了传媒的内容产品收入，满足传媒所有者的经济需求；满足受众的个性化需求的传媒产品的增加促使了受众效用的增加，每个受众的效用增加实际是社会效用的增加，而受众接触传媒的时间增加也促使广告主的广告效果的增加。价值创造的赢利模式可以见图 10－2 所示。

三、价值创造赢利模式的策略选择

如何创造价值，传媒可以选择五种策略，不过，这些策略并不是为所有的利益相关者都创造相同大小的价值，不同的策略其具体表现不同，我们下面将逐一进行分析。

1. 增加新闻产品的数量

对于受众来说，由于不同受众有不同特点，随着新闻产品数量的增加，在受众的边际效用递减规律支配之下，受众的总效用的增加是先增后减，其转折点即为边际效用为零处，也就是总效用最大处。因此，受众从新闻数量增加获得的总效用增加的速度跟不上新闻产品数量增加的速度，并最终由于新闻产品增加过量而导致受众所获得的整体效用减少。此外，虽然新闻产品的过量增加可能会给某

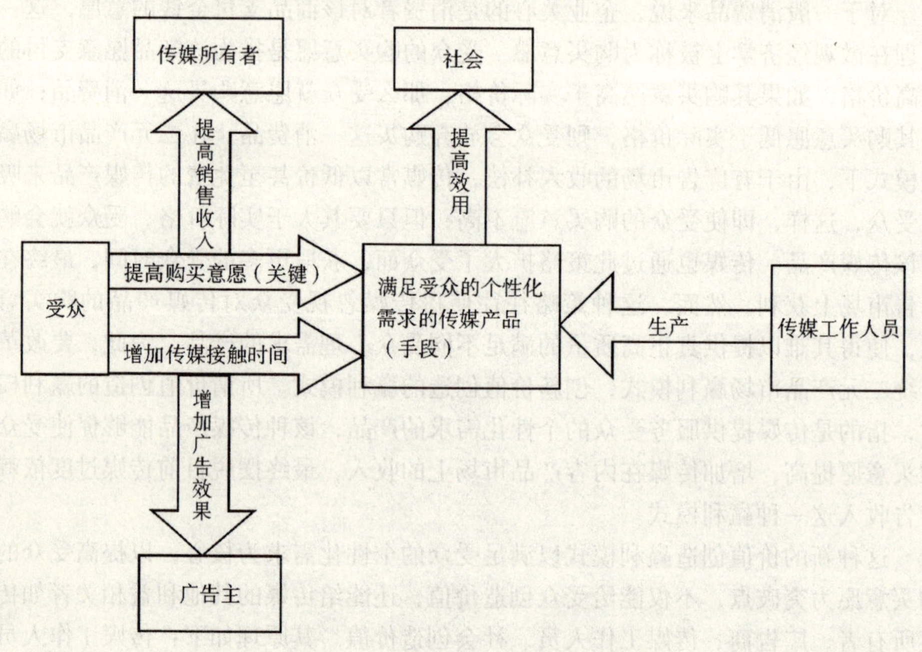

图10－2　价值创造的赢利模式

一小部分受众带来某些效用，但是却给大部分受众带来了难以处置海量信息的负面效用。正如亚伯拉罕·马斯洛指出，“我们可以寻求知识，以减少焦虑，而我们也可避免知识，以减少焦虑”①。而且如果新闻产品的数量太多了，就难免良莠并存，有些新闻产品并不是人们所需要的信息，有些甚至是不准确的信息、不良信息、虚假信息，因而更会导致受众对其价值评估的下降。对于广告商来说，增加新闻产品的数量并不增加价值，而是降低价值，这是因为受众为了避免接触过量的信息，不愿意为更多的新闻产品付出时间或金钱，结果使得广告难以接近目标受众，达成广告的说服目的。对于传媒所有者来说，广告商价值的下降导致其出现边际投资收益的下降，故其价值也在下降。对于传媒工作者来说，增加新闻产品的数量并不能提高新闻的品质，反而增加传媒工作者时间和精力的投入，过多的无谓消耗使其难以创造性地生产新闻精品，因而也就降低了传媒工作人员的价值。当然，在信息社会里，增加新闻产品的数量通常被认为是一种增加信息

① Abraham H. Maslow., The Need to Know and the Fear of Knowing, The Journal of General Psychology, 1963, Vol. 68, p. 122.

的方法，因此，对于社会来说，增加新闻产品的数量能给其带来较高价值。

2. 提高新闻产品生产和传播的速度

对于受众来说，提高新闻产品生产和传播的速度无疑是增加其价值，使受众能了解周围世界的变化，但是新闻产品生产和传播速度的提高却可能会损害新闻产品的准确性和可靠性，因而提高新闻产品生产和传播的速度不一定必然给受众带来更高的价值。此外，新闻产品生产和传播的速度对不同受众的价值是不同的，与新闻产品相关的受众对其速度要求很高，但是其他受众却不一定。比如，伊拉克自杀性爆炸袭击的新闻报道的速度对于在伊拉克生活的人以及与其紧密相关的人有着重要价值，但是对于其他人来说却不一定。对于整体受众来说，在保证准确性的前提下，新闻产品生产和传播速度的提高对其价值是先增后减，所以说提高新闻产品生产和传播的速度只能给受众带来部分价值的增加。对于广告商来说，新闻产品生产和传播速度的提高，并不能影响其接近受众的数量与质量，因此对其价值无影响。而对于传媒所有者来说，新闻产品生产和传播速度的提高已成为一种普遍现象，其不能以直接的方式明显提高传媒的收入，所以可认为是对价值无影响。对于传媒工作者来说，提高新闻产品生产和传播的速度有利于其获得最先传播新闻的荣誉和利益，然而，过于追求速度，很有可能导致传媒工作者把精力放在刊发短新闻或者不完整的新闻上，这就降低了传媒工作者的职业水准，最终使其失去相关的专业奖励，因而其价值属于部分下降。当然，对于社会来说，提高新闻产品生产和传播的速度可以使信息社会的运作速度加快，但过快的信息导致准确性的下降也使其价值增加打折扣，因此也只能带来部分价值的增加。

3. 利用跨媒介重复使用新闻产品

近年来，新闻机构十分重视利用跨媒介重复使用新闻产品，希望以此能产生范围经济。该策略是建立在利用媒介融合的技术上，如报纸出版商致力提供通过各种媒体（包括网络、手机等）提供新闻和信息，因为“精明的出版商知道，他们的生存依赖于其能否在任何时间，任何地点接触到受众①”。对受众来说，利用跨媒介重复使用新闻产品并不能增加其价值，因为跨媒介重复使用新闻产品的泛滥，使得观众在不同媒介里看到同样的新闻产品，结果导致其价值下降。对广告商来说，利用跨媒介重复使用新闻产品，广告一般也就附着其中予以投放，因而有助于增加对目标受众的访问数量和次数，对广告说服的效果来说是有利的。因为重复能够增加说服的效果，但是过多的重复则会产生反效果，因此只能

---

① Martha L. Stone. A Guide to Practical Convergence：What Every Media Company Must Know About Their Future，Dallas：International Newspaper Marketing Association，2006.

是促进其部分价值的增加。对传媒所有者来说，跨媒介重复使用新闻产品可以增加收入、分摊成本，并且随着新闻产品重复使用程度的增加而其价值在不断增加。对传媒工作者来说，利用跨媒介重复使用新闻产品有一定的好处，因为这样可以扩散他们的报道，提高他们的知名度，但是不断的重复也会使其利益到达一个限度。对社会来说，利用跨媒介重复使用新闻产品也有一些好处，因为其能更广泛地传播信息，但不断重复的使用最终使得上升的价值到一定程度就停止了，因此，利用跨媒介重复使用新闻产品对传媒工作者和社会来说都是部分价值增加。

4. 提供独家新闻产品

独家新闻，就是“人无我有”的新闻，或者说是具有独一无二的内容的新闻。对于受众来说，传媒提供独家新闻产品，可帮受众在生活中获得优势，或取得经济收益，从而增加其价值。对于广告商来说，传媒提供独家新闻产品可以增加对受众的接近，增加其一定的价值，但由于独家新闻产品的数量毕竟比较少，其对广告商的增加价值是微不足道的，因而其价值不受影响。对于传媒所有者来说，提供独家新闻产品，由于其稀缺性，导致较高的经济价值，从而增加收入，进而有利于传媒所有者，但是在实际中，这样的好处是有限的，因为独家新闻产品提供的收入往往是有限的，因而属于部分价值增加。对于传媒工作人员来说，提供独家新闻产品可增加其价值，因为其能产生内在和专业的奖励，如获得新闻奖等。对于社会，从短期来说，独家新闻可以与其他不同的传媒新闻营运区别开来，使具有独家新闻的传媒得到可持续发展；但是，从长期来说，由于其排他性，削弱了其为社会广泛提供信息的社会效益，从而减少整个社会的价值，所以独家新闻产品对社会来说，是属于部分价值增加。

5. 提供专业的新闻产品

专业的新闻产品是针对具体行业、专门领域的特殊情况、特殊现象和特殊要求，进行专业化的采访报道的新闻。由于具有很高的使用价值，专业新闻比一般新闻能产生更多的交换价值。对于受众来说，专业新闻尤其是个性化的专业新闻，对受众的工作和生活都很有帮助，因此可增加其价值。对于广告商来说，专业新闻提供清晰的受众人口的统计数据，尽管单一专业新闻的受众人数并不是很多，但是其有利于商业广告精准到达目标受众，从而增加其价值。对传媒所有者来说，专业新闻可以为受众提供高附加值的新闻，从而使受众增加购买意愿，进而增加传媒的收入，因而专业新闻有利于增加其价值。对于传媒工作者来说，专业新闻也增加了自身价值，因为专业新闻利用专家知识来进行生产，并且为感兴趣的观众产生出专业的内容，从而获得强大的专业奖励，进而增加其价值。对于社会来说，专业新闻的增加可使信息社会的质量提高，但如果每个个体所选择的专业新闻太过分散，就会减少社会所应共享的文化价值观和知识，也会导致其对社会的价值的下降，因此仅能称为价值部分增加。

这五种策略为各利益相关者提供了不同的结果，可以以下表 10－1 来反映。

表 10－1 五种策略策划对各利益相关者产生的结果

五种利益相关者策略	受众	广告商	传媒所有者	传媒工作者	社会
增加新闻产品的数量	↓	↓	↓	↓	↑
提高新闻产品生产和传播的速度	↗	—	—	↘	↗
利用跨媒介重复使用新闻产品	↓	↗	↑	↗	↗
提供独家的新闻产品	↑	—	↗	↑	↗
提供专门的新闻产品	↑	↑	↑	↑	↗

注：“↑”代表价值增加；“↓”代表价值降低；“↗”代表部分价值增加；“↘”代表部分价值降低；“—”代表价值不受影响。

从表 10－1 可看出，增加新闻产品的数量及提高新闻产品生产和传播的速度并不能增加各利益相关者的整体价值，而利用跨媒介重复使用新闻产品对部分利益相关者的价值有所增加，提供独家的新闻产品及专门的新闻产品能极大提高利益相关者的价值。如果将这五种策略进行排序的话，其优先次序如下：提供专门的新闻产品 > 提供独家的新闻产品 > 利用跨媒介重复使用新闻产品 > 提高新闻产品生产和传播的速度 > 增加新闻产品的数量。

为此，传媒选择价值创造赢利模式的策略时，应该首先选取优先次序在前的策略，再逐一进行选择。

四、价值创造赢利模式的应用

价值创造的赢利模式在传媒实践中应用需要注意以下问题：首先，价值创造的赢利模式是以通过生产满足受众的个性化需求的传媒产品为手段，以提高受众的购买意愿为关键，而不是传媒单方面采取收费形式就可以实现的。此外，对传媒产品的收费将以丧失其他不愿付费的受众的接触为代价，进而对广告收入造成影响。例如，《纽约时报》网络版从 2005 年 5 月开始对《时报精选》（*Time Select*）栏目收费，该栏目主要是专栏作家和评论部的文章，2007 年第二季度，网络版《时报精选》的订阅者平均每月达 22 万人之多，但 2007 年 8 月 8 日时报公司宣布取消这项收费制度，这里的原因表面上是在线读者的数量还未超越其商业预期，广告量也没有由此跟进，但实际上却是因为《时报精选》并没有真正提供满足受众个性化需求的传媒产品。对于付费电视来说，要促进其购买意愿，就必须要生产满足受众个性化需求的内容产品。

其次，在传统的媒介环境下，满足受众个性化需求的传媒产品主要依赖市场细分，然而，由于规模经济的制约，这样一种产品生产难以实现。在媒介融合的环境下，借助于互联网和数字化，满足受众个性化需求的传媒产品的生产成为可能与现实。例如，2009 年 12 月 8 日美联社发布消息，《纽约时报》、《华盛顿邮报》与谷歌公司携手推出新产品：*Living Stories*（《鲜活故事》）。具体方式是由谷歌提供技术平台，将《纽约时报》和《华盛顿邮报》的新闻进行整合，并根据新闻事件划分成不同的专题，这样在每一个新闻专题中，网民可以看到不断更新的新闻。《鲜活故事》变革了新闻报道的呈现方式，它将所有内容都聚合到一个动态网页中，根据不同的新闻来组织信息（如同一个由《纽约时报》和《华盛顿邮报》的新闻自动生成的专题页面）。该系统还会根据受众上次关注的内容带给他所关注新闻的最新消息。《鲜活故事》提供了一种与新闻互动的新形式，将高质量的报道和受众希望看到的新闻自动呈现出来。① 技术的发展使得满足受众个性化需求的传媒产品的生产变得更加容易。对于付费电视来说，借助三网融合的技术，推出互动付费电视以及 3D 电视，就能使得满足受众个性化需求的传媒产品的生产变得更为容易。

最后，目前传媒生产满足受众个性化需求的传媒产品难以一下实现，加大提供专门的新闻产品及独家新闻产品的供给将增加受众的购买意愿。例如，2007 年，《华尔街日报》网站就已经成为世界上最大的付费订阅新闻网站，拥有 98 万在线付费用户。这主要得益于《华尔街日报》网站的财经新闻更容易为读者创造“价值”，服务于他们的理财参考、投资决策，而这又是别的传媒不能提供的专业新闻产品。总之，价值创造赢利模式的现实应用在于以受众的价值增值为目的，从而带动其他利益相关者的价值增值。而对于付费电视来说，目前提供更多的专业化细分内容是促进其购买意愿提高的首要之举。

---

① 参见高金萍《“百年老报”的网络运营策略分析》，载《中国记者》2010 年 2 期。

第十一章　三网融合与互动数字付费电视

三网融合指电信网、计算机网和有线电视网三大网络通过技术改造，能够提供包括语音、数据、图像等综合多媒体的通信业务，中国内地常称作“三网融合”，台湾常称作“数位汇流”。[①] 三网融合应用广泛，遍及智能交通、环境保护、政府工作、公共安全、平安家居等多个领域。以后的手机可以看电视、上网，电视可以打电话、上网，电脑也可以打电话、看电视，三者之间相互交叉，形成你中有我、我中有你的格局。这种网络、通信、广电技术的融合，将各种媒介聚集到一个平台上，打破了以形态为边界的媒介区分。三网融合打破了此前广电在内容输送、电信在宽带运营领域各自的垄断，明确了互相进入的准则——在符合条件的情况下，广电企业可经营增值电信业务，而国有电信企业在有关部门的监管下，可从事除时政类节目之外的广播电视节目生产制作、互联网视听节目信号传输提供转播时政类新闻视听节目服务、IPTV 传输服务和手机电视分发服务。现阶段，三网融合并不意味着电信网、计算机网和有线电视网三大网络的物理合一，而主要是指高层业务应用的融合。

中国易修网的网络维修人员介绍，为了应对三网融合竞争，抢占业务发展制高点，打造核心竞争力，广电拟投资 23.2 亿元全面推广高清互动项目。广电网络维修人员表示，项目采取“公司补贴配置高清互动机顶盒、整体推广普及、全业务营销”的模式进行高清互动推广，通过向项目实施区域内用户配置高清互动机顶盒，同时推广数字电视、互动电视、个人宽带和付费节目等业务；用 3 年时间实现区域内共计 180 万户数字电视用户高清互动功能，其中 2011 年 10 万户，2012 年 80 万户，2013 年 90 万户。[②] 那么，三网融合又是如何同互动数字电视结合的，其又是如何促进付费频道的发展的呢？本章将作出分析。

---

① 参见《总理政府报告中的名词解释》，人民网，2010 年 7 月 13 日；《社论——莫让数位汇流再度落空》，载《工商时报》2010 年 7 月 13 日。

② 参见《抢占三网融合制高点　广电网络 23 亿拓展高清互动》，载《上海证券报》2011 年 8 月 23 日。

一、国外三网融合的发展概况

1. 美国的三网融合

1970—1990 年间，为保护新生的有线电视业，避免处于垄断地位的电信公司采用不公平竞争手段排挤有线电视公司，联邦电信委员会禁止电信公司混业经营有线电视业务。20 世纪 90 年代初，联邦电信委员会认为，有线电视业经过整合后已发生很大变化，应允许电信公司进入视频节目服务市场，以促进视频节目多样化，因而建议国会废除混业经营的禁令。不过，这一建议未被国会接受。自 1992 年年底开始，美国多家电信公司相继以联邦电信委员会政策侵犯言论自由为由向联邦法院提起诉讼，并最终胜诉。这些诉讼最终导致《1996 年电信法》出台。《1996 年电信法》规定，有线电视运营商及其附属机构从事电信服务，不必申请获取特许权；特许权管理机构不得禁止或限制有线电视运营商及其附属机构提供电信服务，也不得对其服务施加任何条件；电信企业可以通过无线通信方式、有线电视系统以及开放的视频系统提供广播电视服务。这一法律彻底打破了美国信息产业混业经营的限制，增强了基础电信领域内的竞争，允许长话、市话、广播、有线电视、影视服务等业务互相渗透，也允许各类电信运营者互相参股，创造自由竞争的法律环境。由此，整个电信市场获得了前所未有的竞争性准入许可。通过电缆和光纤传输信号的有线电视公司借助其设备优势，纷纷进入电话和网络市场；电话公司则通过设施升级和兼并等方式开始拓展网络和电视服务。原先分属不同领域的企业所提供的服务差异越来越小，“语音 + 视频 + 数据”一体化的模式日趋普遍，并正朝着“语音 + 视频 + 数据 + 无线”的方向发展。

美国三网融合发展经历了四个阶段：保护广电企业、互不准入、通过诉讼获得进入权、正式相互开放。后期直接竞争愈发激烈。

2. 英国的三网融合

2003 年英国推出了新的《电信法》，成立了新的融合规制机构 Ofcom，这个独立统一的规制部门整合了原来的 5 家监管机构（电信监管局 OFTEL、独立电视委员会 ITC、广播标准委员会、无线监管局和无线通信局），根据横向功能划分为内容标准、法律事务、外务和管理、战略市场发展、频谱政策、竞争市场和运营办公室 7 个分部。Ofcom 的五大主要目标是：支持和保护全英国的消费者，确保市民的利益，促进竞争和创新，维护和巩固英国的通信基础设施，在实现价值最大化的同时简化和减少管制。英国把广播电视和电信网络都视为统一的电子通信网络，没有广电和电信分块管理的痕迹，这样大大减少了规制机构之间的协商成本，提高了工作效率，尤其是加快解决了有关融合方面的政策性问题，彻底打破了信息领域中的各种壁垒，推动了英国信息领域技术和业务的进一步发展。英国 Ofcom 对普通家庭使用的通信服务进行了分析对比，同样标准的服务，家庭承担的费用，英国比意大利低 4%、比法国低 17%、比德国低 22%，比西班牙低 46%，但这种竞争似乎对新技术的拓展应用有一定的影响。[①]

1992 年英国颁布《有线广播法案》，允许有线电视公司兼营电话业务，继而又决定逐步取消电信运营商经营广播电视业务的限制，先允许他们为尚未接入有线电视的家庭用户提供上网服务。2003 年英国的《通信法》规定，对于经营电信业务实行一般授权制，不需要许可证，而经营广播电视业务需要许可证，对于融合性业务形态，广电企业和电信企业都可以经营。和美国一样，英国对在互联网上传输的内容和广播电视节目内容实行不同程度的监管，对于互联网上传输的内容监管比较宽松，运营商可以为消费者提供分级过滤软件，禁止利用互联网为未成年人提供不良的节目内容；而对于广播电视内容监管比较严格，因为涉及公民表达权、知情权维护，具有公共服务性质，应该实行严格的规制，要在最大限度确保其表达自由的时候，调整表达自由和公共利益的关系。

英国三网融合发展经历了互不准入、不对称进入、对称进入三阶段。它的业务发展模式包括：电信、广电合作模式；电信和广电各自经营融合业务；内容与通道不固定捆绑。

3. 日本的三网融合

随着三网融合的深入，互联网络和通信网络的分立已经不再必要，日本正在着手开发下一代网络——NGN。NGN 所要实现的目标简单说来，就是消除这些网络的界限，整体更新为以互联网技术为基础的网络，实现各种服务的融合。NGN 博采现有的电信、广电网络和互联网之长，它既具备传统电话网的可靠性和稳定性，又像 IP 网络一样具有弹性大、经济划算的优点，而且比现在的互联网通信速度更快、通信品质更高、安全性更强。三网融合还推动用户终端的融合。日本日益流行的信息家电就是传统家电和信息通信技术的结合。

三网融合在日本面临的难题是有关法律的重整。富士通综合研究所执行顾问在接受记者电子邮件采访时说，日本的通信产业和广电产业分属独立的法律体系，因此，以日本广播协会为代表的广电产业和通信产业迄今一直是“划界而治”，各自独立发展的。两个产业各有各的固有既得权益，在价值观和文化方面也存在差异。所以，当要推动通信和广电融合时，势必要涉及如何调整两者间上述种种的课题。另外，近年来出现的新服务超出了现行《广播法》和通信领域

---

① 参见王如《英国 Ofcom 监管铁腕与开放并举》，载《通信世界周刊》2009 第 13 期。

相关法律调整的范畴。日本国际通信经济研究所高级研究员裘春晖介绍，日本总务省计划2010年向国会例会提交《信息通信法》的草案。这部法律将统一与通信和广电相关的《电波法》、《广播法》、《电气通信事业法》等9部现行法律，旨在打破条块分割，以创造一个通信、广电相关企业都能自由参与竞争的环境。

日本总务省早在2004年就提出国家信息化战略“U-Japan”计划，推进有线网络、无线网络、数字化广播系统和传输网络的建设和融合，建设一个无所不在的网络，在“U-Japan”计划中，固定与移动、技术与服务、信息产业与整个社会生产之间紧密联系且相互支撑，从而实现信息制造业、信息服务业、数字内容产业的高度重合。

日本的统一融合（三网融合）规制部门是总务省，根据职能，总务省分管信息通信的部门包括信息与通信政策局、综合通信基础局以及邮政业务政策计划局。信息与通信政策局的主要职能是制定广播和通信发展的政策，管理有线电视和广播业务；综合通信基础局的主要职能是负责广播通信设施和业务的管理，处理与电信、无线电相关的管理事务。

二、我国三网融合的发展历程

三网融合可以最早追溯到20世纪90年代。1994年，当时的电子部联合铁道部、电力部以及广电部成立了中国联通，被赋予打破“老中国电信”垄断地位的重任，但主要还是经营寻呼业务。1998年3月，邮电部和电子工业部完成合并，信息产业部正式成立；同时，广电部改为目前的广电总局。在《印发国家广播电影电视总局职能配置内设机构和人员编制规定的通知》（国办发〔1998〕92号）中有这样一段并未执行的文字：“将原广播电影电视部的广播电视传送网（包括无线和有线电视网）的统筹规划与行业管理、组织制定广播电视传送网络的技术体制与标准的职能，交给信息产业部。”1998年3月，以原体改委体改所副所长、时任粤海企业集团经济顾问王小强博士为首的“经济文化研究中心电信产业课题组”，提出《中国电讯产业的发展战略》研究报告，随后展开了“三网合一”还是“三网融合”的大辩论。当时，广电部门正在启动有线电视省级、国家级干线网建设。可见，三网融合很早就受到管理层的重视。

然而，由于考虑到意识形态的安全问题，三网融合叫停。1999年9月17日，国办发〔1999〕82号文件出台，“电信部门不得从事广电业务，广电部门不得从事通信业务，双方必须坚决贯彻执行”。文件还指出，“广播电视及其传输网络，已成为国家信息化的重要组成部分”。

当然，技术的发展是难以抵挡的。2001年3月15日通过的“十五”计划纲要，第一次明确提出“三网融合”：“促进电信、电视、互联网三网融合。”2005年国家“十一五”规划就指出：要加强宽带通信网、数字电视网和下一代互联网等信息基础建设，推进三网融合。2006年3月14日通过的“十一五”规划纲要，再度提出“三网融合”：积极推进“三网融合”，建设和完善宽带通信网，加快发展宽带用户接入网，稳步推进新一代移动通信网络建设；建设集有线、地面、卫星传输于一体的数字电视网络，构建下一代互联网，加快商业化应用，制定和完善网络标准，促进互联互通和资源共享。

2008年1月1日，国务院办公厅转发发展改革委、科技部、财政部、信息产业部、税务总局、广电总局六部委《关于鼓励数字电视产业发展若干政策的通知》（国办发〔2008〕1号），提出“以有线电视数字化为切入点，加快推广和普及数字电视广播，加强宽带通信网、数字电视网和下一代互联网等信息基础设施建设，推进“三网融合”，形成较为完整的数字电视产业链，实现数字电视技术研发、产品制造、传输与接入、用户服务相关产业协调发展”。2008年5月23日，运营商重组方案正式公布。中国联通的CDMA网与GSM网被拆分，前者并入中国电信，组建为新电信，后者吸纳中国网通成立新联通，铁通则并入中国移动成为其全资子公司，中国卫通的基础电信业务将并入中国电信。2008年12月4日，科技部和广电总局共同签署了《国家高性能宽带信息网暨中国下一代广播电视网自主创新合作协议书》，提出用10年左右时间建成中国下一代广播电视网（NGB），使之成为以三网融合为基本特征、满足现代数字媒体和信息服务等产业发展需求的新一代国家信息基础设施。

2009年1月，中国移动、中国电信、中国联通分别获得TD－SCDMA、CDMA2000和WCDMA的3张3G牌照，三家新运营商进入电信全业务竞争时代。2009年5月19日，国务院批转发展改革委《关于2009年深化经济体制改革工作意见》的通知（国发〔2009〕26号），文件指出，“落实国家相关规定，实现广电和电信企业的双向进入，推动‘三网融合’取得实质性进展（工业和信息化部、广电总局、发展改革委、财政部负责）”。2009年7月29日，广电总局发出《关于加快广播电视有线网络发展的若干意见》的通知，该通知指出，“加快广播电视有线网络发展，对推动我国广播影视改革和发展、推进三网融合、促进国家信息化建设，具有十分重要的意义”。

2010年1月13日，国务院常务会议明确决定加快电信网、广播电视网与互联网的三网融合，并明确了三网融合时间表。2010年3月12日，工业和信息化部部长李毅中接受了新华社记者的独家专访，透露三网融合试点方案预计5月出台，6月启动，其核心就是要在双向进入上找到切入点：广电行业可以进入规定的一些电信行业的业务，国有电信企业根据规定可以进入一些广播影视的业务。

同年4月初，工信部联合广电总局就给国务院三网融合领导小组递交了一份《三网融合试点工作方案（第一稿）》，但是这份草案没有得到认可，被迅速打回重新制定方案，要求5月初再次拿出试点方案。

2010年6月底，三网融合12个试点城市名单和试点方案正式公布，三网融合终于进入实质性推进阶段。在总体方案历经15稿修改和两年多的博弈，试点方案再经5稿修改和谈判几乎破裂的危险后，2010年7月1日，三网融合的12个试点城市名单终于在国家意志的强势干预下正式出台。2011年12月30日，国务院办公厅公布三网融合第二阶段试点城市。

不过，目前我国三网融合还存在着一些问题，首先是广电与电信之间的利益矛盾。三网融合发展之初，电信运营商比广电运营商积极，因为他们觉得在宽带大规模入户的情况下，必须为用户提供更多有价值的内容及服务。而在试点城市推出后，电信运营商普遍感觉政策似乎向广电部门倾斜的较多一些，电信部门对节目内容归广电管理没有异议，但是对用户计费管理由集成播控平台控制感到不满，因而对此就有意见。

广电对三网融合的兴趣在于互联网接入业务。虽然政策允许广电开展互联网业务，但是限定了只能通过有线电视网络接入，还没向广电开放互联网国际出入口。因此，广电要开展互联网业务，无法绕过电信运营商。这样，广电和电信之间的利益之争就影响了三网融合进程。

另外，全国有线电视公司迟迟不能成立。由于理顺各地有线公司、国家投资、民营资本之间的各种关系需要一定的时间，因此组建国家有线网络公司需要一个较漫长的过程。而在全国性有线网络公司组建之前，区域性的广电公司很难与全国性的电信运营商竞争。此时的广电网络基本上还处于四级办的分散状态。总之，不同利益群体的权衡与博弈是三网融合的关键因素。

三网融合能促进文化产业和信息产业共同发展，引入竞争，并拉动文化消费和经济增长。三网融合在给广电和电信提供很多融合机会的同时，也会令其带来以下业务的发展：

1. 广电内容+电信固网：IPTV

广电是视频的主管部门，拥有视频集成牌照；电信网络均为双向网，且拥有客户基础和客服优势，在当前电信运营商还没有拿到视频集成牌照的情况下，广电内容播出牌照方和电信运营商可以合作开展IPTV 业务。

2. 广电无线广播+电信移动通信：CMMB手机电视及其他无线多媒体

广播传输不存在带宽限制，但不能互动点播；电信移动通信传播受到带宽限制，但适合双向互动节目；而且，电信运营商有无线接入能力，无线提供多媒体资源接入。

3. 广电固网＋电信互联网出口带宽：有线宽带

有线网络双向化后，具备开展宽带业务的基础，但手中缺乏国际出口带宽；电信重组后，不同运营商的固网资源分布不同，但均拥有国际出口带宽。因此，在有线还没有拿到出口带宽资格的时候，有线和电信运营商可以合作开展有线宽带业务。

4. 广电内容＋互联网渠道：互联网视频

目前，广电内容的传输渠道主要是有线网络/地面/卫星等，且以有线电视为主；随着互联网普及率的提高，中国网民人数快速增长，广电内容资源可以利用互联网渠道开展互联网视频业务。

5. 广电有线渠道＋互联网内容：有线互联网

随着有线网络双向化改造的完成，有线网络可以开展互动业务，加上庞大的家庭用户，海量的互联网内容可以进入到有线网络，实现有线网络和互联网内容提供商的合作。①

以下主要谈一下三网融合对我国互动数字电视发展的影响，以及如何促进付费电视的购买可能。

三、三网融合下的我国互动数字电视

2010 年三网融合政策的出台是互动媒体产业的一个里程碑，其标志着围绕广播电视的互动媒体产业步入快速发展期。互动数字电视也称为互动电视，或交互数字电视，是集双向广电网多媒体等多种技术于一体，以电视机和高清交互式机顶盒为终端，向用户提供包括高清频道收看、高清视频点播、在线游戏、电视支付、远程教育等多种视频和应用服务。互动数字电视是广电有线网络运营商目前发展的主要服务。

1. 互动数字电视的概念及功能

互动数字电视是一种建立在数字电视播放平台，具备观众和播放平台双向交流功能的新型电视传输方式。这种传输方式允许使用者通过手中的遥控器与电视的机顶盒，以遥控器选择播放系统发送的频道来选择电视节目；或者以电话和有线网络作为资讯的回路，向播放平台传送个人意愿，此方式也可以达到选择节目频道的目的；也可以透过电话、短信的方式将观众的诉求传送到节目的播放平台。透过上述方式，观众可以得到自己所希望的资讯甚至以个人意愿来影响或改变正在播出的节目内容。

---

① 参见李达《数字电视行业分析报告》，见 http://www.jic.cn/news/research/637.html。

互动数字电视最早在欧洲推广。例如，早在1999年，BSkyB公司便利用互联网与数字技术的互动功能，率先推出互动体育频道。在观看比赛时，观众可以通过电视机机顶盒和手中的遥控器自由选择观看角度或“方式”，如重放、特写或慢镜头，随时查阅各队伍的信息及赛事花絮，甚至还可以选择偏袒特定队伍的主播等。该公司推出互动体育频道后，观众数曾以每日1万户的惊人速度增长。现在，其互动频道已涵盖购物、电子节目单、与商家联机的互动电视广告等。BBC在2001年的温布尔顿网球赛中，首次使用互动服务，同时提供5个赛场供用户选择，包括导航页面和比分。

互动数字电视有以下三大功能：①电视回看。互动家庭电视交互功能之电视回看功能，让您可以重新收看已经播放的电视节目。②电视点播。互动家庭电视交互功能之电视点播功能，节目涵盖电影、电视剧、体育、教育、财经等热门频道，每月更新，随时都能想看就看，想停就停。③节目录制。互动家庭电视交互功能之节目录制功能，使您无须担心错过精彩直播，无需像以前一样只能在规定的时间看您想看的电视。

2. 我国的互动数字电视发展

互动数字电视在我国的发展始于2001年，经过近10年的发展，到2010年年底，我国双向广电网络可覆盖用户群已经接近5000万户。但据流媒体网统计，其中真正开通互动数字电视的用户不足10%，只有417万户。目前，主要用户集中在上海、江苏、浙江等华东沿海地区。[①] 制约互动媒体服务面向三网融合目标发展的因素主要包括政策、网络基础设施、平台能力、经营模式等。随着国家三网融合试点工作的开展，这些制约因素逐步得到消除，围绕广播电视内容的互动媒体服务也逐步步入可持续发展的轨道。

围绕三网融合目标的互动媒体服务主要指以具有运营资质的广电及通信运营商为主体，通过互联网、宽带网、移动通信网和广电网，为用户提供广播电视内容及其他增值服务而形成的服务群，以及相关业务平台、终端等关键环节。该类服务最早可以追溯到20世纪90年代中后期兴起的互联网流媒体视频热潮，虽然其当时在整体上看还属于发展初期，但已经具备了互动媒体服务的基本特征，主要包括IPTV、互动数字电视等。随着各类围绕广播电视的互动媒体业务和应用出现，广电、电信、互联网和消费电子厂商纷纷介入这一新兴产业领域，并在较短时间内发展了大批用户，行业规模也节节上升，显示出了互动媒体服务的勃勃生机和巨大潜力。政府主管部门也出台了相应的政策和法规鼓励规范产业发展。

① 参见杨崑、张彦翔《“三网融合”下互动媒体服务及平台初探》，载《中国数字电视》2011年第5期。

与此同时，互动媒体服务的产业链也逐渐形成，各种新的经营模式也在摸索中逐渐明晰。2010年三网融合政策的出台是互动媒体产业发展的一个里程碑，标志着围绕广播电视的互动媒体产业步入快速发展期。

2010年国家三网融合政策的颁布与实施，从政策层面上初步制定了明确的游戏规则和角色定位，并为今后政策的细化和落实奠定了基础。围绕互动媒体平台的技术研发已经取得初步的进展，使运营商为用户提供各种高质量的、具有初步互动能力的广播电视服务和增值服务成为可能；但目前互动媒体服务平台还存在内容兼容性不高、区分服务能力有限、互动能力扩展性不足的问题，随着互动媒体服务范围的不断扩展，这种局限性将逐步暴露出来。从经营模式上看，随着产业格局的逐渐形成，产业链上各种角色之间的合作模式日益清晰和稳固，但其全新的经营模式还不成熟。

面向三网融合目标的互动媒体服务的展开需业务平台的支持，业务平台是各类服务的引擎和依托。通过部署专业而完整的互动媒体系统平台，业务运营商可以开展各种三网融合型的互动媒体业务，并对整个业务价值链中的所有环节进行管理。在此基础上，可以将取得的成果进一步向其他领域扩展，并形成完整的互动媒体服务体系。面向三网融合目标的互动媒体业务平台目前主要是围绕广播电视内容传播的需要，以音视频流媒体等技术为核心建立起来的，经营主体是广电运营商和通信运营商。而平台的具体建设工作则由各类专业的系统平台软件企业，如中兴、华为、思华、UT斯达康等企业承担。系统平台软件企业的项目建设与实施能力直接影响业务运营平台的实际使用效果，因而，系统平台软件企业在互动媒体运营平台建设环节中占据极其重要的地位。

随着三网融合型互动媒体业务的快速发展，用户规模急剧增长，同时用户的需求也在日益变化，运营商提供的增值业务等也越来越多，这些都对系统平台软件产生了越来越旺盛的需求。据研究，2010年互动媒体业务系统平台软件的市场需求为21.87亿元，随着三网融合的进展，这个市场规模将保持快速增长，到2014年，预计将达到86.12亿元，保持40.8%的年复合增长率。随着相关工作的不断推进，互动媒体业务平台还将面向更大的市场范畴扩展自身的能力，不但要进行广播电视内容的传播，还要进一步满足社会管理、文化娱乐、新型态广告、IT研发、工农业生产、现代服务、现代教育等多个行业的发展需要。预计互动媒体业务平台今后在以下方面将实现进一步的突破：可同时支持广播、交换、存储、检索等服务能力，这些能力可以根据用户的需要在终端上同时提供或组合提供。

3. 互动数字电视增加用户体验，促进其付费可能

互动数字电视增加用户体验，促进其付费可能。互动数字电视使得媒介传播

向双向互动全面转变。在传播渠道界限未被打破的情况下，广电媒体一直处在单向传播的阶段，受众处于被动接收的地位，作为新媒体的互联网的出现，使受众得以进入传播者的角色，三网融合之后，受众作为媒介用户拥有了更大的选择权，处于媒介传播的主动地位。例如，目前正在广州运营的互动电视有“视界通互动电视”（以下简称“视界通”），它是由广东省有线电视和深圳视界控股企业共同开辟的新型数字生活互动电视平台，它具备双向互动功能。一方面互动电视用户通过终端机顶盒就能随时收看所有的视频内容以及视界通提供的不同种类型的互动服务；另一方面互动电视用户通过遥控器，将有关需求信息发送、传递给后台服务中心，实现与互动电视进行对话。它具有以下功能：①视频服务。在模拟电视时代，观众只是电视的被动接受者，只能被动服从于节目时间和节目内容的安排。视界通互动电视的推出，让观众成为电视真正意义上的主人，实现个性化收看需求。具体包括：节目定制收看，即用户可以根据自己的喜好定制将要播放的系列电视节目，系统将主动传输到用户的机顶盒内，方便用户收藏观看节目；节目回看，即用户可以随时下载调看曾经播放过的电视节目内容；VOD点播，即提供电影、电视剧、专题节目、音乐的在线实时点播。②语音服务。视界通具有语音功能，用户可以通过语音功能相互交流或与服务提供商之间有效沟通：实现用户间免费通话；用户通过遥控器从电视上获取信息，通过语音可以直接与服务商方便有效地沟通；使得服务商的客户服务成本更低、更有效，比起传统的CALLCENTER成本更低、更有效、更直观，用户使用起来更方便。③生活助手服务。其中包括：信息检索，即系统具备强大的自动搜索功能，用户只要通过遥控器输入需求信息，系统就能够自动完成包括最新的电子节目表、节目预告、天气预报、交通预报等在内的各类需求搜索和节目播放；分类信息，即系统将设立汽车、房产、美食、金融投资、教育培训、旅游、机票酒店、美容、家庭医生、育儿、康体健身、家电IT、招聘、购物、娱乐、游戏、会所KTV等分类信息或专门频道，用户可根据自身需求查看或定制有关分类项目信息，而且可以在线预定、购买相关产品或服务；水电费、交通规费、手机话费的缴付等。

这样的电视实际上已经具有了部分网站的功能：①广告宣传推广，即根据观众的需求，可以自己决定接受某些广告。②商品在线销售，即在家里，互动电视用户简单使用遥控器就能一站式完成产品的查阅、点播和最后的购买行为，一步到位实现商家最终目标。

目前，付费电视已发展了8年，主要还是单向传输，用户还是在被动收看，互动性差已经成为目前制约付费电视发展的主要障碍之一。如果用户支付一定的费用想要收看一部电视剧，这部电视剧播放的时间是晚上12点，那么，用户也得等到晚上12点收看。这样的障碍网络媒体早已解决，同样是付费满足自己的娱乐需求，观众肯定更倾向于网络媒体。所以付费电视与互动电视相结合势在必行。可以肯定的是，三网融合下的互动数字电视实现多来源的生产和生活信息（海量数字化内容）面向定向群体的传播、传递和交换，具有较好的开放性，信息的制作加工、传递和反馈全程联动，并可以和通用 IT 系统兼容。如果做个直白的描述，那么互动媒体可以视为特定的用户群体（群体的组合可以动态调整）借助电脑、手机、机顶盒/电视、车载、生产管理终端等各种可视终端，通过互联网、通信网、广电网等网络从不同内容来源获取文字、图片、音频、视频等信息，并且用户能够与后端的内容管理和服务提供平台进行互动，可由用户基于自身喜好和使用习惯设定获取内容顺序、内容展现效果等服务方式。

第十二章　3D 电视与付费电视

一、3D 电视的概念及特点

3D 是 three - dimensional 的缩写，意为三维立体图形。由于人的双眼观察物体的角度略有差异，因此能够辨别物体远近，产生立体的视觉。三维立体影像电视正是利用这个原理，把左右眼所看到的影像分离。3D 液晶电视是通过在液晶面板上加上特殊的精密柱面透镜屏，将经过编码处理的 3D 视频影像独立送入人的左右眼来产生立体效果，可以使用户无须借助立体眼镜即可体验立体感觉，同时能兼容 2D 画面。

3D 电视是三维立体影像电视的简称。它利用人的双眼观察物体的角度略有差异，因此能够辨别物体远近，产生立体的视觉这个原理，把左右眼所看到的影像分离，从而令用户体验立体感觉。英国当地时间 2010 年 1 月 31 日，在英超曼联 - 阿森纳的比赛中，英国天空体育频道有史以来首次使用 3D 电视技术对这场比赛进行电视直播。

3D 电视是一种能够模拟实际景物的真实空间关系的新型电视，它利用人眼的视觉特性产生立体感，让观众感受到观看的影像是具有深度特性的三维立体场景，观众对延伸于屏幕前的景物有触手可及的震撼效果。3D 电视可分为双画面 3D 电视、多视点 3D 电视和真实 3D 电视，我国 3D 电视试验频道采用双画面 3D 电视方式播出。

在我国，各地用户将高清机顶盒与 3D 电视机相连，再佩戴与 3D 电视机配套的眼镜，就可以接收并观看。在观看 3D 电视节目时，由于人眼聚焦在屏幕平面，而感觉到的物体却在屏幕的前面或后面，与实际观看习惯不相符合，观看时间过长，可能产生头晕、目眩、眼痛、头痛的感觉，部分人甚至会恶心呕吐。这是因为我国当前的 3D 电视机是利用双图像 3D 成像的原理进行 3D 显示，会引起观看者双眼的聚焦调节与会聚冲突，使观看者产生视觉疲劳。因此，观看时间不宜过长，特别是对青少年来说，观看 3D 电视节目的时间就应更短。

20 世纪 50 年代，当电视在美国广泛普及的时候，很多 3D 电影也开始出现，第一部 3D 电影是 1952 年在全美播放的《非洲历险记》（*Bwana Devil*），一年之后的 1953 年，出现的 3D 电影希区柯克的《恐怖蜡像馆》（*House of Wax*）已经有立体声了，但为了使其电影利润最大化，还是采用了 2D 技术来播放，因为当时不是所有的电影院都能播放 3D 电影。3D 电影有以下四种应用：①科幻电影：造成如云霄飞车上下俯冲、太空漫游、子弹射出等原本真人电影无法呈现的特效。②珍宝欣赏：对于无法亲临现场观看的珍藏的古董及珠宝，可以透过三维技术摄影保存，并透过三维完全详细检视。③远距医学：对于远距离的开刀，必须有两眼存在的距离感，三维可以提供最佳的解决途径。④成人影片：成人影片追求感官的最大刺激，透过三维技术可以感受胴体如临眼前的最大刺激。

2009 年 12 月 10 日，《阿凡达》在伦敦举行了预映，12 月 16 日开始全球上映，北美地区则在 12 月 18 日上映。上映后，电影好评如潮，实现了商业成功。在上映期间，这部电影打破了不少票房纪录，成为有史以来北美（不考虑通货膨胀）乃至全球票房收入最高的电影，超过了保持这一纪录 12 年之久的《泰坦尼克号》①。《阿凡达》还是首部票房收入超过 20 亿美元的电影②。

与 3D 电影相比，3D 电视虽然比不上电影效果的独特与震撼，但也有自己的优势。观看 3D 电影时，观众必须戴上沉重的特殊眼镜才能看到电影。而随着 3D 技术的不断精进，搬进家庭客厅的 3D 电视机，不需要配戴眼镜，用肉眼就能观看立体影像。裸眼 3D 是未来 3D 电视的发展方向，其将能使观众可以不受时间、空间限制，既可通过 3D 电视收看到真实感极强的实况转播的重要体育赛事、重大活动或事件，也可根据个人爱好选择观看不同风格的 3D 电视节目内容，使得观赏 3D 节目更为方便、经济。

3D 电视建立在三维电视机基础上，三维电视机是可以让观众从任何角度欣赏三维图像的电视机，它还可以让你触摸或嗅到屏幕上的东西。然而 3D 电视价格不便宜。3D 电视要想真正走进普通家庭，似乎并非易事，高昂的价格足以让普通老百姓望而却步。尽管索尼公司在日前并未提到 3D 电视机的价格，然而，分析师预计早期 3D 电视机可能价值数千美元。据悉，具备收看 3D 节目能力的数位高解析（HD）电视机，当前在美国要价每部 1000 ～ 5000 美元。

更为重要的是，3D 电视的不足之处还在于易致“眼疲劳”，人们自然状态下看到事物，是通过进入左右眼两个不同画面的差异经大脑融合成一个画面而产生立体感的。3D 电视正是利用这个原理，播放经过特殊处理的画面，再由 3D

---

① “All Time Worldwide Box Office Grosses.” *Box Office Mojo* [2010 - 02 - 14].

② Avatar Wins Box Office, Nears Domestic Record. *ABC News* [2010 - 02 - 14].

眼镜模拟人眼成像原理。但自然状态看事物时，人们看到的注视点清晰，背景事物都是模糊的，而现在的3D电视虽然模拟了人眼的成像原理，但并没有考虑到人眼对注视物模糊程度差异的调节，导致电视的3D画面不分远近呈现出的都是清晰的，从而刺激眼睛容易产生视疲劳。

此外，3D电视还存在健康隐患。据国外媒体报道，某电子商通过其澳大利亚网站发出警告，称收看3D电视对身体健康不利，并在警告中罗列了一系列与这项技术相关的潜在危害性。在题为《光敏性癫痫警告和其他健康风险》的报告中，列举《阿凡达》热映催生3D电视问世，收看3D电视可能引发的一些严重疾病，其中最严重的疾病为中风；另外，在警告中还列举了一系列因收看3D电视可能产生的身体不适，特别是对儿童和青少年来说更是如此，其中包括视力下降、头晕、视线模糊以及眼睛或肌肉等出现不自主的抽动、抽搐、痉挛、方向障碍以及意识丧失等；收看3D电视还会产生运动障碍、意识方面的一些后遗症、眼睛干涩、身体平衡性下降、头痛和乏力等身体不适症状。该报告还警告说，如果人们收看3D电视距离太近，或戴着3D眼镜在户外走动，都对视力有害。该报告建议在出现上述这些症状时应该立即休息。此外，用户在出现这些症状后不要饮酒，在身体疲劳或不适的时候不要收看3D电视；同时建议用户不要把3D电视太靠近楼梯、电线、阳台或其他物体放置，以免发生身体伤害。

不过，随着技术的发展，3D电视对身体的危害却有可能降低，如曾制作过《超人特攻队》和《玩具总动员》等卖座动画片的动画制作公司皮克斯宣布，该公司未来所有的电影都将采用三维立体技术制作。该公司负责人说："在三维画面显示的罗马式圆形竞技场中，矫健的角斗士正在闪转腾挪，将手中的短刀砍向独角怪兽。这可不是什么普通的卡通动画片，而是立体感十足的三维影像。这些激烈厮杀的角斗者近在我的眼前，逼真到让人忍不住想伸手去抓住他们。最妙的是，我不用戴那种笨拙的红蓝双色纸板眼镜，只需肉眼就能欣赏这些三维画面。"

二、国外3D电视

早在2008年的时候，3D电视在日本的卫星电视频道一天四次播出。① 到了2010年3月24日，美国有线电视公司（Cablevision）在其MSG频道播放3D电

① "Hyundai Offers 3D TV for Japan Market Only (2008 - 06 - 18)". Insidetech. monster. com. 18 June 2008. Archived from the original on 3 January 2010. http://insidetech. monster. com/news/articles/2364 - hyundai - offers - 3d - tv - for - japan - market - only. Retrieved 12 February 2010.

视节目，不过节目仅限于订阅了频道 1300 的订户。[1] 这一频道主要播放体育节目，如 MSG 的 New York Rangers 对 New York Islanders 的比赛。最早在澳大利亚播放的高清 3D 电视节目是 2010 年 5 月 24 日在 Fox 体育频道播放的澳大利亚对新西兰的足球比赛。[2] 同样也是在澳大利亚，第 9 网络电视和特别广电服务分别在第 9 频道播放国家足球联赛和在 40 频道播放世界杯足球赛的 3D 电视节目。2011 年，3D 电视开始了大踏步开疆拓土的征程。到 2011 年 4 月止，欧洲有超过 40 个 3D 电视频道进行播出。瑞典及美国多家制播卫星电视运营商相继推出了 3D 电视新服务。

美国 DirecTV 于 2010 年 2 月 9 日与索尼公司、Discovery Communications 以及 IMAX 首次达成一致，这几家公司合资推出新的 3D 高清电视频道 3net，并于 2010 年 2 月 13 日在卫星电视系统的频道播出。[3] 3net 的节目内容主要是纪实类 3D 内容，该频道在 2011 年年底将拥有全球最大的纪实类 3D 娱乐节目内容库。DirecTV 的用户如想观看 3net 的节目，需要拥有一台支持 3D 功能的高清电视机和配套的 3D 眼镜。DirecTV 还将提供其他 3 个 3D 频道，包括 n3D、ESPN3D 以及按次计费的 DirecTV Cinema 3D。洋基娱乐与体育网络公司（Yankees Entertainment and Sports Network，简称 YES 网络）同付费电视运营商 DirecTV 于 2010 年 5 月 5 日宣布，将联合进行一次 3D 电视节目的试播。DirecTV 公司于 2010 年 6 月推出了 4 个 3D 电视频道，其中包括 ESPN 3D 电视频道。DirecTV 联手 YES 网络以及福克斯体育网络西北公司，对美国职业棒球大联盟的比赛进行了有史以来的首次 3D 电视转播。YES 网络公司在对这两场比赛进行传统 3D 转播的过程中，采用了独立的 3D 电视信号制作系统，使用由 3D 设备专业制造商 PACE 公司生产的 3D 摄像器材以及由 NEP Broadcasting 公司制造的 SS3D（Super Shooter 3D）转播车。2010 年 4 月，ESPN 在对高尔夫球大师赛进行 3D 转播时也使用了相同的设备。在高尔夫球大师赛期间，Comcast 公司和其他一些有线电视运营商为该项赛事的 3D 电视转播开辟了专门的电视频道；互联网用户也能够通过网络收看

---

① "Live in 3D Exclusively on MSG - 3D - New York Rangers vs New York Islanders". MSG. com. 24 March 2010. Archived from the original on 24 June 2010. http: //www. msg. com/3d. Retrieved 19 June 2010. 和 "iO TV - Get the very best in digital television". Optimum. http: //optimum. com/io/3d/index. jsp? s_ cid = 3dtv. Retrieved 19 June 2010.

② "3D Sports: a look behind the scenes - DVD & PVR". Cnet. com. au. Archived from the original on 18 June 2010. http: //www. cnet. com. au/3d - sports - a - look - behind - the - scenes - 339303442. htm. Retrieved 19 June 2010.

③ Could Discovery 3D be the second 3D TV channel to launch on Sky? . 3DTVwatcher. co. uk. http: // www. 3dtvwatcher. co. uk/could - discovery - 3d - be - the - second - 3d - tv - channel - to - launch - on - sky - 57/. Retrieved 27 August 2010.

到高尔夫球大师赛的3D电视直播节目。互联网用户收看3D电视节目的前提条件是他们需要拥有一台支持3D显示的笔记本电脑或者台式计算机。美国卫星电视巨头DirecTV于2010年11月18日宣布，他们已与斯克里普斯节目网络公司（Scripps Networks）达成协议，在DirecTV的n3D频道上播放全3D的美食节目，这也是目前出现的第一个美食3D节目。日本松下公司将为节目制作和播出提供技术支持。

英国付费电视公司英国天空广播公司已经推出了真正的3D电视直播节目——英超联赛曼联队对阿森那队，这是该公司首次推出的3D电视广播。英国天空广播公司在2010年4月开始大范围推广3D广播，在此之前，英国天空广播公司只向一些指定的酒吧播送3D节目。2010年4月3日，英国天空广播公司开播3D频道直播了曼联和切尔西队在英超联赛上的一场比赛。① 随着天空广播公司3D频道的推出，英国天空广播公司在3D频道播出了英超赛季结束前的5场比赛，以及可口可乐足球联赛决赛。在球赛直播的间隔，天空广播公司3D频道还播出了各式各样的3D节目②。2010年晚些时候，天空广播公司3D频道推出了一系列电影、体育节目、纪录片、娱乐节目和文艺节目。2010年10月1日，天空广播公司3D频道开始支持本地居民订购收看。③ 该频道每天播送14小时，内容包括电影、娱乐节目及体育赛事。④

2011年，东芝展示了一款无须使用眼镜的3D显示器，同时任天堂也发布了最新款的3DS，采用一种新的屏幕阻隔层代替传统的镜片而产生3D立体效果。该款显示器在屏幕前方设置了一个类似于屏障的不透明隔层，每只眼睛通过隔层产生的轻微角度差异带来不同的视觉效果，从而达到像素的立体化。据全球电信与媒体市场调研公司（Inform Telecoms & Media）预测，到2010年年底，全球将仅有10万家庭真正收看3D电视节目。但这仅仅是个开始，到2020年，收看3D电视的家庭将达到2220户。

欧洲探索频道得到了来自英国Ofcom的许可证，允许其开办3D频道，且非常荣幸地拿到了数字电视节目服务（DTPS）许可证。该频道24小时不间断播出自然历史、宇宙空间、探索、工程、科学技术等方面的3D节目。随着欧洲3D

---

① Sky Television claim first 3D broadcast as a success. The Drum. 3 April 2010.

② “Sky 3D website”. Sky. com. 6 June 2010. Archived from the original on 28 May 2010. http://www. sky. com/shop/3d/home/index. html. Retrieved 19 June 2010.

③ Sky to expand 3D Channel on October 1. Digital Spy. 28 July 2010.; Sky unveils Sky 3D launch lineup. Digital Spy. 29 September 2010.

④ Sky to launch 3D TV in 2010 following record Sky + HD growth. British Sky Broadcasting. 30 July 2010.; Sky launches Europe's first 3D TV channel in the UK. BBC. 1 October 2010.

电视的逐步兴起，欧洲探索频道成为第一个以第三方频道的身份，加入英国天空广播公司 y 公司电视平台的频道。

有线电视体育网巨头 ESPN 于 2010 年 6 月 11 日成功地推出了最新的网络——ESPN 3D，并利用 3D 技术直播了 2010 年 FIFA（国际足球联合会）世界杯墨西哥和南非的比赛，并决定一年至少直播 80 次 3D 电视。① ESPN 在其总部美国布里斯托市举办了推出 3D 直播节目的发布会，观众可以配戴主动式快门的 3D 眼镜通过三星 DLP 电视机观看比赛，也可以配戴被动式 3D 眼镜使用韩国公司 Hyundai 的液晶电视机观看比赛。这次的直播是由在约翰内斯堡的世界杯主转播商 HBS 完成的，尽管由于压缩问题，画面会偶尔出现短暂的静止，在前半个小时的直播里，没有出现严重的图像问题。在世界杯足球赛间，ESPN 3D 共直播了约 100 场比赛。其他直播包括 NBA 赛事、NCAA 美国大学生篮、足球联赛，还包括 2011 年 1 月 10 日的超级杯全国总决赛和俄勒冈州的极限运动。ESPN 3D 频道于 2010 年 12 月 17 日首次直播了 NBA 篮球赛，此场赛事为迈阿密热浪队主场对纽约尼克斯队。美国娱乐体育节目网络 ESPN 从 2011 年 2 月 14 日情人节开始升级其 3D 频道，24 小时连续播放 3D 节目。目前，ESPN 3D 的 4 家子公司——美国有线电视康卡斯特公司（Comcast）、卫星电视 DirecTV 3net 公司、时代华纳有线公司和 AT&TU - verse 电视公司都于 2011 年 2 月开始全天 24 小时播放 3D 节目。

洛杉矶的 High TV 频道推出首个面向全球的全天候（每周播放 7 天，每天播放 24 小时）3D 全高清家庭频道，该频道的节目内容包括娱乐节目、生活类节目和真人秀节目等。全球通信网络公司为该频道提供播出和卫星上行链路服务。从 2011 年 4 月 4 日开始，High TV 3D 频道将提供超过 450 小时的原创 3D 节目，节目内容包括生活、时尚、戏剧等，如旅游节目、烹饪节目、动画节目、连续剧、真人秀和好莱坞名人访谈等。

在法国，私人电视台 TF1 签订了 5 个平台，用于在其 3D 频道中播出 5 场足球比赛。在这 5 个平台中，有 4 个为 IPTV 平台，它们分别为 Bouygues Telecom、CanalSat、Free 和 Orange；剩下的一个是卫星直播电视（DTH）平台 Fransat。据 Broadband TV News 报道，TF1 电视台已得到了 5 场世界杯比赛的 3D 转播权。在法国，Canal + 频道也将以 3D 的形式转播多场比赛。

2010 年，Skylife 开发出韩国最初的 3D 互动电视业务，此次播放的节目为教

---

① Ed Pilkington in New York (6 January 2010). "ESPN viewers can watch World Cup matches in 3D - at a price". The Guardian (London). Archived from the original on 9 January 2010. http://www.guardian.co.uk/technology/2010/jan/06/espn-3d-world-cup-ces. Retrieved 12 February 2010.

育漫画类的畅销作品《魔法千字文－科学远征队》，该作品将以具有真实感的3D立体动画片形式播放。此3D动画片在直播过程中，还配备了与直播联动的3D用户界面和3D互动数据服务功能。在直播过程中使用遥控器参与互动业务时，用户可以亲身体验3D互动电视服务功能。Skylife CEO李梦龙（音译）表示，"不止3D电视节目，相关的各种3D附加服务功能也正在开发中，此次开通3D互动电视业务也将必定成为激活韩国3D产业的新一轮尝试"。

日本的科学家目前还在研发一种与三维电视相配套的"虚拟现实"电视机，并计划在2020年以前将这种未来主义的电视机实现商业化生产。"虚拟现实"电视机可以让观众从任何角度欣赏三维图像，另外，它还可以让你触摸并嗅到屏幕上的东西。日本内务与通讯部的项目研发主管竹内说："你能够想象用这种电视观看日本和巴西世界杯足球赛的那种身临其境的感觉吗？"竹内表示，世界各地的公司、大学以及研究机构都在进行研究适合电视播放的三维图像技术，触摸以及气味装置技术。这种三维电视将具有相当广泛的用途，它可以进行家庭购物，比如，在订购之前，观众可以感受一只手提包；医生可以利用这种电视观看甚至执行一个病人的三维图像心脏手术。据了解，包括东芝和索尼在内的多家日本大公司都在参与这种新型电视的研究。

总体来说，世界各发达国家和地区都在做3D频道的尝试和推广，并且开始尝试性小额收费。节目类型主要集中在体育类、纪录片类、电影类等。据资料统计，世界上目前已有25家电视播出机构或运营商开播了3D电视频道。其中卫星电视运营商12家，有线电视运营商3家，公共电视服务商3家，电信运营商3家，IPTV、卫星电视综合运营商1家，IPTV、卫星、有线电视综合运营商1家，节目提供商2家。2010年1月1日，韩国通过卫星广播开通了第一个3D电视频道，接着，英国、法国、德国、意大利、西班牙、荷兰、瑞典、卢森堡、俄罗斯、波兰、土耳其和美国等国家也相继开播3D电视，2012年的伦敦奥运会将采用3D电视方式转播；而中国也开设了3D电视试验频道。表12－1为全球3D电视频道（34个）信息。

表 12－1 34 个 3D 电视频道①

频道	播放国家	附注
HIGH TV 3D	全世界	娱乐节目
Wild Earth	全世界	野生动物
n3D	美国	仅通过 DirecTV 播放
Cinema 3D	美国	仅通过 DirecTV 播放
3net	美国	仅通过 DirecTV 播放
Sky 3D	英国和爱尔兰共和国	仅通过 Sky 播放
Foxtel 3D	澳大利亚	仅通过 Foxtel 播放
HD1	比利时和其他欧洲国家	免费
Sky 3D	德国和奥地利	仅通过 Sky Deutschland 播放
Anixe 3D	德语国家	免费
3D－TV	芬兰	
Sport 5 3D	以色列	
Sky 3D	意大利	仅通过 Sky Italia 播放
MSG 3D	美国	仅通过 Cablevision 播放
nShow 3D	波兰	仅通过 ITI Group 播放
ESPN 3D	美国	
Xfinity 3D	美国	仅通过 Comcast 播放
Penthouse 3D	欧洲	
Canal + 3D	法国	仅通过 Canal + 播放
Canal + 3D Espa	西班牙	仅通过 Canal + 播放
NEXT Man 3D	波兰	
NEXT Lejdis 3D	波兰	
NEXT Young 3D	波兰	
Active 3D	印度	仅通过 Videocon d2h 播放
BS11	日本	

① http：//en. wikipedia. org/wiki/3D_ television#cite_ note－23.

续表 12-1

频道	播放国家	附注
Rede TV!	巴西	
Viasat 3D	瑞典	仅通过 Viasat 播放
Brava 3D	欧洲	免费播放
Teledünya 3D	土耳其	仅通过 Teledünya 播放
Sky 3D	南韩	仅通过 Sky Life 播放
Sukachan 3D169	日本	仅通过 SKY PerfecTV！播放
CANAL+ 3D	波兰	仅通过 CYFRA+播放
TV Azteca 3D	墨西哥	免费播放
中国 3D 电视试验频道	中国	由 6 个不同的电视台构成的网络完成

三、我国的 3D 电视

国内的北京电视台、SMG、广西电视台及天津电视台都开始了 3D 制播实验。在 2010 年的亚运会期间，也进行了 3D 转播试验播出。为保证我国 3D 电视顺利发展，国家广电总局于 2011 年组织了《立体电视关键技术》和《立体电视主观评价和客观测试方法研究》两项研究目标：对 3D 电视制播中的关键技术开展研究，同时制定 3D 电视质量检测方法，为 3D 频道打下技术基础，项目由中央电视台牵头，广播电视规划院、广播科学研究院、中国传媒大学共同参与。

2012 年 1 月 1 日开播的 3D 电视试验频道或将于 2012 年春节开始正式对外播出。3D 电视试验频道是我国首个立体电视节目综合性试验频道，频道内容主要包括动漫、体育、专题片、影视剧、综艺等类型的 3D 电视节目，以及重大活动的现场转播（如春晚、伦敦奥运会等）的 3D 信号播出。其有以下特点：

（1）开办主体。联合开办主体为中央电视台、北京广播电视台、上海广播电视台、天津广播电视台、江苏电视台、深圳市电视台六家单位。

（2）频道名称。频道呼号为“中国 3D 电视试验频道”。频道播出采用统一台标，电视画面左上角显示“3D 试验频道”。

（3）制播方式。由六家电视台分时段包干：中央电视台、北京广播电视台、上海广播电视台分别负责每天 1 小时的首播时段，天津电视台、江苏电视台、深圳电视台分别负责每天30分钟的首播时段。各台负责的具体时段播出顺序每隔3个月轮换一次。

（4）频道编排。播出时间为每天播出13小时30分钟，首播4小时30分钟。每晚19：30—24：00首播，次日10：30—15：00第一次重播，15：00—19：30第二次重播。

3D电视试验频道还将力争实现移动多媒体广播电视（CMMB）覆盖，供手机等便携终端观看3D节目，以占领移动多媒体等新兴媒体阵地。待时机成熟后，广电总局还将批准各电视台独立开办3D电视频道。

由浙江中南卡通创作完成的中国首部立体电视动画片《锋速战警》，成为首部登陆3D频道的国产电视动画片。早在2007年，中南卡通就立项“立体动画”研发项目，并于2009年开始立体电视动画片《锋速战警》的研发、创作和制作，历时31个月，于2011年12月顺利完成并首发中国3D电视试验频道。据悉，这部集机战、冒险、科幻于一身的动画作品，故事背景虽然是虚拟世界，但为了突出真实的且钱江新城具有杭州特色的元素，因而被动画设计师制成了动画片背景。

2012年3月，中国3D产业研究院面向北京、上海、深圳、广州、杭州、重庆六个主要城市做的抽样调查数据显示，45.1%的消费者对3D电视节目有较为浓厚的兴趣和需求，其中有35.1%的消费者对3D电视表现出购买意向。而电视观众在体育、文化、娱乐、科技探索等领域对3D内容的需求都极为旺盛。

中央电视台（以下简称“央视”）副台长何宗就表示，央视已购买伦敦奥运会3D转播权，届时将通过3D试验频道对奥运会进行转播。由于松下是2012年伦敦奥运会唯一官方广播电视设备供应商，央视将和松下合作通过已经开通的3D试验频道对奥运会进行首次3D转播。据悉，央视将对伦敦奥运会提供300小时实况转播信号，3D节目至少包括开幕式、闭幕式、田径、游泳和体操等项目。

开办3D电视试验频道是广电总局贯彻落实党的十七届六中全会精神、提升广播电视现代传播能力、加快建设广播电视强国的一项重大举措。开播3D电视试验频道，一是有利于满足人民群众影视文化生活的新需求、新期待。3D电视可以大大提升电视的功能和影响力，以科技和文化的新融合，为人民群众带来新的视听享受。二是有利于扩大内需。目前我国有5亿台电视机，3D电视可以促进新的文化消费，扩大国内需求，带动电视机的更新换代，为促进实体经济的发展作出贡献。三是有利于加快节目生产制播和设备生产企业的改革创新。由六家电视台联合开办3D电视频道，通过科技创新和内容创新，可以加快形成我国3D节目制播能力，探索3D电视产业的发展规律；可以推动开发自主知识产权的3D电视技术和标准，建立3D电视制播体系；可以加快发展广播影视生产力，丰富电视节目表现形式，推动我国电视行业从技术到内容的新飞跃。3D 电视试验频道的开播将是我国广播电视发展史上的一个新的里程碑，标志着我国广播电视紧跟世界发展潮流，迈入了新的发展阶段。

虽然3D 电视频道的开播对3D 电视产业的发展起到了推动作用，但是3D 电视用户的体验仍有待考验。在近日 GFK（捷孚凯中国，www. gfkrf. com）发布的一份关于3D 电视的实际使用的调查报告中显示，受访者中75. 5%用户对3D 电视不满意。[①] 调查显示，关于不满的地方主要涉及软硬件方面，首先是软件方面，“可收看的3D 电视节目数量”（57. 4%）、“可收看的3D 电影数量”（53. 7%）这两个指明了目前3D 片源不足；硬件方面就是“额外购买的3D 眼镜价格”（52. 0%）、“附带的3D 眼镜数量”（46. 3%）。此外，调查报告还列举了另外一些3D 不太让人满意的地方，比如“观看3D 时不能以自己喜欢的姿势收看”占据了23. 5%，“现在的3D 电视收看角度只能从正面收看”（84. 9%）。

其次，就观看条件而言，并不是购买了3D 电视机就能收看3D 频道，而是还必须附带一些条件，比如电视信号是否能与电视机匹配，只有数字电视才能观看3D 电视，有线电视则不能；同时，收看3D 频道还需要满足拥有高清机顶盒、高清信号覆盖区域等诸多因素。

最后，虽然目前国内多个城市已开播3D 频道，但由于缺乏足够的内容源，导致3D 频道只能播放一些制作成本低的戏曲、新闻、体育赛事直播等节目，这让不少观众觉得内容较为枯燥无聊，并使一部分用户对3D 电视节目再也提不起兴趣来。一位市民在微博上抱怨：“我家的3D 频道整天就播戏剧。如果想看自己喜欢的3D 节目，还是得购买片源。朋友说，即使找到片源，3D 内容制式标准不统一，也常常是不能播放。”虽然商家一直在努力丰富片源，但3D 节目因为制作周期长、技术要求高，目前的内容仍远远不能满足观众需求。3D 片源问题虽有改善但进展不是很大，用户很难从中得到乐趣。

四、3D 电视对付费电视的影响

不闪式3D 技术自全面投入市场以来，销售一路攀升，其中不闪式3D 电视市场份额占到了54%。业内人士认为，就目前的市场销售趋势和消费者需求来讲，不闪式3D 电视更加顺应市场的发展潮流和消费者的观看需要。

目前，国内3D 电视内容的发展并不是很快，原因就在于要拍好3D 影片，

---

① 《3D 电视频道试水上海　3D 电视体验仍待考验》，见 http：//info. broadcast. hc360. com/2011/06/141503409559. shtml。

所需的拍摄技术难度和投入非常大。国内很少有真正敢做3D电影、电视的。

另外，笔者2011年5月2日在3D电视网站下载了50条用户评论（2011年12月27日到2012年4月26日），有不少网友提出了对3D电视发展的忧虑，如“湖南岳阳地区开通3D了吗？期待了很久，结果试看了两天，停了。后来就再也没有消息了”（惊涛拍岸，2012年4月25日）；对于大多数受众来说，3D电视才刚刚起步，如有网友说“现在关于3D的信息太少啦，希望中国电视网可以发布更多权威的内容”（浮夸，2011年12月30日）；也有网友评论“不管怎么说，能开通也是好事。现在恐怕是在培养3D受众市场，这个还是需要从事3D行业的各位同仁努力去实现，年底应该会兴旺起”（3d狂人，2012年3月9日）。虽然这只是一小部分网友的意见，但也反映了3D电视在我国刚刚起步，接触的人和使用的人还很少，3D电视需要在技术和内容上不断提高，才能满足受众的需求。而国外的电视发展显示，3D电视能大大提高受众的观看体验和提高其付费可能。

第十三章　付费电视频道内容的专业化、个性化建设

付费电视频道作为一种专业化，甚至个性化的专业电视频道，必须对用户进行细分，才可以通过提供更加专业、个性、精彩、丰富的节目内容，来更好地满足用户的消费需求。为了解决这一问题，本章将对付费电视频道内容的专业化、个性化建设方面进行探讨。

一、免费电视频道的大众化以及综合性

免费电视频道不用付费，因而其购买和制作的运营费用以及赢利绝大部分都来自广告收入，节目的受欢迎程度直接影响到广告商的决定，广告商关注的不是他所要投放广告的节目内容，而是大众眼球数量。

免费电视频道运营商会从两个角度来考虑电视内容：首先，为吸引广告商，找到他们需要的眼球数量，免费电视频道运营商们所要做的是满足大众化需求，努力使观众数量最大化，以符合广告商的“大数法则”。大众化节目的一个重要特点是满足宽泛的诉求点，如果把不同类型的人对电视内容的需求按照从大到小的方式排列，那么，在这十个排列中的交集，排名最靠前的一项就是大众化节目的追求目标。由于每个个体特点不同，其偏好也不同，人们的第一选择往往是有差异的，有时甚至是互相冲突的，因而大众化节目不可能是所有人的第一选择，它只能满足大部分人的需求。而这一需求很可能不是他的第一需求，因此，免费电视频道运营商的努力方向不是寻求对节目最满意的观众，而是寻找能够接受节目的最多数量的观众。其次，免费电视频道的有些节目内容甚至可为广告商订制。其节目内容根据广告商想要出售产品的目标对象的喜好而设计，广告商通过播出广告来传达购买信息，以达到销售商品的目的。再次，在内容上，免费电视频道播放内容的公共性质与电视点对面的传播方式，决定其内容无法满足每个个体对内容的需求，从而使得传播者只能追求整个受众群体的最大认同。免费电视面向的是大众，而这种大众有着不同的年龄、性别、收入，其兴趣爱好和品味各

不相同，这样的大众化使得所有个体难以百分百满意，因此在免费电视频道里，绝大多数观众在绝大多数时候，不可能获得绝对的满足感。最后，在经营模式上，免费电视频道以广告收入为主要赢利模式；在受众对象上，一个依靠广告收入运作的免费电视频道面对每个受众都是有价值的。但是为了服从大众化需要，频道必须放弃一部分观众，漠视个体的需求。在免费电视体系中，由于节目内容的宽泛性和大众化，其受众群体是模糊的、不明确的和不稳定的，并且掺杂了很多偶然性因素。总之，免费电视频道力争规模市场，而付费电视频道力争的应该是个性化和专业化频道的市场。

二、付费电视频道的专业化与细分市场

专业化，主要是从媒介定位来说的，它并不仅仅是专门化、对象化，它还体现在对该媒介所服务的细分受众的定位。只有明确了自身所服务的目标群体，才能满足他们的个性化需求，从而实现有效传播。而付费电视频道专业化，指的是付费电视频道根据订户的特定需求，在频道中进行类型化的定位。付费电视频道的专业化，包括两个方面：一种是内容的专业化。内容专业化指电视媒体专门集中播出某个类型的电视节目，如现有的体育、综艺、经济等频道，这些类别是分众化初期的电视频道的形态。之后，细分会越来越深入，如体育中的围棋、足球、篮球等频道。另一种是对象的专业化，也就是目标受众的专业化，对象的专业化指付费电视频道定位专门针对某一人群，如青少年、老年、男性等频道。受众对象的专业化也将进一步细分为更有针对性的群体，如医生、律师等。法国在1990年开办了专门为2～14岁儿童服务的儿童电视频道，每天13个小时专门播放儿童节目，该频道还创办儿童俱乐部，聘请专家访谈，尽量解决儿童及其父母提出的有关孩子的方方面面的问题，还组织孩子旅游。

付费电视频道要实现专业化，提供满足用户兴趣的内容，就需要细分观众市场和细化电视产品。付费电视频道的细分市场可按照年龄、性别、宗教、阶层等进行划分，细分产品则主要体现在按照人们的兴趣爱好，从内容上加以整理。如CCTV6电影频道，是中央电视台所属的频道之一，面向所有电视观众，它所播出的内容均是与电影有关的，是一个电影“类”频道，该频道既播放电影，也有各种栏目，还有国内外各大颁奖典礼的直播等，属于大众化的专业频道，属于初级阶段的专业频道类型。“CHC家庭影院”频道是一个数字付费电影频道，该频道只播出电影，每天播出十多部影片，为喜欢通过电视看电影的观众提供服务，属于分众化专业频道，属于高级阶段的专业频道类型。而“CHC动作电影”频道，它又进一步将电影类型作了细分，只播出动作类型的电影，满足喜爱诸如

犯罪、战争、恐怖、科幻等动作类电影观众的需要，其观众必然更为小众，因而是一个更为细化的小众化专业数字付费电视频道。

而从英国的天空电视台的电视节目列表中，我们可以看出付费电视频道是如何细分的：如体育频道里，又细分出足球频道、高尔夫频道、橄榄球频道、摔跤频道、拳击频道、篮球频道、棒球频道等；娱乐频道里，又细分出音乐频道、流行频道、纪实频道、表演频道、电影频道、赌博频道、时装频道、成人信息频道；经济频道里，又细分出财经频道、房地产频道、股票频道、购物频道；在其他的专业频道里还细分有议会频道、上帝频道、国防频道；等等。从我国受众的角度看，这种细分已经非常分众化，目标群体也非常集中了。但对英国人来讲，还远远不够。于是音乐频道里又细分出摇滚频道、古典频道、流行频道、乡村频道、爵士频道；电影频道又细分出老片频道、新片频道、三级片频道；纪实频道里又细分出真实频道、探索发现频道、国家地理频道、历史频道；表演频道里又细分出戏剧频道、歌剧频道、舞剧频道；购物频道里又细分出时装频道、珠宝频道、家庭用品频道、汽车频道、科技产品频道；成人信息频道里又细分出声讯频道、视讯频道、广告频道；等等。[①] 如上可见，英国的天空电视台的付费电视频道已经细化到了如此这般，不仅做到了分众化，而且小众化也很到位，具有明确的层次化收费目标，内容上也涉及较为深广的专业知识和实用信息，确实值得不同喜好的观众为此而付费，也值得我们认真借鉴。

付费电视频道必须寻找到合适的细分市场和内容卖点。相对于传统免费电视频道，强调差异化、专业性的付费电视频道应有更加明晰的受众定位。任何一个付费电视频道的生存，都必须建立在足够的受众群的基础之上。要在充分的市场调查基础之上，根据分众化、小众化收视群体的价值取向和需求设立专业化的数字付费电视频道。因而，如何找到有市场生存价值的频道主题与细分市场，成为付费电视频道创建的首要问题。

三、付费电视频道的个性化及特点

频道的个性化能够使其明确地为一目标群体提供完整的媒介资讯服务，使这个群体的信息和娱乐需求在该频道中得到比较充分的满足，从而使其更容易建立观众的忠诚度。频道的个性化应当做到以下两个方面：第一，目标人群所需要的内容在频道中都能够满足；第二，频道中播出的都是目标人群感兴趣的内容。在这方面，上海文广第一财经频道和湖南卫视或多或少地具有个性化服务的意识，

① 资料来源于 http：//www. sky. eom/。

并取得了一定的效果。第一财经将自己的受众定位为男性投资者，在品牌设计中强调“为中国广大投资者和华人经济圈提供实时、严谨、高质的财经资讯”。根据这样的定位选择，第一财经放弃了做“大而全”的财经频道的目标，将主要精力集中在与投资相关的资讯节目。在节目风格上，追求严肃，拒绝打闹调侃，获得了投资者的青睐。一些投资公司甚至在办公室放置了电视机，上班期间就只播放这一个频道的节目。湖南卫视称自己的定位是“最具活力的中国电视娱乐品牌”，在实际操作中，不是泛泛地追求所有的娱乐内容，而是将“活力”二字解读为时尚青年的选择，尤其是25岁以下的女性青少年的选择。湖南卫视的一些金牌节目，如《快乐大本营》、《玫瑰之约》、《超级女声》等及其主持人的主持风格无不体现了这一特点，这些节目作为免费电视，其个性化倾向取得了收视率的提升。而作为付费电视，也需要打造自身的个性化，才能提高用户的购买意愿。

频道的个性化必须要在原创性和独特性上下工夫。如果没有原创性和独特性，付费电视就难以和免费电视竞争。例如，作为专业的游戏频道，辽宁电视台的付费电视游戏竞技频道的专业特色极为鲜明，然而节目形态却难以克服与免费电视的雷同化，节目依旧停留在免费电视体育类节目的模式，存在版面雷同、形式相似等问题，因而就难以真正吸引更多的订户。反观其他付费数字电视频道那些原创的、自制的节目，尤其是在黄金时段播出的新颖的、独家的节目，则在内容和形式上都独树一帜，因此才能成为与众不同的付费电视节目，吸引观众。例如，美国的Showtime付费电视从20世纪80年代起就在其主要频道的晚上12点之后开设专为成人设置的深夜节目“深夜娱乐节目”（*Showtime After Hours*），以其独有的个性与其他付费电视（如HBO）和免费电视进行竞争。

目前，我国付费电视频道还是主要以专业来划分的，观众所喜欢的电视内容分布在若干个专业频道中，每个频道的利用率较低。从实际推广的效果来看，这种划分方式不太容易被人们接受。因而将付费电视频道转化为个性化频道，使观众只需要购买适合自己的一个频道或者少数几个频道，就能够满足在不同类型节目上的需求，这样观众更容易接受，付费电视频道的购买意愿才能够有效提高。

频道个性化的最大难点在于对个性化人群的细分以及对特定人群需求的分析。简单的频道个性化可以通过受众的人口统计学特征来划分个性化人群，如男性与女性、老年人与年轻人、高学历与低学历等等。这种划分方法较为直接，便于操作实施，同时也便于宣传推广。但这种依靠人口统计学特征的分类，并不能够与受众的需求完全吻合。事实上，人们的兴趣爱好与性别、年龄等因素并不完全相关，不同年龄组的受众可能会喜欢同一个内容，而同一年龄组的受众也可能会喜欢不同类型的内容。

确定个性化人群的一个重要手段来自于对收视数据的挖掘。数据挖掘（Data Mining）是通过分析每个数据，从大量数据中寻找其规律的技术，主要有数据准备、规律寻找和规律表示三个步骤。数据挖掘的任务有关联分析、聚类分析、分类分析、异常分析、特异群组分析和演变分析等。数据挖掘是一种决策支持过程，它主要基于人工智能、机器学习、模式识别、统计学、数据库、可视化技术等，高度自动化地分析企业的数据，作出归纳性的推理，从中挖掘出潜在的模式，帮助决策者调整市场策略，减少风险，作出正确的决策。收视数据是电视行业中最重要的数据，其中包含着每一个样本户收看各种类型节目的详细信息。通常人们只关注收视数据的汇总结果，即最常用的收视率、收视份额等数据，但对于个体的收视行为，研究还很不充分。例如，一名观众在过去几年中收看了哪些类型的节目，对某一个节目是偶然收看还是固定收看，是完整收看还是断续收看，这些信息都能够反映出这名观众的兴趣和爱好。通过将这些收看信息进行纵向汇总，就能够得到一名观众对各类节目的收看需求组合，从而能够指导电视台为这类型的观众量身订制一个节目套餐。数据挖掘能够将数以万计的样本户按收视习惯的不同划分为若干种类型，每一种类型对应一种节目组合。其中，人数较多的类型，就可以作为一种频道个性化的目标类型。为此，从收视数据中挖掘目标人群将成为收视数据最重要的应用方向，谁能够识别出新的目标人群类型，谁就能够为这类受众提供最合适的节目组合，从而赢得这类受众的忠诚。① 数据挖掘已经开始在电视行业的经营管理中应用了，例如，作为北京地区有线广播电视网络的建设开发、经营、管理和维护的运营商——歌华有线，其正在建设的呼叫中心系统，专门引入商业智能，实现信息数据的深度挖掘，并以报表、图形的方式对大量的数据信息进行实时的网络在线分析，为歌华有线的业务经营提供了有力的分析工具。

四、付费电视频道内容现存问题及其成因

我国的付费电视频道很多都没有对受众进行深入调查，因而导致现有的很多频道不是以用户需求为导向来申办的。同时，许多付费电视频道在进行市场细分、选择专业频道方向时，也没有结合自身的特点和优势，仅按照传统标准，如经济、生活、体育、娱乐、影视等进行简单分类。这就导致了不少付费电视频道的定位模糊、不合理甚至重合。一方面，形成了清一色的影视频道、生活频道、购物频道等，造成了当前中国付费电视频道的“一窝蜂”现象。例如，仅购物

---

① 参见龚江辉《从频道专业化到频道个性化》，载《电视研究》2008 年第 2 期。

频道就有16个之多。另外，付费电视频道的节目内容质量与预期有一定的差距。在一些专业频道日常播出的十几个小时里，与"专业"相关的内容可能只有几个小时。健康频道大跳民族歌舞、彩票频道播放娱乐节目、戏曲频道改讲民间故事、文艺频道播的全是电视购物广告……被业内称为极具发展空间的数字付费电视频道，以针对某一领域专业见长的数字付费电视频道，内容定位却混乱不堪，个别频道甚至被观众称为"垃圾频道"。[①] 之所以存在如此之多的问题，是由于以下几方面的原因。

1. 传统的电视节目生产体制的阻碍

现在我国付费电视频道大多是国家和省市级电视台所办，所以有相当一部分频道在经营管理上沿用了传统媒体的管理方式，并没有建立起一套适应数字付费电视产业发展的新机制。特别是制播合一的传统电视节目生产体制已经成为束缚付费电视频道内容质与量提高的症结所在。

制播合一，是指电视节目的策划、投资、制作、审查、播出等各个环节由电视台内部的节目部门统筹完成的运作体制。[②] 与制播合一相关的是制播分离，制播分离的概念最早起源于英国，来自于英文Commission，原意是指电视播出机构将部分节目委托给独立制片人或独立制片公司来制作。目前，制播分离在我国仅作为一种补充模式而存在。首先，播合一为主体的模式容易导致"机构臃肿、冗员过多"，而大部分的电视台自制节目除了宣传节目外，很大部分只成为电视台自己的资料备用，而不是作为商品交易，这导致了高成本大生产却低产出低收入；其次，许多电视台制作的节目质量参差不齐，没有成本意识，存在着极大的浪费和超支现象；再次，管理上的事业编制僵化的特点导致节目制作无法吸引优秀人才的参与；最后，在制播分离仅为补充模式的情况下，电视节目市场交易中的节目制作机构与播出机构处于不对等的状态，节目制作机构尤其是一些民营电视制作机构处于较为艰难的状态。[③]

数字付费电视频道对于节目的专业化、精品化、对象化程度要求比较高，符合这种定位的节目源在传统电视中十分匾乏，大量需要"现做现卖"。然而，在目前制播合一的体制下，很多数字付费电视频道的制作机构规模小、实力不强，内容资源相对短缺，自身内容生产制作能力低下，制作的节目数量不足、质量不高，因而无法满足数字付费电视频道对高质量节目内容的需求。而且中央电视台

---

① 参见李阳、盛彧《浅谈数字付费频道现状》，载《新闻传播》2009年第9期。

② 参见唐世鼎、黎斌等主编《制播体制改革与电视业发展问题研究》，中国传媒大学出版社2005年版。

③ 参见唐世鼎、黎斌等主编《中国特色的电视产业经营研究》，中国国际广播出版社2009年版。

和省市电视台之间的关系松散，使得省市级电视台能够拥有的内容数量十分稀少；省市电视台之间又由于存在的利益竞争关系，彼此的节目交换也比较贫乏。这些都使得付费电视频道制作方的内容资源十分缺乏。

2. 收入少，投入不足

同免费电视频道的广告收入相比，付费电视频道的收视费收入明显偏低。2007 年国内 120 多个数字付费电视频道的营业总额仅 1.5 亿元左右，而 2006 年全国广播电视广告收入已经达到 527 亿元。① 收入少导致投入不足，从而让数字付费电视频道难以快速进入良性发展轨道。付费电视频道的经营需要大量的资金，从开办到日常运转每个环节都离不开资金的支持。根据国际经验，数字电视的节目制作费用一般为数字化硬件设备投资的 4 倍。从全国来看，总投资要上千亿元。有资料显示，通常情况下，一个数字付费电视频道的支出每年在 700 万～1000 万元之间。不过这个费用并不是一次性支付，而是一个持续产生的过程。② 其中人力成本占 20%，节目购买成本和技术设备成本占 70%，传输与维护成本占 10%。而具体需要的金额与频道的节目类型、购买播出的节目源、节目的制作水准、宣传力度以及选择哪个集成平台都有关系。目前，一个收视率较高的免费频道每年投入在 5000 万元到 1 亿元，然而，许多付费电视频道的投入却仅在千万元以内。处于培育期中的付费频道市场需求量少、用户数量不足，导致产生经济收益甚少、资金回报率低，结果是付费频道收入始终在低水平上徘徊，进而不能形成资金上的良性循环。

3. 付费电视频道内容的政策限制

政策的限制也使得付费电视频道难以获得境外电视的专业、个性化的内容。首先，不能购买很多境外的付费电视节目。境外的付费电视主要靠博彩、游戏及成人节目获利，然而，我国政策并不允许在付费电视频道中播出限制级节目。其次，引进境外频道也面临着国家的政策限制。广电总局对境外卫星频道的播放是严格限制的，目前仅可在有线数字电视网络内加密向符合收视条件的宾馆、酒店、涉外机构、科研单位传输境外卫视节目，而某些境外频道也仅在中国内地有限区域落地，如凤凰卫视、亚洲电视等获准在广东有线电视网络落地，大连有线电视网络获得总局特批传输境外卫视节目。此举并非国家对传送境外频道限制的放松。如 2002 年 10 月，厦门有线数字电视开播，作为市场卖点推出了凤凰卫视

① 参见许耀文《传媒行业：数字电视前景美好道路曲折》，见 http：//finanee. 21en. eom/stoek/2008/06/27/4889389. 21CN。

② 参见尹良润《如何解决数字电视产业的资金缺口——产业政策的视角》，载《浙江传媒学院学报》2009 年第 4 期。

中文台、凤凰卫视资讯台、MTV、阳光卫视、索尼动作影视等频道，在市场推广初期取得了明显效果，但最终在2003年7月，这些境外频道被迫取消。最后，即使可以播放，也要经过编辑才能播放。这是根据国家广电总局2004年10月23日起执行的《境外电视节目引进、播出管理规定》（国家广播电影电视总局第42号令）凡“经批准引进的其他境外电视节目，应当重新包装、编辑，不得直接作为栏目在固定段播出”①。

五、多种渠道促进付费电视频道内容专业化、个性化的发展

内容为王，不仅是免费电视频道成功的经验，更是付费电视频道成功的经验，要打造专业化、个性化的付费电视频道内容，就要采用多种渠道来促进付费电视频道节目内容的发展。

1. 推行制播分离为主体的体制

制播分离应该成为现在的主体，而不应仅作为补充模式而存在。就我国电视业的发展现状看，制播改革的操作模式主要有三种：一是以栏目为单位，将栏目的制作业务分离出去；二是以频道为单位，将频道的制作和经营的业务分离出去；三是将电视台内部的制作部门进行改制和剥离。

20世纪70年代开始，西方国家对电视网的制作垄断加以限制，颁布相关的法规，鼓励独立节目制作公司发展，促进电视制作多元化。以美国为例，20世纪70年代，电视网的经济力量过于强大，实行“制播合一”，控制了美国整个电视制作、销售和播出产业链，这种垂直整合对于电视产业竞争环境非常不利，辛迪加节目市场遭受重大打击。为了打破三大电视网的市场垄断和提高节目的多样化水平，美国FCC（Federal Communications Commission，美国联邦通信委员会）在1970年到1995年实施了《金融利益与辛迪加法案》，强迫三大电视网在节目中采购大量独立电视节目制作人的节目。同时，1971年到1996年FCC颁布了黄金时间享用权法规，限制电视网对附属台黄金时间节目的提供。这种框架设计鼓励新的节目制作者和发行商进入电视产业，减少电视网对附属台节目的控制，试图防止垂直一体化的强大的电视网操纵电视产业的整个供应链，提高节目制作领域的竞争，促使电视节目制作部门从电视播出部门分离出来。②

从国外的制播分离发展来看，我国由于过多地考虑意识形态的控制以及电视

① 《境外电视节目引进、播出管理规定》，见http：//www.mofcom.gov.cn/aarticle/b/g/200412/20041200320478.html。

② 参见肖叶飞、栾颖《中西电视制播制度的比较分析》，载《传媒》2010年第5期。

台部门的现有利益，迟迟不能真正地推行制播分离，最终导致我国的电视节目，尤其是付费电视节目的供给不足、质量低下，这导致的付费电视经营不善又反过来使节目内容质量更加不高。因此，只有实现制播分离，允许和支持民营电视制作机构的发展，才能使得付费电视的内容实现有效供给。

2. 自制原创节目

付费电视频道必须重视原创的可替代的节目的制作。这些节目一定是观众特别需要的，而且通过其他渠道也无法获得的独有资源。自制节目可以做到内容的权威与资源的垄断，锻造不可克隆的频道内容，而且往往在播出后能收到甚佳的效果。国外的付费电视频道大多都有自己的原创节目部门（Original Programming），专门负责电影、电视剧、纪录片等原创内容的策划和开发。美国付费电视频道原创的电视剧《越狱》、《迷失》、《欲望都市》、《绝望主妇》，原创的选秀节目《美国偶像》、《舞林争霸》等，就是很好的例子，甚至引起了国内乃至世界各国很多电视台的模仿。HBO 正是凭借着其制作精良的原创产品在美国创造了多个收视奇迹，风头甚至盖过了 ABC、NBC 等国家电视台。

3. 与社会机构合作制作节目

付费电视频道对内容的专业性要求比较高，单单依靠广电机构自制节目是不够的。因此，扩展节目源成为付费电视频道的开办基础，包括购买、与社会机构合作制作、交换等。传统电视频道节目源的开拓方式在付费电视频道中得到了更为全面的发展。以江苏“靓妆”频道为例，该频道每月的节目制作费高达几百万元，为了强化节目的国际性，“靓妆”频道投入大量资金，通过法国 Fashion TV 在国内的版权代理唐龙国际传媒进行紧密合作，节目更加个性化。2004 年 6 月，“靓妆”频道在首届中国数字电视公众评选活动中，被评为“最佳节目供应奖”。2004 年 9 月，在搜狐 IT 频道所做的“您最感兴趣、愿意订购的频道”调查中，“靓妆”频道在省级付费电视频道中排名第一。① 又如，吉林电视台开办的“吉祥购物”频道是由吉林电视台与上海合家购物有限公司合作推出，全部节目在上海制作完成，吉林电视台负责节目的策划和播出，上海合家购物提供完善、丰富的物流保障。重庆电视台“汽摩”频道则是与星美集团友通数字媒体有限公司进行合作，星美参与内容制作与频道经营。而“弈坛春秋”频道是由北广传媒和美嘉传媒共同推出的专业围棋数字电视频道。这些都是社会机构与付费电视频道合作经营的积极探索。社会机构参与付费电视频道建设，一方面保证了付费电视频道初期运营所需的大量资金投入；另一方面也为频道带来了市场化的运作经验。这为付费电视频道节目内容的开放、频道衍生经营的拓展、频道推

① “江苏卫视频道、靓妆频道简介”，见 http：//women. sohu. com/20050819/n240274424. shtml。

介的市场化等奠定了基础，因此也成为众多付费电视频道的选择。

4. 整合已有的节目资源

付费电视频道可以充分利用现有的节目资源，例如，美国的HBO付费电视，在发展初期就是采用低成本购买老电影，经过重新编排，以电影专业频道的形式播出，等实现了一定的专业化之后，再生产更多的差异化和优质化的节目。又如，中央电视台开办的付费电视频道就可以免费使用中央电视台的现有节目资源，而对这些节目资源只需进行重新整合和编排就可以。例如，中央电视台开办的付费电视频道其主要节目源都来自于央视的资源库。以央视风云系列数字付费电视频道为例，“风云剧场”和“第一剧场”基本以旧电视剧为主，“央视精品”则干脆完全是央视曾经播出的栏目集合。虽然这样的节目来源没有新的内容，但是通过整合可以挖掘沉没了的资源，还可以减少自制节目和购买节目中存在的高昂成本问题。

在整合现有的节目资源过程中，需要在付费电视频道的节目选编上下好工夫，提高节目的编辑、编排和包装水平。也就是说，对于节目库中已有的节目资源，按照付费电视频道的专业定位和播出要求重新选择，并进行二次加工、包装和利用。对节目资源的二次利用实际上是一个二度创作的过程。通过编排出效益，合理利用节目资源、提炼宣传亮点；通过独具特色的编排组合与包装，使尘封已久的节目资源得到最大限度的开发，使重播节目发挥其意想不到的播出效果，使频道原有的强势节目得到最有效的宣传和推广。同时，又可以在一定程度上与开路频道的节目相区别，使观众获得耳目一新的感觉，弥补付费电视频道节目内容的不足，极大地吸引目标用户收视。这不失为现阶段提高数字付费电视频道节目质量的经济、便捷和有效的途径。

5. 购买内容独家与稀缺的节目

自有版权的核心节目内容的构成不仅仅包括自办节目，还包括独家买断播映发行权的节目。向电视节目制作机构购买已经制作好的电视内容产品，其可选性较大、即买即用、成本较低。但是目前我国电视产品市场还不规范，电视制作机构水平参差不齐，节目质量差别很大，因此在购买节目时一定要选择那些有实力的制作单位制作精良的节目。要购买内容独家与稀缺的节目，而要做到内容独家与稀缺，就要垄断资源，即垄断节目内容素材和题材资源。如英国天空电视台的发展史就是英国足球超级联赛的发展史。正是由于对英超转播权的独家垄断，天空广播公司才会有如此之快的发展速度，天空广播公司才得以有今天的成就。同样，正是由于有天空广播公司，才有贝克汉姆们的今天。因而，对某些精品节目、热门节目进行独家播放权的购买，以垄断节目资源，从而形成本频道独有的核心内容这一做法是非常可行的。如中央电视台独家买断了电视剧《京华烟云》

的播映权，湖南卫视独家买断韩剧《大长今》的全国播映权，贵州“天元围棋”频道对围棋比赛资源的垄断，等等。

6. 引进国外节目

单纯依靠我国自身有限的电视节目生产能力，来满足付费电视频道节目内容需要，并形成具有吸引力的内容优势，在短时间内是有很大困难的，需要一个较长的过程。而在这个过程中，由于内容贫乏将影响付费用户的规模、导致付费用户的流失，既不利于我国数字付费电视的成长壮大，也不利于我国数字电视产业的发展推进。而现阶段，境外的电视节目数量众多、内容丰富，相对来说较为专业化，很多节目的内容和形式极具新意和创造力，能够满足用户的好奇心、求知欲及寻求刺激等方面的需求，因而对我国用户的吸引力很大，可以说境外电视节目在我国拥有很大的发展空间。因此，国内付费电视频道的内容提供商应该在政策允许范围内，在可以利用的条件下，充分利用境外优秀的节目资源，加以引进、整合，这也应该是一条有效的道路。国外付费电视频道的经验表明，引进或购买优质的节目是其生存发展的一个重要的保障，例如，英国天空广播公司购买了很多体育节目的独播权，尤其是英超联赛，并最终成功。英国天空广播公司在1992 年时击败了 BBC 和 ITV，付出了 3 亿英镑来购买英超联赛的独播权。英国天空广播公司的控制人物默多克把体育电视节目作为付费电视发展的突破口，因为其能提供一个很好的客户基础。① 总之，国外节目的引进可以在一定程度上解决我国目前数字付费电视节目内容紧缺的问题，也会给数字付费电视发展带来生机。央视风云公司在其数字付费电视频道“第一剧场”中每天推出 6 小时 HBO 的电视节目，观众可以欣赏到 HBO 最新的、原创的节目，包括由 HBO 独家创作的电影与连续剧等，从而真正实现了数字付费电视频道和模拟免费电视频道的内容差异，解决了数字付费电视频道内容短板，吸引了较大数量的用户购买，使“第一剧场”一直保持着较高的市场占有率和良好的品牌形象。

① Douglas, Torin (12 March 1999). “Murdoch's rise to the top”. BBC News. http://news.bbc.co.uk/1/hi/special_report/1999/03/99/murdochs_big_match/167937.stm. Retrieved 5 March 2007.

第十四章　付费电视频道的品牌化建设

对于付费电视频道来说，首先要做到专业化，然后是个性化，而专业化和个性化的目的是品牌化，只有建立一个富有品牌的付费电视频道，才能在与免费电视频道以及其他媒体的竞争中获得胜利。以品牌创造电视媒体的差异化特征，不仅有利于受众对付费电视频道品牌的认知度和满意度等的提高，也有利于电视媒体自身战略体系的建设。例如，我国的付费电视频道运营商代表——中数传媒在2004年到2008年的四年中，提出了以“市场份额、知名度和忠诚度”作为衡量标准的品牌评估体系，并紧密围绕这三个层面来进行市场运营的品牌建设。

在长期的制作经验和发展历程中，我国免费电视频道创立了一个又一个著名品牌，例如，中国广播电视协会评选出2005年“十佳”栏目，其中电视栏目《法治在线》（中央电视台）、《直播南京》（南京广播电视台）、《新闻夜航》（黑龙江电视台）《真情旋律》（河北电视台）、《往事》（湖北电视台），这5个栏目均为免费电视频道的栏目。[①]

相比免费电视频道的品牌化，我国付费电视频道的品牌化还未真正展开，那么如何才能更好地实行付费电视频道的品牌化？本章将对此进行分析。

一、付费电视频道品牌的评价指标和内容

品牌是给拥有者带来溢价、产生增值的一种无形的资产，它的载体是用以和其他竞争者的产品或劳务相区分的名称、术语、象征、记号或者设计及其组合。品牌增值的源泉来自于消费者心智中形成的关于其载体的印象。品牌是企业生存的根本，是产品的名片，对消费者而言，是可以长期依赖的使用价值的简化描述，可使品牌背后的产品和服务区别于其他竞争对手。品牌有利于受众的选择。信息爆炸的同时，信息内容越来越趋向于同质化。在电视领域，随着数字付费电视频道的出现，电视频道数量大幅增长。一个体育爱好者可能会面对五个以上的

---

① 参见张君昌、吕鹏《2005中国电视品牌栏目年度报告》，载《电视研究》2006年第3期。

分众化付费体育频道，它们定位相似、价格差别不大，品牌也许就成为他选择的最重要的依据。很多观众对一些频道和节目百看不厌，最主要的原因是其具有品牌效应。另外，好的品牌的产品即使价格偏高，也能受到一部分消费者的青睐。因此，要想在这个复杂的竞争环境中生存下去，品牌的建设乃是不变的法则。媒介只有通过创造和扩大品牌价值才能提高用户的忠诚度，才能吸纳更多资金，从而赢得更大的发展空间。

付费电视频道品牌的评价指标包括以下几个方面：①知名度。成功的付费电视频道品牌要有一定的订户，或者有相当数量的收视率，以及可能会成为潜在订户的观众。②满意度。成功的付费电视频道必须较大满足目标观众群的需求，观众对付费电视频道的栏目定位和自己需求水平契合比较满意，即使当付费电视频道也存在广告的情况下，它也能满足广告主的需求。③美誉度。美誉度指的是付费电视频道的经营方式及播出节目在社会赢得广泛的赞同。④忠诚度。付费电视频道必须要有一定规模的忠实观众群，他们不仅订阅付费电视频道，而且经常或定期收看它的节目，了解它的定位和发展过程，对付费电视频道的每一个变化都给予关注，经常指出付费电视频道的存在问题并为之建言建策。

而付费电视频道品牌的内容包括以下几个方面。

1. 内容产品

指的是包括数字付费电视频道的栏目、节目在内的内容，即能吸引特定的目标受众的个性化、专业化、精彩丰富的节目。电视栏目是频道的基本框架和组成部分。观众对于频道品牌的认知往往是基于对频道节目、栏目的认可。优秀的频道要有精品栏目，精品栏目可以制造优秀节目，提高频道知名度和美誉度。如HBO的纪录片中，在一位人权运动人士的带领下，一队HBO工作人员利用隐藏镜头纪录了一个在沙漠中虐待童工的秘密基地。在那里，一些5岁以下的男童被训练去赛骆驼，那是沙特阿拉伯的国民运动。这个时长为半小时的调查节目揭露了一个非常低调的童奴交易集团，他们先后绑架或交易了100多个来自巴基斯坦和孟加拉的年轻男孩，然后逼迫这些男孩成为沙特阿拉伯的骆驼骑师。这部纪录片赢得了2004年体育艾美奖的“杰出体育新闻”和2006年杜邦－哥伦比亚大学奖的“杰出放送新闻“。这部纪录片也引起世界对中东儿童骆驼骑师情况的关注，并最终导致卡达政府和沙特阿拉伯政府禁止儿童参与这个运动项目。HBO的纪录片这一优秀栏目有效地提高了HBO的订阅率、知名度、美誉度，扩大了其在公众心中的品牌效应。知名主持人也是频道品牌的一个重要组成部分。总之，办好节目，创名牌栏目、精品栏目是频道品牌形象建设的重中之重。

2. 标识形象

标识形象是一个品牌的外在形象，是传达一个品牌知名度和美誉度的基础和关键。付费电视的标识形象指的是其频道识别体系。识别体系是一个频道标志性符号的集合体，它由频道的台标、宣传语、宣传片等元素组成。无论节目、栏目、频道都有一个形象设计，也就是最基本的形象标志。作为一个整体概念，独特的标识系统有助于观众记忆、识别频道并留下深刻印象，对一个频道整体风格的形成和良好形象的树立起着很大的作用。好的标识形象设计，能使人过目不忘。频道识别体系的建设对于电视频道的品牌形象塑造而言是非常重要的。台标是识别电视频道形象的标志和依据，是电视频道品牌在观众心中的记忆点。台标要能够反映频道精神和特点，且造型科学优美。好的台标既便于识别，又寓意深刻。

一般而言，简洁明快又代表着某种地域形象或文化特征的电视台标，往往能给观众留下深刻的印象。如香港凤凰卫视中文台的台标，突破了以往红、蓝、绿三原色为主的束缚，大胆运用金色，鲜明富丽，图案是由一对金凤凰旋转飞舞而形成的圆形，既充满现代的生活气息，又蕴涵中国传统文化的魅力。[①] 而最初北京电视台的台标设计意义是三个卫星上天就能覆盖一个地球。2001 年，北京电视台与北京有线电视台合并组建成新的北京电视台，曾征集了新的台标，收到应征方案 2000 多件，也从中选出了一些相对较好的，但是经过讨论论证，还是沿用原来的台标，只是把原来的台标中三个卫星信号的线道数简化了些，原来台标中“TV”两个字母是相连的，如今不再是连着的。之所以如此，是因为这一台标的品牌标识已经固定下来，并得到普遍认可，它能够比较清晰地表达电视媒体的特性和卫星电视传播的技术特征，具有全球传播的媒体理想。当然，电台标识也要随着时代的变化而变化，才能满足受众不断变化的心理需求，如美国付费电视 Showtime 原来的标识是在星空背景环绕下的卡贝尔字体的文字，这一标识在 20 世纪 80 年代初被一个里面有一个电视屏幕上的圆形球体所替代，而“Showtime”的字体已变得很前卫；在 1984 年到 1990 年间，其标识的文字再次变为斜体及富兰克林哥特式，而左上部分的“T”则与右上部分的“W”相交；而到了 1997 年，其标识的电视屏幕图形位置下降，而斜体文字成了标识的主要部分。

宣传语看似简短的一句话语，却凝聚着媒体人的智慧和创造，有利于创造品牌的标识形象。一句“讲述老百姓自己的故事”让中国的电视观众从此记住了《东方时空》这个栏目。BBC 的宣传语是“准确，平衡，深度”，华尔街的宣传语是“我们的事实是被精确和公正表现的”。频道宣传片是展示频道自身形象的一个窗口，也是频道品牌内涵的重要体现。频道宣传片在塑造频道形象、传达频道特色、体现频道服务理念、展示频道特有的内在品质、提高频道在观众心中的

---

① 参见李瑶、胡睿《浅析凤凰卫视品牌的整体塑造和扩张》，载《现代传播》，2002 年第 4 期。

地位等方面有着重要作用。例如，中央电视台“传承文明，开拓创新”、“有形世界，无限风光”等众多的形象宣传，则代表了党和国家的形象，很好地突出了庄严、大气、恢宏的特色。而美国付费电视 Showtime 历年的宣传语多年都在创新，下表 14－1 为美国付费电视 Showtime 历年的宣传语英文原文及中文翻译：

表 14－1　美国付费电视 Showtime 历年的宣传语中文翻译及英文原文

年　份	中文翻译	英文原文
1976—1980	我们相信你会喜欢看	We're Sure You're Going to Like What You See
1980—1982	你不会看不到东西	You Ain't Seen Nothing Yet
1982—1984	所有目光都关注 Showtime	All Eyes Turn for Showtime
1984—1988	让我们兴奋	Showtime Excitement / We Make Excitement
1989 年	这儿你能看到，那儿你看不到	Here You See Them. There You Don't.（“Here” refers to Showtime；“There” refers to HBO）
1990—1993	我们使你高兴，没人能比得上	We Entertain You Like No One Can
1993—1995	将有好事发生	Something Good is Gonna Happen
1995—1997	节目像荷里活的，没人曾看过	Hollywood Hits No One Else Has
1997—2005	无极限	No Limits
2005—2011	最好的电视	TV. At Its Best.
2011—2012	振作起来	Brace Yourself
2012—现在	紧紧抓住	Hold on Tight

而美国付费电视 HBO 历年的宣传语也在不断创新，请看下表 14－2：

表 14－2　美国付费电视 HBO 历年的宣传语中文翻译及英文原文

年份	中文翻译	英文原文
1972—1975	这里是 HBO，家庭影院，节省时间的付费电视	This is HBO，the Home Box Office. Premium Subscription Television from Time－Life
1975—1976	与众不同且在第一时间	Different and First
1976—1978	最伟大的娱乐选择	The Great Entertainment Alternative

续表 14－2

年份	中文翻译	英文原文
1978—1979	家庭影院	The Home Box
1979—1984	HBO 的人们不容错过	HBO People Don't Miss Out
1984—1985	没有什么能像 HBO	There's No Place Like HBO
1985—1988	没有人能像 HBO 一样	Nobody Brings It Home Like HBO
1988—1989	在 HBO 里看我们	Watch Us Here on HBO
1989—1990	让我们在一起	Let's All Get Together
1990—1992	最好的电视时间，最好的电视节目	The Best Time on TV/The Best Movies
1992—1993	我们是 HBO	We're HBO
1993—1995	今天我们不在城市	We're Out of Town Today
1995—1996	很特别的东西在播放	Something Special's On
1996—2009	这不是电视，这是 HBO	It's Not TV. It's HBO.
2009—2011	超越你想象，这是 HBO	It's More Than You Imagined. It's HBO
2011—现在	这是 HBO	It's HBO

总之，宣传语的精心选择对付费电视品牌的建构起着很大的作用，能够吸引受众，留住受众，树立自己的形象。

3. 企业形象

包括员工形象和服务形象等。员工形象指的是频道员工的品行、素质、作风、能力、态度、仪表，频道管理者的领导作风，以及栏目主持人的风格、仪态等，员工形象体现出频道的品牌内涵。服务形象，既包括节目内容的服务性，也包括各部门通过服务行为展现的形象。

4. 文化形象

媒介文化是一个媒介品牌的灵魂，也是一个媒介品牌存在的精神保护，品牌的奥秘几乎都可在文化里找到原因：社会学家米歇尔·维莱特写道：“管理领域染指了所有社会环节，以制造一个普遍文化模式的形象。”①因而文化形象是频道品牌建设最重要的因素。用户在观看节目过程中体会到的价值观念、管理哲学、历史与传统、职业与道德、行为与规范，都构成了频道品牌的内涵。文化形

① 米歇尔·维莱特：《相信管理的人》，巴黎 Le Seuil 出版社 1988 年版。

象对于用户选择、购买数字付费电视频道，有着重大的影响。

二、付费电视频道的品牌建设

当前，我国付费电视品牌建设还处在起步阶段，市场因素与非市场因素交织，全国性品牌与区域性品牌混杂。从品牌建设上来看，当前付费电视频道品牌重叠，质量良萎不齐，自身品牌认知模糊。关于这一点，国际上成功的做法是：抓住主业，深耕细作，将自己树立为所在领域内的第一品牌，而很少涉足自己不擅长的领域。比如 Discovery 不会去拍电视剧，而 HBO 虽然也涉足体育赛事，但其立足点仍然是影视剧。[①] 这里，笔者提出以下八种品牌建设的方法。

1. 以受众调查为品牌定位的基础

付费电视频道品牌经营应以受众为市场导向，而不应仅把竞争者作为品牌经营策划的针对目标，如果过于强调以对手为经营策略基准，则极容易陷入被动地步，难以保持自己的品格特色，而被竞争对手牵着走，成为市场的跟从者。为此，品牌经营要在受众调查的基础上进行准确的定位。所谓定位，就是对品牌进行战略设计，以使其能在目标消费者心中有一个独特有价值的位置。定位是品牌之母，其主要含义是寻找到品牌在电视市场中、受众心目中的最佳位置，确立品牌的热点、趣点、视点和卖点。其实质是电视媒介为品牌创造培养一定的特色和个性，树立一定的市场形象，以满足受众的需要、欲望和偏好。著名的电视台或频道都有自己鲜明的定位，如 CNN 的定位是：全球化与专业新闻，[②] 山东卫视推出的定位策略是“永远不会和你说再见的卫视频道”；2005 年 9 月四川卫视打造“中国故事特色频道”；[③] 央视二套 2003 年 10 月 20 日改版，新的经济频道挥舞“为百姓大众、为中国经济”的大旗，定位是以经济资讯为核心内容，具有专业特色的服务频道，展现给观众一个鲜明的频道品牌[④]。

品牌定位明确，个性鲜明，才会有明确的目标消费层，唯有明确的定位，消费者才能感受到商品特色，有别于同类产品，从而形成稳定的消费群体。定位表明了媒介品牌的身份并赋予情感和理性的意义，定位是受众心中关于这个媒介品牌最合适、最关键的记忆。而且，唯有定位明确的品牌，才会形成一定的品位，成为某一层次消费者文化品位的象征，从而得到消费者的认可，让顾客得到情感

① 参见俞凡《中国数字付费电视发展道路浅析》，载《新闻界》2010 年第 1 期。

② 参见彭吉象《机遇与挑战——电视专业化频道的营销策略》，中国广播电视出版社 2006 年版。

③ 引自罗贯生《演绎大众品牌成功故事》，载《市场观察 · 广告主》2005 年 10 月。

④ 参见陈揖宝《央视以霹雳手段塑造频道品牌》，《21 世纪经济报道》2005 年 9 月。

和理性的满足感。定位能带来差异化，而差异化使得其在竞争中能更好的取胜。例如，《百家讲坛》通过调查被访观众，发现被访观众对《百家讲坛》的品牌形象看法是：一位有名望的40岁到60岁男性教授，稳重，知识渊博，和蔼可亲，风趣幽默，为人比较严谨，过着朴实、深居简出的生活。最后确立了《百家讲坛》的品牌身份为一个学识渊博，观点独特，以普及中国优秀传统文化和传播科学历史观为己任，具有大家风范的智者。《百家讲坛》拥有了品牌身份，就更好地区别于其他品牌。① 又如，《快乐大本营》每期开头有句话："快乐大本营，天天好心情"，就是这个栏目的市场定位，其差别化的市场定位，使这个品牌创造和培养了一定的个性和特色。

品牌定位并不是一次或者几次受众调查就可以完成的，因为受众的价值观念和需求是不断发展变化的，所以品牌经营需要继续调查，时刻注意随着时代变化而发展的受众观念，不能让自己的经营观念落后于受众的需求。当原有的品牌已不适应新市场环境，就要撤退和停办，用新的品牌取而代之。如浙江电视台的《欢乐时光》是在《快乐浪潮》下设立的，开始时也受到受众的欢迎，收视率较高。但几年后，受众欣赏口味发生变化，加之同类节目太多，而节目自身又缺乏优势，因而台领导当机立断，以新的品牌《大挑战》取而代之。②

品牌如其他产品一样，也有生命周期，如孕育期、成长期、成熟期和衰退期，因此要以动态的眼光观察市场的变化，预见到未来的市场需求，尤其不能一味跟风。品牌的活力在于不断创新，永远走在市场前面，而这一切都来源于不断的受众跟踪调查。

2. 以 SWOT 分析作为品牌战略制定的前提

付费电视频道的品牌经营应该建立在认真分析自身的 SWOT 基础上进行。SWOT 是一种分析方法，用来确定组织本身的竞争优势、竞争劣势、机会和威胁，从而将组织的战略与组织内部资源、外部环境有机结合。清楚地确定组织的资源优势和缺陷，了解组织所面临的机会和挑战，对于制定组织未来的发展战略有着至关重要的意义。而制定战略的基本思路是：发挥优势因素，克服弱点因素，利用机会因素，化解威胁因素；考虑过去，立足当前，着眼未来。运用系统分析的综合分析方法，将排列与考虑的各种环境因素相互匹配起来加以组合，得出一系列公司未来发展的可选择对策。

例如，中央电视台《法律讲堂》认真分析了自身的优势、劣势，以及外部的机会和威胁，发现其优势为：中央电视台的传播平台优势，国内其他电视台尚

---

① 参见万卫《百家讲坛》品牌形象的建设，《电视研究》2010 年第 3 期。
② 参见詹成大《电视媒介品牌经营探析》，载《现代传播》2004 年第 4 期。

无可匹敌；通观国内各电视台，《法律讲堂》是目前唯一一档比较纯粹的法律讲座类节目，可以用口述这种较为灵活的方式表现其他法制类节目无法表现的内容，选题更加灵活。其劣势为《法律讲堂》自身的品牌尚未形成，观众分辨和记忆度还不高，节目虽然有不少观众在看，但是能够脱口说出栏目名称的还不是很普遍；《法律讲堂》节目内在品质有待进一步提高，影响力还不够；《法律讲堂》的主讲嘉宾还没有形成个人明星品牌效应；《法律讲堂》的讲述形式，在某些时候可能会显得单调。其机会为：现有的高收视率、已经取得的较高观众满意度，为《法律讲堂》树立品牌形象打下了扎实的品质基础；在全国范围内尚未出现完全类似的节目可与之竞争，这为《法律讲堂》打造中国电视第一普法讲座节目提供了机会。其威胁为：《法律讲堂》的成功可能会引来众多的仿效者，其讲述方式也较容易模仿；《法律讲堂》节目自身如不在品质上有所提升，可能很容易被超越；其他法制类节目虽然少了口述的灵活性，但有画面吸引力的优势，会在某种程度上争抢《法律讲堂》的观众。通过分析得出《法律讲堂》在现有优势下抓住机会，避免劣势，对抗威胁的出路和根本都指向了品牌建设，只有切实实施品牌战略，才能够在竞争中立于不败之地。① 从《法律讲堂》的这一例子可以看出，品牌建设必须扬长避短才能实现。

3. 品牌建立是一个系统工程

系统是由一些相互联系、相互制约的部分结合而成的、具有特定功能的一个有机整体（集合）。从品牌的概念我们可知，品牌建立是一个系统工程，要考虑知名度、美誉度、满意度和忠诚度等方面的问题。例如，中数传媒就将市场份额、知名度和忠诚度作为建设品牌的三个主要方面。首先，中数传媒抢占全国付费电视的市场份额。市场份额（market shares）指一个企业的销售量（或销售额）在市场同类产品中所占的比重，直接反映企业所提供的商品和劳务对消费者和用户的满足程度，表明企业的商品在市场上所处的地位。市场份额是企业的产品在市场上所占份额，也就是企业对市场的控制能力。在面对四大数字付费电视频道运营机构的竞争中，截至2008年4月，中数传媒集成频道共有40个，是四大数字付费电视频道运营机构频道继承数最多，涵盖内容最广的平台。中数传媒通过192家有线电视网络公司传输给用户，覆盖全国有线电视用户8000多万户，数字电视用户超过2000万，拥有在线付费用户400多万，这些都体现了中数传媒占据了集成频道第一、累计签约用户第一、主营业务收入第一的最高的市场份额。

其次，中数传媒竭力打造其品牌的知名度。知名度指一个组织被公众知晓、

① 参见魏淑青《〈法律讲堂〉的品牌之路探索》，载《电视研究》2010年第4期。

了解的程度，是评价组织名气大小的客观尺度，侧重于“量”的评价，即组织对社会公众影响的广度和深度。品牌知名度是关键的品牌资产，但是仅凭知名度却无法增加销售额，对新产品而言更是如此。在竞争激烈的细分市场中，提升品牌知名度并使其产生实际的销售收益对企业至关重要。中数传媒集合中央电视台的媒体优势，整合、拓展、宣传渠道资源，采用电视、网络、新闻舆论和宣传品四位一体的宣传方式来推动品牌的传播，提高其知名度。

最后，中数传媒还竭力打造其品牌的忠诚度。品牌忠诚度是指消费者在购买决策中，多次表现出来对某个品牌有偏向性的（而非随意的）行为反应。它是一种行为过程，也是一种心理（决策和评估）过程。提高品牌的忠诚度，对一个企业的生存与发展及扩大市场份额极其重要。为了提高顾客忠诚度，中数传媒开展一项回报付费节目用户的系列主题活动“央视尊贵之旅”。例如，在2006年到2007年，南京有数万电视观众通过数字机顶盒，订购收看了央视付费频道。这些节目包括“央视风云”、“央视剧场”、“成长无忧”和“康乐园地”共四种节目套餐。2007年，中数传媒在南京抽取了5名幸运观众，这些观众是以电脑随机抽选出来的，并送到北京参观中央电视台，其到北京的所有费用由南京广电网络和央视数字传媒共同承担。在北京的4天里，他们走进央视，做客《人物新周刊》栏目，参与现场制作与拍摄，获赠主持人签名的纪念品；还组织参观中央气象台，现场体验天气预报播报全过程；走进CCTV老故事频道（即中央新闻纪录电影制片厂），揭秘国家影像档案库，了解鲜为人知的真实故事。“央视尊贵之旅”已经在贵州、山东、重庆等省市成功举办。“央视尊贵之旅”的举办，有效推动中数传媒付费电视品牌的建立，促进各地付费电视频道的销售，通过这些活动，一方面促进用户与频道的交流，另一方面扩大中数传媒品牌在地方的影响力，促进付费电视频道的推广和促销，提高用户的忠诚度。①

4. 品牌创新是品牌保持的灵魂所在

品牌创新，实质就是赋予品牌要素以创造价值的新能力的行为，即通过技术、质量、商业模式和企业文化创新，增强品牌生命力。品牌创新可分为质量（管理）创新、技术创新、商业模式创新和企业文化创新。品牌创新是保持付费电视频道品牌的关键所在。因袭和模仿不可能创造经典的媒介频道，追求原创和创新是缔造媒介品牌帝国的钥匙。

付费电视要在管理、市场营销和组织体制等方面锻造新能力、推出新行为，进行品牌创新。这方面，免费电视频道已有比较好的经验，如北京电视台的《首都经济报道》创办于1998年，经过2001年的几次创新，有了很大的改变：

---

① 参见王焰《创意新电视——中国数字电视中央军纪实》，鹭江出版社2008年版。

①从导演中心到主持人中心的转变。栏目原来的主持人，从新闻播报的角度来说并不差，但是缺乏鲜明的特点和个人的亲和力，后来选择了两个比较亲民的搭档——高潮东和姚长盛来搭档，改变原来播报式的状况。②价值取向的转变。如《民生财经》，原来的节目在价值取向上基本偏向于宏观报道，而现在突出的是微观视角，突出老百姓的衣食住行，就是用民生眼去看财经，从百姓的角度去看待一个所谓的经济视点或者经济生活中发生的事情。③服务理念的变化，以多种互动为手段，真心为受众服务。把广播电台常用的互动手段嫁接到电视节目特别是资讯类的节目中来，并采取多种互动尝试。例如，每天有大量的人发来短信，这些短信有三种方式的互动，一种是观众提供新闻线索或者观点为电视所用的，就在节目中直接反馈，甚至以奖品作为一种互动的回报。再一种是给栏目发来短信或者电子邮件，提出一些对节目的看法或者提供对某一篇报道的见解。第三类是节目中“飞”的字幕，直接回答一些非常实用的问题。北京电视台的《首都经济报道》改变了新闻从业人员的观念，完全改变了过去“你说我听、我报你听”的状况。④以互动直播再造资讯平台。《首都经济报道》所在的资讯平台提供了一个话语平台，从理论上讲，所有的人在这个平台上都可以发表自己对某一事情的看法，在发生一个新闻事件的时候，官方的说法、民间的说法、专家的说法、平台的说法都是平等的，是同样重要的，都可以在这一平台发表意见。因而，付费电视业可参考这些免费电视频道的经验，进行各种形式的创新。

5. 利用独特的个性来塑造品牌

付费电视频道要突出自己的特色。现代研究表明，消费者在选择品牌的时候，产品的功能只是其中一个必要条件，对他们更能产生作用的是情感因素。例如，电视媒体长期形成的风格所显示的一种人性化的“性格”就会对不同的观众产生不同的吸引力，当其以个性品牌能明确自己在消费者心中的个性形象的时候，就可以以此确定品牌的核心价值。

免费电视频道常利用其独特的个性来塑造品牌，例如，胡智锋教授曾发文指出中央电视台中文国际频道的《中华医药》由一个默默无闻的小栏目，成长为享誉海内外、具有很高公信力和美誉度的电视品牌栏目。首先，其内容独特。在中国电视对外传播的大格局中，以中华民族传统医药为内容的节目、栏目以往鲜有触及，而《中华医药》作为我们民族的瑰宝，在海内外有着广泛的影响。《中华医药》的创办，恰恰抓住了这一具有鲜明民族特色的内容领域，并把它转化为电视化内容。其次，节目生产高品质。从选题、板块设计到演播室的制作，直至与观众的沟通与交流，都按照电视节目生产规律和中华医药的科学规律进行组织生产，严格把关，力求精到、精致、精美。从内容、形式各个方面走节目优质化之路。再次，探索独特的理念与方式。从常规的求医问药，到具有时效性、当下性的健康问题，再到人类健康的发展新潮流；从医术医法到保健养生，再到民族文化深厚内涵的发掘、提升、传播，《中华医药》完成了定位的“三级跳”。从价值观层面看，在《中华医药》探讨独特定位的背后，以人为本的价值观像一条红线贯穿于栏目十年发展的历程之中，也体现在节目生产的各个环节之中。对生命的尊重，对健康的关注，对每一位观众的关爱，是栏目始终不渝的信条和追求。最后，与时俱进的不懈追求。业务上不断跟踪电视传播和中华医药研究的新的潮流与趋势，与时俱进地引入新的观念、手段与方法。[①] 总之，一档平凡的节目通过策划，也能创造出独特的个性。

6. 进行品牌延伸

品牌延伸（Brand Extensions）是指企业将某一知名品牌或某一具有市场影响力的成功品牌扩展到与成名产品或原产品不尽相同的产品上，以凭借现有成功品牌推出新产品的过程。品牌延伸并非只简单借用表面上已经存在的品牌名称，而是对整个品牌资产的策略性使用。品牌延伸策略可以使新产品借助成功品牌的市场信誉在节省促销费用的情况下顺利进占市场。

不过要注意的是，品牌延伸应使延伸产品与原来产品具有相关性，以及共享资源和利益。付费电视频道品牌延伸是为了充分利用已有的品牌资源，扩大品牌使用价值，在花费相对较低成本的情况下，开发主要产品之外的其他产品，扩大付费电视频道的经营范围和收入来源。付费电视频道的延伸线应该包括信息、出版和发行等产业。例如，美国的媒体非常注意品牌延伸，以《商业周刊》为例，目前该刊的产品线主要有三大条，每条大的产品线下面又细分出很多产品，如印刷电视媒体。[②] 又如，美国的付费电视频道发现频道（Discovery）在本土有很多连锁店，专卖国家地理杂志的录像资料、VCD、磁带等。通过推销媒体产品，旨在建立起跟新一代受众的关系，便于在不同环境里的重复，并大影响和知名度，延伸自己的品牌。

而对于付费电视频道来说，其品牌延伸可以考虑以下两种方法：①在品牌资源的基础上开发产品。开发产品的方法有：一是节目本身，如受观众欢迎的栏目，现场录制的时候可以向观众售票和发行节目光盘。二是关联商品，包括 CD、画册，为选手定做的电影或电视剧，由名牌主持人全程主持的演唱会，以及相关的服装、道具、电脑游戏等。三是服务形态，为消费者提供体验性的娱乐，如开

---

① 参见胡智锋《〈中华医药〉电视品牌建设的独特路径》，载《中国电视》2010 年 6 期。

② 参见周忠、李伯云“《南方窗》杂志总编辑秦朔美国归来谈文化”，见 www.sina.com.cn，2011 年 11 月 30 日。

办主题餐馆、主题酒吧、主题书店等。②将品牌产品推向市场。在宣传上，可以结合电视节目相关活动进行品牌产品推广；在组织形式上，可以依托电视频道成立专门组织，负责品牌产品的市场推广。甚至可以成立品牌经纪公司，以法人的形式在市场上进行商业活动。

现阶段，我国付费电视频道的品牌建设还处于初创期，尤其是部分小众化、专业化的频道在短时间内很难得到市场的认可，其赢利也存在不小的难度。为此可以采取和一些有影响力的品牌进行捆绑销售的策略。借助传统品牌的影响力进行产品和服务的延伸，即利用知名品牌的品牌资产提升自身的品牌价值，是处于品牌初创期的媒体产品一个有效的策略。如辽宁电视台开办的“游戏竞技”频道，是国内第一家面向全国播出的数字付费游戏频道，它的品牌策略就是将“游戏竞技”频道和辽宁电视台的品牌进行捆绑、共同销售，凭借辽宁电视台多年积累的品牌影响力，同时通过与知名品牌合作，逐渐打开市场。中央电视台也从原先的传统电视频道产品，延伸到“CCTV. com”的网络品牌以及数字付费电视的“央视精品”频道。

7. 利用事件营销来塑造品牌

事件营销在英文里叫做 Event Marketing，国内有人将之直译为“事件营销”或者“活动营销”。事件营销是企业通过策划、组织和利用具有名人效应、新闻价值以及社会影响的人物或事件，引起媒体、社会团体和消费者的兴趣与关注，以求提高企业或产品的知名度、美誉度，树立良好品牌形象，并最终促成产品或服务的销售目的的手段和方式。简单地说，事件营销就是通过把握新闻的规律，制造具有新闻价值的事件，并通过具体的操作，让这一新闻事件得以传播，从而达到广告的效果。

事件营销是近年来国内外十分流行的一种公关传播与市场推广手段，集新闻效应、广告效应、公共关系、形象传播、客户关系于一体，并为新产品推介、品牌展示创造机会，建立品牌识别和品牌定位，形成一种快速提升品牌知名度与美誉度的营销手段。20 世纪 90 年代后期，互联网的飞速发展给事件营销带来了巨大契机。通过网络，一个事件或者一个话题可以更轻松地进行传播和引起关注，成功的事件营销案例开始大量出现。

《财富故事会》栏目是中央电视台经济频道精心打造的一档经济类节目。从 2005 年 7 月 18 日正式开播至今，一直备受瞩目，好评如潮。栏目以故事为主要表现形式，主打由寻求致富之路而引发的各类中外人生故事，关注主人公追逐财富梦想过程中的命运转折和心灵体验，传达健康的财富观。同时出版了同名图书。《财富故事会》栏目在 2005 年到 2007 年两年时间内，进行多次事件营销，如 2005 年 11 月 4 日主办了第三届中国民营企业峰会，2006 年 5 月 20 日主办了中国首届商帮峰会等。2007 年，《财富故事会》栏目开展的事件营销活动更加丰富多彩。1 月 1 日启动“财富新观念”大型征文活动，2 月 9 日在浙江温州举行了中国最受农民工欢迎的十大城市颁奖晚会，3 月 29 日在山东青岛举行为希望工程募集体育教育基金的大型公益晚会，7 月 18 日在北京举行栏目品牌建设研讨会。这一系列的事件营销大型活动在社会上引起了强烈反响，将《财富故事会》栏目健康积极的品牌形象传递给观众，以“春暖 2007：财富手拉手，希望一起飞”大型公益晚会为例，这次活动选择在 2008 年北京奥运会赛事举办地青岛市举行，市政府、中国青少年发展基金会、招商银行、统一集团等单位和企业参与，活动从前期的爱心企业征集，到新闻发布会的召开、活动晚会的录制、节目播出后的媒体跟踪报道等都经过了精心的部署。晚会在电视上虽然只播出一个小时，但整个活动却在社会上成为了一个大的新闻事件，而栏目则收获了知名度和美誉度，进一步提升了品牌。①

8. 利用品牌来进行多种经营

多种经营是指一个企业同时经营两个以上行业的经营策略，又称“多样化经营”。采用多样化经营策略的企业，参与多种商品和劳务的生产和销售活动。企业采取多样化经营，首先需要选择多样化方向，即在何种状态下选择何种多样化较为有效。多样化经营不仅包括产品品种的扩大，并且包括生产和市场范围的扩大。目的在于分散风险，避免某种产品市场商情变动而影响收益，充分利用生产潜力和市场销售潜力等。品牌一旦形成，就拥有了品牌价值，就可以品牌为依据，利用其品牌效应进行多元化拓展，也就是频道的多种经营。可以通过品牌授权的方式，寻求更广泛的资本合作、衍生经营等多种方式创造新的赢利点。如《美国偶像》这个节目，就把版权卖给多个国家，从中获得了巨大收益。而 HBO 更是品牌经营的典范。除了那句代表性的“It’s not TV，it’s HBO”（这不是电视，而是 HBO）自我推荐外，HBO 还将经营延伸到电影制作、电视剧制作等众多领域，其制作的电影《大象》夺得了 2003 年戛纳电影节的金棕榈大奖。这些非主业的投入，都进一步巩固、强化“HBO”这一主打品牌的地位和优势。再如，我国数字付费电视频道“老故事”，是一个以汇集历史资料片为主的、相对小众的频道，在不少地方的销售业绩不错，在北京 60 多个付费电视频道中的收视率长期排名前位。频道主办者通过开办“老故事餐吧”、经营《老故事》画刊、投拍高清纪录电影《秘密访问》等方面，来积极支持频道品牌的推广。②

---

① 参见任学安《〈财富故事会〉栏目品牌发展策略诠释》，载《电视研究》2007 年第 10 期。

② 参见孟祥飘《没有品牌的品牌营销——略探数字付费频道之品牌营销》，《广播电视信息》2009 年第 11 期。

第十五章　付费电视的市场营销策略

付费电视除了要提高内容质量，还要注重市场营销。目前，国内付费电视的市场营销主要有两种方式：一种是由集成运营平台统一运作，一种是各频道自己进行的推广。集成平台把所集成的平台作为一个整体，统一包装，统一形象，统一推广，统一销售。平台集成的优势是减少频道在运营上的投入，降低入网费；劣势是付费电视自身的主动权降低，显得不太灵活，而且需要支付代理费用。在付费电视推广初期，这笔上台费、上传费确实使得为内容已经大伤脑筋的频道雪上加霜。而频道自身的推广相比平台集成则更具个性化。自身推广的优势包括拥有营销主动权，选择网络运营机构更为灵活，并且不需支付高昂的代理费。做好市场营销的核心是制订灵活的营销策略，积极展开市场营销，促进付费电视的用户购买，并通过持续提供优质服务获得相对稳定的用户群体，同时不断地吸引新用户加入，最终建立为市场所接受的运营模式。只有这样，才能改变我国观众免费看电视的固有观念，培养其付费收看电视频道的习惯。所谓付费电视市场营销，是包括付费电视的音视频产品组合、打包、绑定和服务设计、定价、促销和分销的规划与实施过程，目的是创造能实现个人和组织目标的交换。要分析付费电视市场营销，首先要分析市场营销的相关理论。

一、市场营销相关理论

美国市场销售理论经历了从4P营销理论到4C营销理论的转变，这个转变也可以为电视品牌节目的制作与运营提供借鉴。所谓4P，指的是产品（Product）、渠道（Place）、价格（Price）和促销（Promotion）；4C即客户（Consumer）、便捷（Convenience）、成本（Cost）和沟通（Communication）。前者更为突出产品特征，后者则将注意力集中于需求的发现和满足。

1. 4P营销理论

4P营销理论（The Marketing Theory of 4P's）理论产生于20世纪60年代的美国，随着营销组合理论的提出而出现。杰罗姆·麦卡锡于1960年在其《基础营销》（Basic Marketing）一书中第一次将企业的营销要素归结为四个基本策略的组合，即著名的“4P's”理论：产品（Product）、价格（Price）、渠道（Place）、促销（Promotion），由于这四个词的英文字头都是P，再加上策略（Strategy），所以简称为“4P's”。1967年，菲利普·科特勒在其畅销书《营销管理：分析、规划与控制》第一版进一步确认了以4P's为核心的营销组合方法，即：①产品（Product）。注重开发的功能，要求产品有独特的卖点，把产品的功能诉求放在第一位。②价格（Price）。根据不同的市场定位，制定不同的价格策略，产品的定价依据是企业的品牌战略，注重品牌的含金量。③分销（Place）。企业并不直接面对消费者，而是注重经销商的培育和销售网络的建立，企业与消费者的联系是通过分销商来进行的。④促销（Promotion）。企业注重销售行为的改变来刺激消费者，以短期的行为（如让利、买一送一、营销现场气氛等等）促成消费的增长，吸引其他品牌的消费者或导致提前消费来促进销售的增长①。

2. 4C营销理论

在以消费者为核心的商业世界中，厂商所面临的最大挑战之一便是：这是一个充满“个性化”的社会，消费者的形态差异太大，随着这一“以消费者为中心”的时代来临，传统的营销组合4P似乎已无法完全顺应时代的要求，于是营销学者提出了新的营销要素。劳特朗先生1990年在《广告时代》上面，对应传统的4P提出了新的观点：“营销的4C”。它强调企业首先应该把追求顾客满意放在第一位，产品必须满足顾客需求，同时降低顾客的购买成本，产品和服务在研发时就要充分考虑客户的购买力，然后要充分注意到顾客购买过程中的便利性，最后还应以消费者为中心实施有效的营销沟通。

4C即：①消费者的需要与欲望（Customer's needs and wants）；②消费者获取满足的成本（Cost and Value to satisfy consumer's needs and wants）；③用户购买的方便性（Convenience to buy）；④与用户沟通（Communication with consumer）。有人甚至认为在新时期的营销活动中，应当用“4C”来取代“4P”。但许多学者仍然认为，“4C”的提出只是进一步明确了企业营销策略的基本前提和指导思想，从操作层面上讲，仍然必须通过“4P”为代表的营销活动来具体运作。

所以，“4C”只是深化了“4P”，而不是取代“4P”。“4P's”仍然是目前为止对营销策略组合最为简洁明了的诠释。其实，4P's与4C's是互补的关系而非替代关系。如：Customer，是指用“客户”取代“产品”，要先研究顾客的需求与欲望，然后再去设计、生产和销售顾客确定想要买的服务产品；Cost，是指用

① 来自“http://wiki.mbalib.com/wiki/4Ps%E8%90%A5%E9%94%80%E7%90%86%E8%AE%BA”。

"成本"取代"价格"，了解顾客满足其需要与欲求所愿意付出的成本，再去制定定价策略；Convenience，是指用"便利"取代"地点"，意味着制定分销策略时要尽可能让顾客方便；Communication，是指用"沟通"取代"促销"，"沟通"是双向的，"促销"无论是推动策略还是拉动战略，都是线性传播方式。

二、付费电视应建立起以消费者为核心的营销理念

以"消费者为中心"在其他商业领域早已是普遍的诉求，但在电视领域内才刚刚开始。数字付费电视的诞生，使电视媒介的传播发生了从"传者本位"到"受者本位"的明显变化，充分体现了"以人为本"的传播理念。

在数字付费电视产业价值链中，内容真正变成了产品，可以通过用户的消费为媒体带来直接收入。受众变成了用户，用户为数字付费电视买单，成为价值起点。用户通过支付数字付费电视的收视费，获得了收视的自主权，他们的需要是数字付费电视发展的原动力，是市场原点。对电视运营商们而言，他们关注的焦点由广告商转变为用户，直接面对广大用户，并与他们签订合同。运营商和用户的关系就不再是简单的广播式关系，而变为一种密切的信息服务供求的关系。免费电视依赖规模，重视"一群人的价值"；付费电视依赖深度服务，重视"一个人的价值"①。因此，数字付费电视从节目制作到营销都需要对其潜在的用户进行研究。

HBO开播伊始便树立主要依靠订户收费维持运营的商业模式，HBO追求的是一个非常复杂的传播效果：它并不急于取悦最大规模的受众，而是要找到满足基础订户中不同类型订户偏好的方式。比如《欲望都市》的收视率并不是非常高，但是它对女性观众有着很大的吸引力——女性订户比例占到HBO订户总数的40%。因此，HBO管理层最感兴趣的是"总体订户满意度，即关注点并不是多少人看了，而是那些观看的人中欣赏这部作品的人的比率"②。HBO的"总体订户满意度"正是以"用户为中心"的传播理念和营销理念的体现，它为其日后的巨大成功奠定了基础。

在数字付费电视营销战略的构建上，也要真正做到"以消费者为中心"。网络运营商特别需要重视和调查了解用户的消费心理特征，要根据消费人群的变化适时调整经营战略，持续为用户提供高质量、人性化的服务，才能维护和不断提高用户对付费电视的忠诚度，也才能不断巩固自己的阵地。如果数字付费电视的

---

① 参见杨继红《新媒体融合与数字电视》，清华大学出版社2008年版。

② 张潇扬：《美国付费频道HBO的成功之道》，载《青年记者》2006年第5期。

营销没有考虑用户的需要和感受，就势必会造成付费电视的市场推广陷入停滞，导致用户的流失。

以消费者为中心，就需要付费电视的经营者考虑以下四个方面的问题：①消费者的需要与欲望；②消费者获取满足的成本；③用户购买的方便性；④与用户沟通。只有建立在此基础上的客户服务和营销手段，才能真正地满足消费者的需求。一流的客户服务和营销手段是付费电视成功的另一个关键因素。因为付费电视是一个由消费者主导的产业，这是与公共电视极为重要的不同之处。相对于付费电视而言，运营公共电视频道要较为简单，无非是制作播出好的节目，卖出广告时段，与消费者并不发生直接的接触。另外，公共电视频道的数量也十分有限。而付费电视的运营商则可能会拥有几百个频道，要与成千上万甚至上百万的用户签订合同。用户花钱看电视，不仅仅是被节目内容所吸引，还对服务质量提出了更高的要求。

付费电视运营商要竭诚为客户服务，只有这样才能赢得忠诚的客户群。正是这种与观众间的直接关系，英国天空广播公司拥有“业界最好的订户管理系统和高效的市场营销体系”。英国天空广播公司在2003年使来自每家用户的平均营业收入增加了11%，但用户的流失率保持在10%以下，这在全球所有的付费电视平台中是最低的。事实表明，用户是认可英国天空广播公司的节目内容和服务的质量的。

在英国天空广播公司的客户服务中心有3500名工作人员，每周要接听来自用户或潜在消费者打来的上百万个电话。正是这些在一线接听电话的普通工作人员，将英国天空广播公司和消费者紧密连接在一起。调查显示，在从有线电视转到英国天空广播公司的用户中，约有30%的用户是被英国天空广播公司的优质服务吸引而来的。

从市场营销的角度看，维系老用户和发展新用户同样重要，而维系一个老用户的成本比发展一个新用户的成本要低得多。2004年，英国天空广播公司为吸引用户又出新招：推出智能会员卡。这种插进机顶盒的会员卡能够识别并记录用户看电视的习惯，如果某用户钟爱某一频道或节目，或者参加该公司的任何推广节目，便可以储存积分，积分到了某一水平，便可以免费看本来要付费的电视节目。为此，英国天空广播公司将对机顶盒进行一些改良。[①]

① “英国最大的卫星电视运营商BSkyB：出卖服务”，见 http:www. xinhuanet. com/newmedia/2005 - 07/29/content - 3284213. htm。

三、我国付费电视的市场营销经验

我国付费电视的市场营销已经形成了一个包括频道供应商、集成运营商、有线网络运营商和用户在内的完整的产业链。频道提供商把制作好的付费电视交给集成运营商，再由集成运营商统一传给有线网络运营商，由网络运营商通过本地有线网传递到用户家中，所获得的用户收视费在三方按照事先约定的比例分成。目前，付费电视的商业合作按5：4：1 的分成模式，即有线网络公司占50%，节目提供商占40%，节目运营平台占10%。

在这一产业链中，一个非常重要的角色就是集成运营商，这是在付费电视经营中心产生的角色，其主要职责就是把各付费电视传送到各地网络公司，并进行相关的代理营销。

目前，付费电视的推广主要有两种方式，一种是由中数传媒统一运作，一种是各频道自己进行的推广。中央节目平台会把所集成的频道作为一个整体，统一包装、统一形象、统一推广，形成整体合力。在2004 年的 CCBN 展会中，中央节目平台组织了一个大型的付费电视专门展区，向来自全国的网络运营商统一推介付费电视。

2004 年9 月1 号，中央电视台付费频道开始收费，定价为每个月58 元，这是6 个频道打包在一起的价格。2004 年9 月，中央数字电视集成平台中数传媒开始正式的商业运营，经过5 个月时间，发展了12 万付费用户，收入达到几百万元，占当时全国付费电视市场份额的95%。2005 年年初，中数传媒把14 个频道打包销售，定价为28 元/月，并形成了中数传媒平台现在的核心产品——央视基本包。后来，中数传媒通过市场调查了解，付费电视的价位在每月30 元左右能够为观众接受。

中数传媒针对不同市场和目标人群，设计了低、中、高三档产品，并分别采用不同的推广策略。央视基本包一直是中数传媒的核心产品，在中央数字电视平台从14 个频道发展到40 个频道，由于频道数量越来越多，种类也逐渐丰富，较为单一的产品结构越来越难以满足市场的需求。新的央视基本包是通过增加频道数量，提高频道品质，完善频道内容，为用户精心提供家庭数字付费电视一揽子解决方案，涵盖家庭生活的方方面面，让家庭每个成员都能在其中找到适合自己收看的频道。中数传媒在重新规划央视基本包时采取了“多一政策”，即产品的竞争优势不但表现在频道质量上，同时在可比价格基础上，对等产品包的频道数量至少比竞争对手多一个，以此保证产品的性价比第一。

而对“第一剧场”、“高尔夫网球”、“国防军事”等高品质频道，中数传媒高价格频道采取单独销售政策，原则上不与其他频道公共打包。单频道的销售策略的实施对基本包的销售起到了良好的促进作用。

中数传媒针对不同层次观众采取不同的培育办法，其目的是对那些已经具有强烈自主意识收看特需内容的用户，尽快提供成熟的频道和服务，稳定这些重量级观众；对于那些从众用户，通过免费电视中开办导视频道，或无偿赠送一定时间的收视服务，长期向他们进行收视观念转变的宣传。

为了更好地进行市场营销，中数传媒建立完善的反馈渠道。中数传媒在业务发展之初便开通热线电话，并与中央电视台合作，利用其接听座席提供24小时服务。通过客服电话及时解答用户的疑问，帮助用户解决实际收看中遇到的问题，记录用户的反馈意见。对客服电话反馈信息的整理分析，有利于完善频道节目编排和市场营销策略。客服电话让付费电视用户真切地感受中数传媒的人性化服务，提高用户的归属感和忠诚度。

付费电视的营销还可以通过微博等互联网新工具进行宣传。微博是一个全新的社会化媒体，其在传播速度、运转成本、可扩展性、互动性等方面具有一定优势，它的诞生为电视媒体带来新的发展机遇，越来越受到传统媒体的重视。微博不仅可为电视媒体提供及时的、广阔的信息线索空间，而且这种弱联系的社会网络容易产生蝴蝶效应，可以使一个话题在一夜之间传遍互联网的每个终端，取得良好的频道传播效果，使媒体品牌在网络上得到充分地延伸。2009年8月，在“新浪微博”内测之时，“中华美食”频道被其新颖的传播模式所吸引，于是在新浪微博扎营，截至2011年8月，“中华美食”频道的“粉丝”数量突破30万。①

四、我国付费电视市场营销存在的问题与发展策略

我国的有线电视运营服务商，也就是各地的有线电视网络公司，由于体制等问题，其市场化程度较低，传统有线电视业务简单粗放的包月式运营模式，使得网络运营商形成了信号到家就收费的惯性思维。各地有线电视网络公司只是履行着最基础的“收费站”功能，不仅没有高度重视市场，忽视了利用市场营销和服务可以创造的利润空间，而且实践中对付费电视进行营销推广、市场运作的经验匮乏、手段单一，能力有限，营销成本较高。为此，这里提出我国付费电视的市场营销未来发展的几个方向。

---

① 参见《国家数字卫星电视中华美食频道试水微博营销》，见 http：//www.sarft.netla/33245.aspx。

1. **推行多种多样的销售方式**

首先，运营商将付费电视按类型打包销售，考虑这样能降低用户的综合资费水平。殊不知，每个人口味不同，强行捆绑销售令用户无从自由选择，但不接受捆绑销售则更看不到自己喜欢的频道。国家广电总局曾指出，付费电视、视频点播、电视购物、电视商务、交互电视等增值服务，应满足人民群众多层次、多样化、个性化的精神文化和信息资讯需求。个性化市场服务应按照市场经济的原则，由用户自由选择，自愿订购，付费收看。显然，用户选择看哪些付费电视，应由用户自己说了算。在中国香港，"基本服务 + 额外收费 + 组合套餐"是香港有线电视提供数字付费电视服务收费模式，针对不同的收视人群设有家庭套餐、新闻套餐、超值电影套餐等六种不同价格的收费节目组合；在英国，承揽数字付费电视业务的天空广播公司，也是将各个频道组合分成家庭包、流行混合包、时尚生活包等服务包，每种服务包可以单独销售或者和原本是需要额外收费的若干个频道（或者频道组合）进行搭配销售。① 国外的付费电视可采用不同的收费方式，很多付费电视依靠广告和很低的订购费作为收入，这些付费电视被称为"最廉价付费"（"mini - pay"）频道，而且这些付费电视频道通常与其他价格相同的付费电视频道打包出售。这些频道的订阅方式是放在一个菜单里，供用户从中进行选择。通常，这些付费电视的价格实惠，仅仅每套每月 10 美元到将近 15 美元。不过，其他的一些频道，如体育频道和成人频道的价格将近 50 美元一个月。有的付费电视的销售会进行打包销售，一个打包里通常含 20 ～ 40 个频道，比如天空广播公司，一个知识类打包有 23 个频道，如果用户购买这样一个打包，每月需要支付 16 英镑，如果用户同时再购买一个儿童类的打包，只要再多付 1 英镑就可以了，也就是说，买两个打包，需要支付 17 英镑，买得越多，优惠的幅度就越大。

又如，针对不同用户的收看需求，济南广电推出了 30 套数字付费电视频道，这里既有单个计费的电视频道，也有归类组合"打包计费"的电视频道。"打包计费"的付费电视节目包组合共有 4 个，分别是"理财天下"包、"体育竞技"包、"时尚家庭"包和"七彩世界"包。用户购买以上任意一个节目包，都将获赠由山东电视台 5 套测试电视节目组成的"影视剧场"包。

2. **通过免费预览来扩展付费电视的宣传**

付费电视的宣传一直是其最为薄弱的一个环节，在第九章的付费电视宣传推广认知分指数调查中，其在认知系列指数中是最低的，仅 91. 50。迄今为止，除了在一些新闻当中偶尔可见付费数字电视这样的字眼之外，基本上没有见到任何

---

① 参见赵娜《数字付费电视节目的"价格歧视"策略》，载《广播电视信息》2005 年第 9 期。

一家传播媒介出现过对付费电视的广告宣传。而作为付费电视销售终端的各地有线电视网络传输公司，也罕有专门面向有线电视用户的宣传，致使用户对付费数字电视的认识不深。为此，付费电视应利用各种渠道、各种手段对自身进行宣传。一方面增进用户对其的了解，另一方面要在用户心中树立起一个全新的形象。这样，才能推进付费数字电视更好的发展，让更多的用户投入到付费看电视的潮流当中来。付费数字电视现在应该做的，是以积极的心态面对受众，用真诚的服务为受众提供更丰富更便利的选择，培养用户为电视付费的消费习惯，让付费数字电视成为观众收看电视节目的第一选择。[①] 当然，要宣传，付费电视首先就需要注重了解用户的意见。东莞广电网络传媒发展股份公司在 2008 年 3 月举行了“我最喜欢的付费电视”有奖问卷调查活动，活动共收回有效问卷 10667 张，有 700 名幸运观众共同分享了总价值达 24.5 万元的奖品。该公司运营中心主任赖江红说：“通过调查，被访者给我们提出了很多宝贵的经验，对我们以后对付费节目的采购、引进以及营销都非常有帮助。”通过对用户的市场调查活动，可以真正面对市场，关注消费者心声，不仅了解了市场需求，而且通过活动扩大了付费电视的影响。

不过，对于付费电视来说，免费预览是宣传的一个很好办法。国外的付费电视常采用免费预览的方式来吸引用户的体验，促进其购买的可能。免费预览通常使用在有线电视里，指的是当有线电视为客户提供一段免费观看付费电视的时间。免费预览最早起源于 HBO。1973 年（HBO 诞生后的第二年），在美国纽约和宾夕法尼亚州的 14 个电视播放公司中，HBO 的订阅用户流失率非常之高。用户试看了 HBO 的付费服务一段时间，就开始厌烦再次看到同样的电影，于是就取消了订阅付费电视服务。HBO 为此而烦恼，并决定改变这种现状，当其在马萨诸塞州（麻省）的罗伦斯推广服务的时候，开始允许订阅者免费在其 HBO 频道 3 中收看付费电视，一个月之后，又转移到在 HBO 频道 6 中提供相关服务。免费预览服务非常受大众欢迎，从而赢得了很多订阅者。在此之后，HBO 和其他付费电视开始经常提供免费预览这些服务，用以吸引有线用户订阅他们的服务。这些免费预览服务通常持续 3 天，从星期五到星期天（近几年已改为从星期五到星期一共 4 天），有的有线电视甚至在某些时候提供 5 天的免费预览服务。在周末进行免费的预览服务，其目的是吸引那些在其他日子里因工作或上学而没有时间看电视的人收看付费电视。提供预览的付费电视并没有对其原来的内容进行删减，其内容包括播放其中的暴力、色情以及粗俗的语言（有的时候甚至在该频道内容未被封锁下允许小孩观看）。

---

① 参见陈昌辉、张英涛《付费数字电视用户培养策略探析》，载《新闻界》2011 年第 8 期。

20世纪80年代，国外的付费电视使用名人主持来推广免费预览服务。很多有线电视提供更多的激励，如提供奖金或免费旅游来激励人们订阅付费电视频道。例如，Cox传播公司，从美国佛罗里达州的迪士尼世界开始，到1999年搬到拉斯维加斯的米高梅大酒店，已经播放最新免费预览节目好几年了，它经常播放电影广告短片，提供奖品和节目之间的屏幕背后的故事。其他有线电视频道也采取类似方式来推广免费预览服务。

不过，近几年来，免费预览的内涵已经随着订户使用更多的数字电视服务而开始改变了，因为那里的数字付费电视一年之内都会有1～3个星期的免费预览。很多有线和卫星电视服务现已经停止提供免费预览服务，这是因为付费电视的预览服务已经不再由这些有线和卫星电视频道商提供了，而很多系统都将付费电视与数字电视连接在一起。这又使得付费电视的提供者争夺这些预览服务，在节目之间插入广告短片，提供付费电视的时间表。一些视频点播、付费体育频道和高订阅者的基础频道偶尔也会提供免费预览服务，其免费预览有的时候甚至长达一到两个星期。最近这几年，免费预览服务还通过网络短视频的形式出现，如HBO史诗巨著《权力的游戏》在网上就有15分钟的预览。

3. 采取低收费+广告+多种收入的方法

另外，在价格上，付费电视需考虑降价销售，尽可能吸引更多的用户使用付费电视，获得收看体验。以广东有线为例，与17元/月/户的收视维护费相比较，付费数字电视36元/月/户的销售价格明显偏高，绝大部分有线电视受众心理上难以承受。因为过去我们往往容易忽视价格因素给付费电视业务发展带来的影响，36元/月/户的销售价格一直居高不下；所以尽管也曾经播出过“美国家庭影院”频道（HBO）、“凤凰信息”、“女性时尚”、“天元围棋”、“高尔夫”、“欧洲足球”、“世界地理”和“发现之旅”等内容非常具有吸收力及专业化的频道，但是付费数字电视业务拓展效果仍然不理想，收效甚微。①

当然，如果要降低价格，那么就可考虑在付费电视播放与其内容相关的专业广告。据中央电视台对电视观众早前所做的一个抽样调查分析表明，当问到“假如某些频道只播节目，不播广告，但收看这个节目需要付费，你的选择是什么”时，多数观众的第一反应是宁可看有广告的节目，也不愿付费看电视。其中75.2%的观众赞成“播广告，观众不付费”，7.5%的观众赞成“不播广告，观众付费”，另有16.7%的观众“说不清”。这说明多数观众由于担心增加收视费用，因此对付费电视这种电视传播和经营的新方式持谨慎态度，他们宁愿保留

---

① 参见杜戈、王智宇《以广东有线网络为例，分析付费数字电视业务的价格特性》，载《有线电视技术》2009年第10期。

现有的收看模式。[①] 20 世纪 70 年代中期，付费电视在电视业最为发达的美国出现，很多付费电视播放电影、专题节目、体育节目以及原创电视剧系列，这些节目通常没有传统的商业广告，而在节目之间播放的往往是将要播放的节目或者是屏幕背后的小花絮。当然，如果一些广告支持的电视网络播放这些体育节目的话，一些体育付费电视仍会播放商业广告。

目前，付费电视的赢利模式已突破了仅依赖收视费的收入，而扩展到其他方面，具体包括以下几个方面：①收视费收入。在这一层次，频道作为内容集成商或内容供应商参与数字频道的运营，即将整频道输出与各级网络平台分账，这是付费电视的主要收入来源。②节目销售收入。付费电视的内容专业化程度较高，较适合进行节目的二次或多次开发。可以把节目销售给其他播出平台。据了解，"靓妆"频道计划将扩展成为一个视频内容供应商，将同一节目内容在网络电视、手机电视、户外电视墙、公交移动电视等多个传媒平台上输出，大大拓展频道的经营空间。③频道衍生的经营收入。衍生经营是专业频道的重要收入来源，付费电视的内容非常专业，很容易形成一个专业平台，打造专业品牌，在此基础上比较容易开展衍生经营。据"靓妆"频道市场经理张丽介绍，"靓妆"频道已经与许多产品、厂商建立了销售链接，可以为企业开展多种独具创意的活动，包括模特经纪及形象代言人的推荐，服饰专场发布会的承办，服饰秀的全场直播或转播，服饰发布会成品节目的播出，以及品牌推广和促销的全案代理。[②]

4. 建立完善客户服务体系

客户服务系统是一个人员、业务流程、技术和战略相协调的系统，它提供了获取组织资源的恰当渠道，通过一种互动的沟通方式来创造客户价值和企业价值。客户服务系统是围绕服务展开的，它的核心理念是顾客满意和顾客忠诚，是通过取得顾客满意和忠诚来促进相互有利的交换，最终实现营销绩效的改进。同时，通过优质服务塑造和强化公司良好的公共形象，创造有利的舆论环境，争取有利的政府政策，最终实现公司的长期发展。

为此，付费电视可从以下几方面来建立完善客户服务体系：①设立 24 小时免费服务电话，即客户服务中心。以随时回答、解决用户提出的各种疑难问题，并对接线人员进行实时监督，保证服务质量；增加客服坐席，提高热线电话响应率；对于用户的每一件投诉，都做到每问必复，每诉必查。②建设并完善运营支持系统，即 BOSS 系统。运营支撑系统的建设是有线数字电视领域的一项很重要

---

① 参见刘建鸣等《对 2002 年全国电视观众抽样调查的分析》，载《电视研究》2003 年第 4 期。

② 参见黄升民、周艳、何晗冰主编《中国电视媒体产业经营新动向》，中国传媒大学出版社 2005 年版。

的工作。“广播电视行业原来是做广播的，广播是点对面，所以不太关心用户的具体情况。数字化之后，我们才发觉要对用户实现精确化的服务。运营支撑系统的概念是来源于电信，因为电信有非常复杂的计费还有很多用户的服务，该系统是最近几年通信运营商刚引进的。许多省市的一期工程已经建设完毕，并在运行后在用户分析、客户挽留等方面作用明显。不仅为营销策略的建立提供强大的理论支持，而且数据监测等将促使服务规范化。”① 从通信运营商的经验看，网络公司作为数字电视运营商，建立经营分析系统是很有必要的。为此要建立起用户数据库，挖掘用户需求、跟踪用户变化以及发展增值业务。③建立和完善一整套规范的客户服务制度。包括首问负责制、限时服务制、电话回访制、服务赔偿制等一系列服务制度。④建立互联网查询系统。增强网站服务能力，如深圳天威视讯的网站上可以提供绝大多数日常服务。⑤快速派遣维修人员上门服务，提高维修队伍素质等。⑥做好用户的回访工作。这项工作应该根据用户数据库列表，定期对用户数据进行筛选，回访可以通过电话、上门拜访、信件、短信等不同形式。回访正是个性化服务的体现，也是用户调查的一种有效形式，其目的在于通过及时与用户的沟通，表达对用户的重视，推荐新的频道及其他业务，并了解用户对节目内容的反馈情况（将用户反馈的建议定期反映给节目供应商，以及时调整节目内容；对用户反馈的运营商在服务和营销方面的不足之处，要及时总结原因，汇总给市场策划、营销、服务部门以调整策略，改进服务）。

① 谢锦辉在第十七届中国国际广播电视信息网络展览会（ccBN2009）“广播电视数字化”论坛——“有线数字电视”主题论坛上的发言（内部资料）。

第十六章　付费电视的政府管理策略

政府管理是指“具有法律地位的、相对独立的管制机构，依照一定的法规对被管理者（主要是企业）所采取的一系列管理与监督行为”①。采取干预、限制或约束行为的目的是为了克服市场失灵，弥补市场缺陷，维护正常的有利于经济发展的良好环境。一直以来，我国的广播电视业都是一个政策性极强的行业，是政府进行严格管理的领域。现阶段，广电行业地位特殊，上有“喉舌”宣传要求，下要加强广播电视事业的产业化进程，要兼顾公益和市场化两个方面，“事业单位性质、企业化管理”的双重属性决定了政策对它的巨大影响力。数字付费电视频道作为我国广播电视的一个组成部分也不例外。在付费频道的发展中，政府管理是一个相当重要的因素，政府应该创造一个更加合理的政策环境，加强对市场的管理和规范，加大宏观调控力度，为付费频道发展创造一个良好的外部环境，扶植其发展。然而，我国付费电视的政策管理却不尽如意，以下将逐一分析。

一、我国付费电视的政府管理

目前，国家对数字付费电视频道的管理主要通过行政手段进行，基本上靠政策推进。我国对数字付费电视频道的政府管理主要分布在已有的关于广播电视、有线电视的政策法规中，以及新出台的一系列直接相关的数字付费电视频道的规章制度中。例如，《广播电视有线数字付费频道业务管理暂行办法)》（2003 年 11 月 14 日）规定，开办付费频道要经国家广播电影电视总局（以下简称“国家广电总局”）审批，“未经批准，任何组织或个人不得擅自开办付费频道”，不过，“中央、省级、省会城市、计划单列市的广播电视播出机构；经批准设立的广播影视集团（总台）；经特殊批准的其他中央广播影视机构及其他拥有节目内容资源独占优势的中央单位”可以单独或联合申请开办付费频道，可以参与付费

---

① 吴克宇：《中国电视产业政府管制的政策建议》，载《广播电视学刊》2001 年第 12 期。

频道的合作，但不享有付费频道开办主体资格，包括："（一）拥有节目内容资源独占优势的国有机构；（二）依法设立的广播影视机构；（三）依法成立的注册资金为1500万元人民币以上、净资产为3000万元人民币以上的无境外资金背景的机构"。这又在合办机构上的准入制做了明确规定。同时，还有一些细节性的要求，如"付费频道节目应符合专业化、对象化的要求，专业性、对象性节目的播出时间不得低于当天总播出时间的90%"，以及"付费频道播出境外的电影、电视剧及动画片的时间不得超过该频道当天总播出时间的30%，不得以任何形式转播境外广播电视节目频道或栏目"。总的来说，这些规定，对付费频道的开办和运营、节目内容、服务与监管等做了基本的规定。后来，国家又相继出台了《关于申办全国性广播电视有线数字付费频道集成运营机构的通知》（2004年6月7日）、《关于推进广播电视有线数字付费频道运营产业化的意见》（2004年6月7日）、《关于加强广播电视有线数字付费频道业务申办及开播管理工作》的通知（2005年7月4日）、《国家广播电影电视总局关于做好有线数字付费频道公益广告片播放工作的通知》（2006年1月4日），除了这些直接与付费电视频道相关的政策外，还有一些数字电视、电视管理的政策也间接涉及付费电视的管理。总的来说，国家制定的一系列的政策以及相关的管理用意如下。

1. 促进付费电视频道的发展

国家广电总局把数字付费频道当做有线数字电视的一项业务来开展，但在有线数字电视其他增值业务发展尚不成熟之际，付费频道被当做主要的推动力。在数字电视发展初期，鼓励频道资源和内容占优势的机构开办或参与付费频道合作，如中央电视台和省级电视台之间的合作即属于此种。国家广电总局早在2003年的《广播电视有线数字付费频道业务管理暂行办法（试行）》中明确规定其目的，是"为促进和规范广播电视有线数字付费频道业务健康发展，维护广播电视有线数字付费频道业务运营主体和用户的合法权益，依据《广播电视管理条例》，制定本办法"。而2004年在《关于申办全国性广播电视有线数字付费频道集成运营机构的通知》中又明确提出，"为了推动广播电视有线数字付费频道业务运营，建立和完善市场竞争机制，促进付费频道业务发展，总局决定在已批准中央电视台付费频道集成运营机构的基础上，再批准成立3至5家全国性付费频道集成运营机构"。2005年7月，广电总局印发《关于推进试点单位有线电视数字化整体转换的若干意见（试行）》，在推动数字化整体转换的具体政策上更进一步，并明确"各试点单位在推进整体转换过程中，要重视付费频道、视频点播、交互电视、高清晰度电视等新业务的推广"。同期，国家广电总局还针对一些地市在申请到批文后没有及时开播数字付费频道等问题，又做了进一步的要求，"须按规定在批准之日起180天内完成筹备工作，并将符合质量标准的完整节目信号送至广电总局批准的广播电视付费频道集成运营机构集成播出”。2006 年的《国家广播电影电视总局关于做好有线数字付费频道公益广告片播放工作的通知》指出，其文件出台的目的是“为加快培养广大用户的消费意识和收视习惯，促进有线数字付费频道业务的发展”。

2008 年 1 月 1 日，国务院办公厅转发发展改革委等六部委《关于鼓励数字电视产业发展若干政策的通知》（业内称之为数字电视发展的“一号文件”）。对广播电视数字化从明确发展目标、优化投融资环境、加强税收优惠支持、推动技术进步、加强市场培育和监管、推进“三网融合”、强化知识产权保护七个方面做了明确规定。在发展目标上，提出三个具体的目标：①以有线电视数字化为切入点，加快推广和普及数字电视广播，加强宽带通信网、数字电视网和下一代互联网等信息基础设施建设，推进“三网融合”，形成较为完整的数字电视产业链，实现数字电视技术研发、产品制造、传输与接入、用户服务相关产业协调发展。②加快有线电视网络由模拟向数字化整体转换。2008 年，通过数字高清晰度电视向世界播出北京奥运会节目；2010 年，东部和中部地区县级以上城市、西部地区大部分县级以上城市的有线电视基本实现数字化；2015 年，基本停止播出模拟信号电视节目。③实现我国电视工业由模拟向数字的战略转变，2010 年，数字电视机及相关产品年销售额达到 2500 亿元，出口额达到 100 亿美元；2015 年，力争使我国数字电视产业规模和技术水平位居世界前列，成为全球最大的数字电视整机和关键件开发和生产基地，实现由电视生产大国向数字电视产业强国的转变。

在这些政策的目标引领下，付费电视有了很大的发展，在 8 年多的时间里，全国数字付费电视频道从无到有，从小到大，由最初的 20 多个发展到了目前的 140 多个，数量增长了 7 倍，而全国有超过 240 个省市和地区开展了付费频道的销售工作。

2. 严把内容关

自付费电视发展以来，我国的广电行业就一直对其实行监管，其监管的思路是严把内容关。2003 年《广播电视有线数字付费频道业务管理暂行办法（试行）》明确规定：“开办机构对付费频道的节目内容负责，实行播前审查、重播重审。付费频道节目禁止载有下列内容：（一）反对宪法确定的基本原则的；（二）危害国家统一、主权和领土完整的；（三）泄露国家秘密、危害国家安全或者损害国家荣誉和利益的；（四）煽动民族仇恨、民族歧视，破坏民族团结，或者侵害民族风俗、习惯的；（五）宣扬邪教、迷信的；（六）扰乱社会秩序，破坏社会稳定的；（七）宣扬淫秽、赌博、暴力或者教唆犯罪的；（八）侮辱或诽谤他人，侵害他人合法权益的；（九）危害社会公德或者民族优秀文化传统

的；（十）有法律、行政法规和国家规定禁止的其他内容的。”

目前，国家广电总局对付费频道的内容准入政策，与免费频道没有差别。在国外，成人频道和博彩频道是付费频道的赢利支柱，但在中国，明确规定禁止播放宣扬淫秽、赌博、暴力或者教唆犯罪的节目内容，这是节目制作的政策雷区。在对境外节目引进的比例上，付费和免费的开路频道仅有5%的差距，显然无法体现付费电视节目的“特殊性”。

另外，国家广电总局还明确规定，“付费频道不得播出除推销付费频道的广告之外的商业广告”。在2007年，广电总局向各省、自治区、直辖市广播影视局发出《广电总局关于邮轮旅游等9个付费电视频道违规播出问题的通报》，责令“邮轮旅游”、“开心购物”等9个付费频道不得播出广告节目，不得播出影视剧节目，不得以模拟方式播出，专业性和对象性节目不得低于90%。又如，2010年1月14日，广电总局决定撤销江苏电视台“英语学习”和辽宁广播电视台“智趣”两个付费电视频道。原因是上述两频道违规大量播出购物节目，严重违反了《广播电视有线数字付费频道业务管理暂行办法（试行）》有关付费频道专业节目应不低于90%和不得播出商业广告的要求，也违反了《广电总局印发关于电视购物频道建设和管理的意见的通知》关于除经批准开办的电视购物频道和经备案的专门购物时段外，其他模拟、数字或付费频道一律不得播出电视购物节目的规定。

3. 既吸引非公有资本，又保持公有资本的控制权

自2003年年底以来，政府主管部门试图通过吸引内资来激活广播电视内容产业，促进产业升级。国家广电总局放松了产业政策，并相继颁布了《关于促进广播影视产业发展的意见》、《广播电视节目制作经营管理规定》等五个有关广播影视业中外合作、中外合资等规定的总局令。制播分离、社会制作机构进入电视节目市场的准入门槛不断降低等政策，吸引了大量业内外资本对节目制作的热情，扩大了产业融资渠道。不过，2003年11月，国家广电总局发布的《广播电视有线数字付费频道业务管理暂行办法（试行）》规定，禁止设立中外合资、中外合作、外商独资且经营付费频道开办、播出、集成、传输、接入等业务的机构，但在频道建设方面，允许“注册资金为1500万元人民币以上、净资产为300万元人民币以上的无境外资金背景的机构”参与付费频道的合作。对待内资和外资的不同体现了国家保证意识形态安全，防止外来资本控制的管理意图。

而这些管理意图在接着出台的相关政策中体现得更为明显。2004年6月的《关于推进广播电视有线数字付费频道运营产业化的意见》规定，“用户接入运营机构经省级广播电视行政部门批准，可按照国家广播电影电视总局关于有线广播电视网络融资的有关规定吸纳国有及国有控股企业的资金，广电部门要保持控股地位和实际控制力”。

后来的相关政策对资金的性质要求似乎有所松动。例如，2005 年，国家广电总局又出台了《中外合资、合作广播电视节目制作经营企业管理暂行规定》(以下简称《规定》)，允许成立中外合营企业。《规定》指出，外资入股国内广电公司，是指外资企业可以在中国境内合资、合作设立专门从事或兼营广播电视节目制作发行业务。不过，该规定已于 2009 年 2 月 6 日由国家广电总局与商务部明令废止。

2005 年 4 月，国家广电总局办公厅转发《关于非公有资本进入文化产业的若干决定的通知》指出，非公有资本可以进入以下领域：文艺表演团体、演出场所、博物馆和展览馆、互联网上网服务营业场所、艺术教育与培训、文化艺术中介、旅游文化服务、文化娱乐、艺术品经营、动漫和网络游戏、广告、电影电视剧制作发行、广播影视技术开发运用、电影院和电影院线、农村电影放映、书报刊分销、音像制品分销、包装装潢印刷品印刷等；从事文化产品和文化服务出口业务；参与文艺表演团体、演出场所等国有文化单位的公司制改建。非公有资本可以控股进入出版物印刷、刻录类光盘生产、只读类光盘复制等文化行业和领域。另外，非公有资本还可以投资参股下列领域国有文化企业：出版物印刷、发行，新闻出版单位的广告、发行，广播电台和电视台的音乐、科技、体育、娱乐方面的节目制作，电影制作发行放映，可以建设和经营有线电视接入网，参与有线电视接收端数字化改造，不过该通知同时又规定“从事上述业务的文化企业国有资本必须控股 51% 以上”。付费电视属于广播电台的节目制作，所以非公有资本只能参股，而不能控股。

4. 明确保护付费频道用户权益

2003 年《广播电视有线数字付费频道业务管理暂行办法（试行)》明确规定，付费频道由用户自主选择，自愿订购，不得强制用户订购；用户申请付费频道接入服务的，用户接入运营机构应及时提供接入服务，保证用户能够按照公布的服务标准接收付费频道。除用户不交纳费用或其他正当理由外，用户接入运营机构不得拒绝、拖延或者擅自中断、中止向用户提供服务；用户要求提供收费清单的，用户接入运营机构应免费提供；用户有权向各级广播电视行政部门投诉运营机构的违规违法行为，各级广播电视行政部门应及时处理；等等。

2004 年国家广电总局《关于推进广播电视有线数字付费频道运营产业化的意见》规定，“用户接入运营机构应确保公共服务，要按照国家广播电影电视总局有关文件的规定转播中央、本省及本地开办的公益性电视节目，应向用户提供本地化的多媒体信息和电子政务服务”。另外，“付费频道集成运营机构、传输运营机构、用户接入运营机构不得擅自将付费频道节目转换成模拟信号运营，要确保播出和传输安全”。同时还规定，“付费频道价格应按照《价格法》和《国家计委办公厅关于收费电视和视频点播业务收费的复函》（计办价格〔2002〕1631号文）的有关精神，根据成本、各地居民消费水平和市场营销策略等因素确定，并报当地物价主管部门备案。集成运营机构和传输运营机构的服务价格应根据实际运行成本进行测算，由付费频道相关运营机构协商确定”。内容与价格的原则规定实际上就是直接保护了用户的权益。

针对不少付费频道开办成购物频道，侵犯用户的权益的问题，2009年的《广电总局印发电视购物频道建设和管理意见的通知》（以下简称《通知》）规定，“建立、完善消费者权益保护制度。开办电视购物频道的播出机构应加强对其所控股购物企业的管理，要求购物企业提高市场意识，强化服务责任，采取有效措施，保障电视购物消费者权益。购物企业应作出承诺，消费者在收到电视销售商品后的一定期限内可退货，有质量问题的商品可无条件退换，给消费者造成损失的依法承担法律责任”。这些相关的制度和规定，明确地保护付费频道用户的权益，并确保当他们的权益受到侵犯的时候，能够得到相关的救济。为了保护付费电视频道用户利益，该《通知》还限制了电视台主体的不当行为，如“已经开办有线数字付费电视购物频道的电视播出机构，不得再调整开办购物频道或新增数字购物频道。但经广电总局批准，可将有线数字付费电视购物频道变更为有线数字电视购物频道。不再批准开办有线数字付费电视购物频道”。

二、我国付费电视政府管理的影响

1. 促进付费电视频道以公司化形式运作

目前，部分付费频道是以传媒集团或电视台成立公司运作的。这种方式的运营仍然是由广电系统全权负责，但与传统频道运作不同的是，这些频道不再是由电视台采取事业编制一手操办，而是采取公司化运作。从中央级别来看，中央电视台控股成立了风云传播有限公司，专门进行付费频道的制作和集成，目前中央电视台开办的几套付费频道都由该公司完成。北京的数字电视节目平台的整体规划和全面开发都由北广传媒数字电视有限公司来实施。该公司由北京北广传媒集团有限公司发起并控股，主要股东包括北京北广传媒集团有限公司、北京人民广播电台、北京电视台、北京歌华文化发展集团和北京歌华有线电视网络股份有限公司。而江苏电视台的“靓妆”频道由江苏广播电视台和江苏数字电视有限公司成立的新股份制公司进行企业化运作，第一步推出“靓妆”频道，以后再陆续推出其他频道。

2. 促进付费电视频道与社会机构合作经营

2003 年 11 月发布的《广播电视有线数字付费频道业务管理办法》中规定，社会机构可以参与付费频道的经营。社会资本参与频道建设，一方面保证了付费频道初期运营所需的大量资金投入，另一方面也为频道带来了市场化运作的经验，为付费频道节目内容的开放、频道衍生经营的拓展、频道推介的市场化奠定了基础，因此也成为众多付费频道的选择。例如，吉林电视台的“吉祥购物”频道由吉林电视塔与上海合家购物有限公司合作推出，全部节目在上海制作完成，吉林电视台负责节目策划与播出，上海合家购物公司提供物流保障。重庆电视台“汽摩”频道则是与星美集团友通数字媒体有限公司进行合作，星美集团参与内容制作与频道经营。

3. 限制了一些频道的发展

一些频道受制于国家政策而难以发展，如我国第一个彩票电视频道——“幸福彩”频道是 2005 年 6 月在上海数字付费电视平台创办的。“幸福彩”频道由上海文广新闻传媒集团、上海文广互动电视有限公司以及上海维赛特网络系统有限公司合作创办，上海市福利彩票发行中心、上海市体育彩票管理中心共同参与筹划而成。然而，根据 2003 年 11 月 14 日的《广播电视有线数字付费频道业务管理暂行办法》（试行）的要求，数字付费频道禁止播放含赌博性质的内容，由于目前的政策法规不完善，什么是属于彩票业范畴，何种内容是赌博性质并不明确。又如，按照该管理办法的要求，数字付费频道必须符合专业化、对象化的要求，专业性、对象性节目的播出时间不得低于当天总播出时间的 90%。“幸福彩”频道作为非影视剧付费频道，不得播出影视剧节目，不得以任何形式转播境外广播电视节目频道或栏目，而且不得播出除推销付费频道的广告之外的商业广告。因此在节目制作和来源以及赢利能力上，“幸福彩”频道有很大的困难。

引进境外电视剧是引进节目中最主要的一项，目前全国每年引进量大约控制在 1000 部（集）左右。每个省、自治区和直辖市可获得一定数量的分配指标。引进的电视剧（包括在电视台播放的电影）由国家广电总局逐一审查，通过后方可按照与外商签订的合同安排播出。需要删节或者处理的，要按照国家广电总局的要求进行删节或处理，这样就极大地限制了付费电视的内容选择空间。

一些针对少儿的付费频道在节目内容上也受到限制。以往对引进动画片没有限制性的规定。但是自 2004 年以来，为大力扶持和发展国产动画产业，对引进动画片予以限制，尤其是在播出时段上有明确的要求。根据 2006 年 8 月 21 日《中国经营报》的《广电总局新规能否拯救国产动画》一文报道，自 2006 年 9 月 1 日起，各电视台每天 17 时至 20 时禁止播放境外动画片，这种基于非公平基础上的产业竞争，其最终的受害者只是观众和电视台。

三、美、英、日付费电视的政府管理

美、英、日付费电视政府管理从属于其电视政府管理，为此，我们介绍一下美、英、日其电视政府管理。

1. 美国联邦通信委员会（The Federal Communications Commission，FCC）

美国联邦通信委员会是美国电讯业主要的政府独立性行政管理机构，主要任务是处理州际间的电讯业务，管辖范围涉及传统广播电视、有线电视、卫星电视以及绝大多数发展中的视像技术（诸如数字电视、多媒体网络传播等），另外还包括电话、电报等，但是不涉及不在电讯网络上运行的声像设施。美国联邦通信委员会是依据1934年《通信法》规定组建，前身是根据1927年《联邦无线电法》成立的联邦无线电委员会，直接对国会负责（主要是依法制定并实施管制与监管规则，向国会提交年度报告、发展与战略计划、年度预算、接受质询等，国会则履行包括委员会成员等事项的各类审批权、评估工作绩效、决定重大改革以及相关立法等），1943年“全国广播公司与哥伦比亚广播公司诉合众国”案的审判奠定了其合宪性。1983年国会取消了其合法权力之永久性，代之以每两年重新授权一次，国会的支配地位由此得到进一步加强。20世纪80年代，国会所起作用愈来愈大，进入90年代趋势依旧，突出的标记诸如美国《1996年电信法》等。当然，影响美国联邦通信委员会的因素很多，重要的还有白宫、产业界游说团体、美国联邦通信委员会内部政治构成以及管制见解等。① 然而，国会与联邦最高法院无疑起着最为关键的作用。

在无线广播电视领域，美国联邦通信委员会的主要工作是颁发、延续、更新、吊销、暂停执照，执照有效期为8年。在有线电视领域，1984年《有线通信政策法》正式确立了美国联邦通信委员会的管辖权，但是执照由地区政府管理，其主要事务是制定地区政府管理有线电视的指导原则、标准、程序以及有线电视机构服务规章，依法控制有线电视机构的规模与内容，包括用户数量。②

美国联邦通信委员会的规则、规章及政策从实质上影响电信服务提供商运营的条款、条件和利润。《美国电信法》赋予美国联邦通信委员会巨大的弹性，依据公共利益制定新规则、规章及政策，所以，虽然接受法庭的审查，这个专业机

---

① Robert J. Spitzer（ed.）. Media and Public Policy. London：Praeger，1993.

② 参见金冠军、郑涵《当代欧美全国性广播电视行政管理体制主要模式研究》，载《中国传媒报告》2007年第4期。

构的行动通常还是合格的，除非通信委员会侵犯法律程序或公正要求。[①]

美国联邦通信委员会管理的核心是保护并促进表达自由的宪法权利。美国宪法第一修正案是美国联邦通信委员会宪法基础，而1934年《通信法》及其后续修正案都规定不得干预言论自由。不过，儿童节目与电视暴力内容、新闻节目的真实性、政治性节目等方面，美国联邦通信委员会也进行一定控制。例如，限制儿童节目广告的时间长度，禁止不公平对待总统、副总统、国会参众议员这类政治候选人，等等。

2. 英国广播公司理事会（The Board of Governors of BBC）

BBC为国家专业型独立性自系统政府行政管理机构。在欧洲，英国广播电视系统的一大特点是，公共与商业电子传媒共存的双头结构历史比较长久，其公共广播电视由BBC一统天下。

1927年，BBC依据皇家宪章的授权，从邮政大臣处获得经营广播执照，从而由一家私营广播公司变为国家广播，自1936年［中间由于战争中断了一段时期（1939—1946）］以后，获得电视经营许可。BBC的宪章与执照定期由政府更换。BBC的宪章依据“受托者”概念（trustee）存在着内在的本质联系。所谓“受托者”，早在1926年就被确定为：“广播服务应该由一个作为国家利益受托者的公共公司来运营，其地位与职责应该跟公共服务机构身份相一致。[②]”BBC的宪章基础使其免于被任何机构撤销的危险，除非国王发布取消其宪章基础的法令，或者国会要求国王如此，不过这一在法律原则上可能的情况从未发生过。BBC的经费主要来源于执照费，具体数目经内务部长提议后由国会确定。BBC的最高管理机构是BBC理事会，其负责制定节目标准、控制财政计划、进行重大决策、确保节目传播的平衡性与多样化、选定BBC总裁（总裁在理事会的政策指导与监管之下独立进行经营管理活动）。BBC理事会跟总裁的适当区分，是保证BBC正常运行的关键之一，在BBC漫长的历史上也存在理事会过分干预总裁工作的情况，但总的来说两者的关系是合适的。1996年有关BBC的宪章进一步明确了BBC理事会的基本功能，即代表公共利益，确保BBC受托者的定位，保证其发挥公共服务的功能，同时更清楚地规定了这一保障功能如何发挥，即重在监管，而不是取代总裁的专业工作，两者之间必须职责分明。[③]

BBC为西方世界的广播电视建立了基本范式。除了传播自由、公平、多元

---

① 参见（美）帕特里克·帕森斯、罗伯特、弗里登著《有线与卫星电视产业》，詹正茂、樊燕卿、黄映芳等译，清华大学出版社2005年版。

② Wolfgang Hoffmann-Riem. Regulating Media. New York and London：The Guilford Press，1996.

③ Thomas Gibbons. Regulating the Media. London：Sweet &Maxwell.，1998.

主义、传媒独立、多样化、适当比例的英国文化内容等外，其基本原则颇具特色的还有公共服务、新闻专业主义以及精英主义等。

正是由于BBC代表的专业精神，1904年英国无线电法案规定，任何人如要播送或接收广播节目，必须从邮政局取得执照。1971年，家庭广播接收执照被取消，但是若个人要收看电视节目还是必须通过付费取得执照。今天，英国的每个家庭（除了老年人和少数低收入人群，他们的费用由英国文化、媒体和体育部承担）或企业都必须购买一年限的电视执照，费用由政府设定。由于政府规定BBC是公营的广播电视机构，它不能引入广告和节目赞助商，所以电视执照费和政府补贴就成为它的收入来源，尤其是其国内部分的收入几乎全部出自执照费。从过去80多年来看，电视执照费一直呈增长趋势，1968年收费标准为一年10英镑，2005年到达121英镑。BBC每年获得的“电视执照费”总额约为28亿英镑。①

3. 日本电视体系的管理

日本的地面无线电视，即开路免费电视是日本电视体系的主干，其发展的历史最长，普及程度也最高，覆盖了几乎全部的4500万户家庭。根据经营方式的不同，地面无线电视从开始之初就分为两大不同体系，并延续至今。这两大体系包括依靠广告收入维持经营的商业广播电视公司和以收取“收看费”维持经营的公共广播电视机构NHK。商业广播电视公司包括朝日电视台（Tv Asahi）、东京广播公司（Tokyo Broadcasting System）、富士电视台（Fuji TV）、东京电视台（Tv Tokyo）和日本电视台（NTV）五大公司。它们依靠广告经营，拥有127家附属台，分布在日本全国47个都、道、府、县，电视网系统内的电视台实行本地播放、独立编制、节目共享。日本广播协会（NHK）为公共电视台，实行国家拨款、独立运作、全国播放的运作方式。NHK收取的“收看费”与BBC的“执照费”很类似。这个费用并不是针对收看的电视节目而付出的等价费用，而是为了维持公共广播电视的运营、由国民承担的一种特殊费用，因而在性质上完全不同于收看付费电视的收视费。日本的《广播法》明确规定国民应支付收看费。拥有电视机的家庭不管是否收看NHK的节目都必须支付这一费用。另外，NHK还有通过广播卫星提供电视节目的BSI和BSZ两个频道，其中BSI为新闻体育频道，BSZ为文化娱乐频道。与收看NHK的地面无线电视节目一样，收看这两个频道的电视节目也需支付“收看费”。

后来，2001年日本放松了有线电视管理，出台了利用电信设施提供广电业务的法律《电信业务利用广播法》，明确了广播业务可以在电信网络上传输。该

---

① 参见唐世鼎、黎斌《世界电视台与传媒机构》，中国传媒大学出版社2005年。

法实施之后，电信运营商经营广播电视业务不需要有线电视法的许可，有资质的企业在政府管理机构总务省进行登记注册即可。另外，电信企业只要经过总务省的批准，就可以申请手机电视业务，大大降低了进入广播电视业务的门槛。2001年，日本政府颁布《广电经营电信业务法》，旨在促进通信与广电传输设施的融合，并放松了对卫星广播电视及有线广播电视使用电信设备的管理，使广电经营电信业务制度化。日本政府正在制定《信息通信法案》，对三网融合的内容、载体和平台进行统一的管理，以完全适应新形势。

四、我国付费电视的政府管理策略

要发展我国的付费电视，就是要继续改善我国付费电视的政府管理策略。

1. 完善付费电视的相关立法与管理

目前，我国付费电视的管理制度主要是依据相关部门、各级政府制定的各种政策法规、条例，甚至是行政命令、行政措施、意见等。已出台的《通知》、《意见》、《实施细则》只是主管部门的规章，通过“颁发”而不是通过立法，这就导致对付费电视频道的管理法律效力不高，缺乏足够的严肃性、权威性、系统性、前瞻性和稳定性。至今，我国尚未专门针对广播电视活动制定法律，1997年8月1日，国务院为加强广播电视事业，促进社会主义精神文明和物质文明建设，制定了《广播电视管理条例》（以下简称《条例》），并于同年9月1日施行，这是目前我国管理广播电视活动的基本法律依据。《条例》第十条规定：“广播电台、电视台由县级以上人民政府广播电视行政部门设立，其中教育电视台由市（地级）以上人民政府教育行政部门设立。其他任何单位和个人不得设立广播电台、电视台。禁止设立外资经营、中外合资经营和中外合作经营的广播电台、电视台。”该条例的颁行对于规范广播电视活动的秩序，促进广播电视事业的发展，加强广播电视领域的法治建设发挥了积极的作用，在尚不具备制定《广播电视法》的条件下，填补了法律空白。但是该条例不能完全替代《广播电视法》的作用，并且存在以下问题：

首先，从该条例的立法目的和内容上看，它实际上是着眼于加强政府管理，而不是在于保障相对人的合法权益方面，其表现为大多数规制属于限制性的“义务”，而不是保障性的“权利”，缺乏有效保护公民的知情权、监督权和大众媒介的采访权、报道权的规定。为此，要将该条例上升为正式的法律，才能保证相对人的合法权益，因为这不仅是民主、法治和人权的保障要求，而且也是时代发展的需要。

其次，该条例制定于1997年，未能根据电视技术与付费电视的发展进行相

应的修改。而且，随着近几年来全国数字电视产业格局的剧烈变动，数字付费频道的经营实践超前于制度建设；在全国“整体转换”轰轰烈烈展开的2007年，面对付费电视市场迅速升温的良好态势，国家广电总局竟然没有针对这一产业出台任何新政策。

最后，即使是出台于2003年的《广播电视有线数字付费频道业务管理暂行办法（试行）》也逐渐与现实发展脱节，这就使付费频道在发展过程中得不到相关政策的支持和引导。目前，数字付费电视产业的政策存在着许多的政策空白点，同时数字付费频道的集成、经营还面临着国家广电政策层面的相关约束，受到许多限制，某些领域还没有实现完全市场化。

为此，我国的付费电视政策管理要做到以下几步：一是要加强数字付费频道的相关法律法规的制定。完善的法律基础是政府实现对行业管理的重要保障。我国应该建立起以《广播电视法》为核心，以行政法规和规章为基础，以地方性法规和规章为补充的广播电视法律法规体系，并且在可能的情况下出台《新闻法》。《广播电视法》受《新闻法》的指导，通过法律引导、法律规范、法律保证，对付费电视进行法律化、规范化的协调与管理，使付费电视真正纳入法制化轨道。二是要积极出台扶持数字付费电视发展的政策。数字付费频道作为产业化、市场化运作的新项目，在产业发展的初期阶段，针对目前的困境，政府管理部门有必要积极出台一些保护和扶持性政策，包括相关政策的改变和放松，辅助其渡过新旧体制的过渡期和自身发展的市场培育期。三是实行公共治理。从一定意义上说，政府（在广播电视领域自然包括党委宣传部门）属于宏观管理，企事业单位承担微观管理的任务。以节目审查而言，无论是何类节目，播出者是广播电台和电视台，审查节目以保证节目导向的正确和质量，是广播电台和电视台应当承担的重要职责。为此，政府应该转变其管理职能，从一切都管转向公共治理。付费电视涉及方方面面的利益，因此可以改变单纯由政府管理的局面，成立政府管理部门、运营商、频道内容生产商、网络运营商、用户共同治理的平台，切实推动付费电视的良好发展。四是更多地保护付费电视频道用户的权益，特别是保障其权益受到损害时能够获得及时法律救济。

2. 放宽在广告和内容上的监管

国家广电总局应在付费频道的发展初期适度放松广告管制，以促进付费频道的生存与发展。对于付频道采用何种商业模式，在不违反大原则的前提下，应交由市场判断取舍，让市场这只“无形的手”推动付费频道的自我完善。在播出渠道方面，应该允许数字付费频道向其他渠道拓展，以拓宽付费频道的赢利平台。早在2005年，香港广播事务管理局的一个委员会就已经提出了一份放宽付费电视规定的计划，要求付费电视运营商发布关于由外部提供的节目内容的预先声明，并建议相关节目内容保持一致的频道仅需要每小时发布一个4秒的声明，而不需要每个节目都发布一个单独的公告。

在内容方面，我国目前政策管制还比较严，这样的内容监管在互联网环境下已经属于无效，因为互联网的用户能够比较容易获得各种信息，而这些信息的范围是越来越高于电视所能提供的。为此，应当放宽境外节目的引入和国内数字付费电视节目制作方面的政策，以支持数字付费频道的经营和发展。对于境外卫视以及外国节目供应商提供的视频，国家应改变现有的政策，对不涉及政治含义的娱乐类、人文类境外卫视节目适度放开，通过节目审查机构的审查后允许播出。在内容生产这一环节，应该放松管理，进一步向资本开放，吸纳更多的力量来参与付费频道的内容建设，以形成更为丰富精彩的节目市场。同时，加强对数字付费频道集成、播出等环节的监管，对频道内容进行审查，就能确保其内容的正确导向和安全播放。还可借鉴美国等国的做法，利用高新技术对内容进行等级划分，对一些节目进行分级，必将有力推动电视内容的提供，从而吸引用户使用付费电视频道。

3. 放宽其他资本尤其是外资进入的限制

目前，相关政策对民营资本和外资进入传媒的条件还较为苛刻。在确保意识形态安全、文化安全以及中国传媒业有经济主体地位的前提下，应当适度放宽资本准入的条件，为业外资本进入数字付费电视产业提供良好的机遇。2004年11月，国家广电总局颁布的《中外合资、合作广播电视节目制作经营企业管理暂行规定》（以下简称“44号令”）的实施，标志着我国放宽了对于境外资本进入国内广播电视制作产业的限制。44号令规定，我国“不得设立外商独资广播电视节目制作经营企业”，“外资在中国参与设立、经营中外合资、合作广播电视节目制作经营企业的，其入股比例的上限不得超过49%”。44号令的颁布实施，“开启了中外在节目制作领域资本合作的时代”①，中国传媒业迎来了实力强大的境外资本的合作与挑战。然而，在44号令实施4年多以后，该规定于2009年2月6日被国家广电总局与商务部废止，这项决定的发布“令在中国影视领域寻找投资机会的外国投资者突然失去了方向”②。这样一种走回头路的规定是不符合付费电视的发展的。

我国的付费电视如果要发展，就必须改变其投资过分依赖政府、投资主体单一的现状，逐步建立以市场配置为主导的传媒发展机制，让有资金、资源和节目优势的民营资本和境外资本，参与到付费频道的合作经营中来，推动产业的资产

---

① 张咏华：《境外媒体进入上海的现状与挑战》，载《新闻记者》2005年第6期。

② 明叔亮：《外资瞄准中国影视领域机会》，财经网，2009年8月20日。

结构由一元化向多元化转变。[①] 为此，就要放宽其他资本尤其是外资进入的限制，这是因为外资进入，其成熟的制作经验能够有力促进我国电视制作的发展。例如，2008 年 4 月，英国 BBC 环球公司和我国中央电视台控股的中视传媒联合制作、历时四年拍摄完成的高清晰电视纪录片《美丽中国》（*Wild China*）宣布推出，这部以中国野生动物和人文自然风光为主的系列纪录片，获得了海内外观众的高度赞誉，也被业内人士称为“中英两国联合电视制作的一个里程碑”。据资料显示，《美丽中国》的筹拍制作总投入为 500 万英镑（约 7500 万元人民币），由中视传媒承担 30%，BBC 环球公司则负责剩下的大部分资金的投入。不过，高额的资本投入也带来了高效的收益回报。一方面，目前 BBC 环球公司已经授权全球超过 25 个国家播放《美丽中国》系列片，并且这一数字还在不断扩大；同时，BBC 环球公司找到了资本进入中国广播电视产业的有效途径。另一方面，中视传媒作为一家上市公司，与 BBC 环球公司联合制作电视节目的行为能够为其带来品牌效益、良好口碑，开创国内外电视机构联合拍摄节目的先河，也成功地扩大了自身的国际影响力。

正如别的行业我们都能开放给外资介入，电视制作生产等就没有别的理由去拒绝外资，因为最终的播出平台归于我国政府管理，控制住播放平台，我们就能保证自身的意识形态的安全。

4. 放宽其他方面的限制

目前，随着中国互联网用户和手机用户的普及，越来越多的网民在接受终端习惯使用计算机或者手机等新兴终端。2009 年的时候，墨西哥就立法打开了付费电视领域竞争的大门，它允许有线运营商提供电视服务，同样也允许电信运营商提供视频服务。这使原先对立的电信和广电两个领域融合在一起，融合促进协调有序的竞争，竞争促进电视业的快速发展。[②] 为此，在播出渠道方面，应该允许数字付费频道向其他渠道拓展，以拓宽付费频道的赢利平台。例如，允许频道节目以及对节目素材再开发制作而成的内容产品放置于开路频道播出，或是进入卫星电视、互联网、手机、IPTV、移动电视等不同的新兴媒体平台进行播出和销售。另外，在资金投入、减税、免税、减息、免息等方面也应该制定一些扶持和优惠性的政策。比如，可以减少传输费用，从而降低数字付费频道的运营成本。

① 参见赵斐《2003—2010 中国数字付费电视频道发展研究》，2011 年山东大学博士学位论文。

② 参见陈振新《墨西哥新立法打开付费电视领域竞争大门》，科讯网信息中心，2009 年09 月09 日。

第十七章 结 论

——提高付费电视购买意愿的对策

随着数字技术的普遍应用，电视产业的数字化发展已成为世界潮流。2003年7月，国家广电总局提出数字电视整体转换的概念，并于当年批准全国33个城市作为第一批有线数字电视试点。截至2011年1月底，我国有线数字电视用户已超过9000万，达到9039.2万户，有线数字化程度达到48.26%（有线电视用户基数为18730万户，数据来源于国家广电总局）。自2009年以来，有线数字电视用户连续两年增长超过2000万户，有线数字化整体转换进入快速发展期。①据业内权威研究公司格兰研究统计：截至2012年1月底，我国有线数字电视用户达到11390.2万户，有线数字化程度约为56.52%（有线电视用户基数为20152万户，数据来源于国家广电总局）。相比2011年同期，有线数字化程度增长8.26%。截至2012年8月，我国有线数字电视用户达1.69亿户，首次超越省市区级有线电视公共网（模拟网）用户规模，使用比例达47.6%，以较大优势领先于其他各种接收方式，成为当前我国占据主导地位的广播电视接收方式。②这些数据表明我国有线数字电视用户稳步增长，有线数字化程度稳步提高。然而我国的数字付费频道发展并不尽如人意，本章试归纳总结付费频道的购买意愿不高的原因及相应对策。

一、我国付费电视频道购买意愿不高的原因

1. 免费频道的数量多且精彩

首先，在国外的电视市场，多数国家的免费电视频数量很少：在美国平均只

① 参见格兰研究《我国有线数字电视用户超9000万户》，凤凰网科技，2011年3月7日。

②《中国电视覆盖及收视状况调查结果出炉》，见 http://info. broadcast. hc360. com/2012/12/061401537447 - all. shtml。

有十几个；在日本只有3个；在英国只能看到五六个频道，而且这些免费频道主要提供公益性和大众性服务，与求赢利性、分众化的付费频道几乎没有冲突。然而，我国免费频道却众多，截至2009年年底，全国有广播电视播出机构2654座（广播电台251座、电视台272座、教育电视台44座、广播电视台2087座），开办了3985套免费播出的广播电视节目（广播2675套、电视1310套）。[①] 另根据央视－索福瑞媒介研究（CSM）各省的基础研究调查显示，从各省平均来看，2009年城市电视家庭用户平均接收49个免费电视频道，乡村电视家庭户平均接收33个免费电视频道，其中包括中央台频道和省级的上星频道在内的卫视频道。[②] 虽然这些免费频道大多提供同质的内容，同时以综合频道的形式出现，但是本书所做的一系列受众的调查显示，很多人都认为免费频道已经够用了。

其次，免费电视频道也开始走专业化道路。目前仅中央电视台就提供了经济、体育、电影、电视剧、音乐、新闻、少儿等近20个专业频道，各频道都以符合各自定位的节目内容或者说针对某一特定收视群体的内容吸引了一定数量的观众。这样就使得专业的免费频道与付费频道进行受众的争夺，如果付费频道不能提供更为细分的内容，提供更为有个性的内容，是难以与之抗衡的。

最后，为了争夺收视率，吸引广告商，中央及地方频道各显神通，独播剧和首播剧风靡各上星频道，而各种综艺节目也在各频道热播。为了吸引广告商，获得更高的广告收入，从中央到地方各级电视台，都特别重视节目内容的充实和制作水平的提高。一方面，免费频道节目内容、制作日臻完美，频道、栏目的改版已经成了家常便饭，各种各样崭新的节目样式不断出现，节目呈现出异彩纷呈的景象。另一方面，新的免费频道不断出现，如中央电视台于2011年1月1日开播纪录频道，频道名称为CCTV－9，24小时全天候播出，内容包括自然探索、历史人文、社会纪录和文献档案四大类。总之，由于免费频道的数量多，趋向专业化和内容质量的提高，其能够基本满足观众大部分的收视需求，因而观众对专业化的付费频道的整体需求不是很高。

2. 付费频道内容的质和量都不高

付费频道的内容主要来源于两方面：一方面是自制，另一方面是购买。在自制方面，由于我国的电视台既是电视节目的制作者，又是节目的播出者，这种制播合一的生产方式导致了节目制作的专业化水平低，节目选择性差，且制作成本居高不下，现在的情况满足不了付费频道的需求。而一些民营电视制作公司面对播出平台缺乏对称的议价能力，在合作中处于相对不利的地位，因而获利不多，

---

① 参见张燕丽、李亚娟《中国数字付费电视发展现状探析》，载《现代视听》2010年第1期。

② 参见陈晓洲《城乡观众电视收视特征比较》，载《广告主：市场观察》，2010年第8期。

从而缺乏制作付费电视内容的生产动力。在购买方面，由于我国电视管理的政策限制，付费频道在内容上并没有更多优于免费频道的政策便利，因此在购买节目特别是在购买国外节目中常常难以有所作为。国外付费频道中的成人内容、博彩内容、一些新闻频道，都难以购买过来成为付费频道的节目。总之，尽管我国有些付费频道的内容还是有一定质量的，但是难以有出彩之处，付费频道内容质量的不高使得其难以与免费频道竞争，最终导致用户缺乏购买的意愿。

3. 付费频道的价格相对昂贵

目前在我国，如果想收看付费电视节目，在拥有模拟电视机的条件下，观众需要过三道关：一是交纳有线电视初装费和网络维护费；二是购买昂贵的双向数字电视机顶盒（数字平移免费赠送的机顶盒均为单向机顶盒，不支持互动、点播等多项增值业务）；三是支付不便宜的节目月费。如果一个家庭消费付费电视每个月要付出数百元，显然远远超出“有支付能力的需求”。再加上还没有看到规模化、特色化的节目，观众感觉代价太高、获益太低，数字付费电视获选的点播率自然就非常低。同时，国内主要节目平台的价格定位也不低：如中数传媒节目平台的“第一剧场”36 元/月 ×12 =432 元/年、“世界地理”为 15 元/月 ×12 =180 元/年、“风云音乐”为 15 元/月 ×12 = 180 元/年；鼎视传媒节目平台的“考试在线”为 15 元/月 ×12 =180 元/年、“亲亲宝贝”为 15 元/月 ×12 = 180 元/年、“电子体育”为 15 元/月 ×12 = 180 元/年。以上频道多属于大众或分众类，只是付费节目中很少的部分，仅这些单套节目的定价，即已超出模拟电视的收视费，自然也高出大多数用户的心理价位，所以其市场销售情况不好也在情理之中。另外，各节目平台在地网的打包销售价格也不甚合理。如中数传媒平台的“央视风云包”，每月 28 元/户 ×12 =336 元/年；其“超值包”，每月售价更是高达 56 元/户 ×12 =672 元/年。鼎视平台的“鼎视多包”，每月 32 元/户 ×12 = 384 元/年。这些还不包括地网每年每户 300 元左右的基本收视费，这样的价格水平的确令人难以接受。目前，我国付费频道的推广普及还需要一段很长的时间，价格的相对昂贵，只能导致人们的抵触情绪，最终导致普及的失败甚至是已有用户的流失。

4. 用户的付费习惯尚未形成

我国广播电视事业历来被称为是党和政府的“喉舌”，其是思想文化宣传的主阵地，公益性文化是保障人民群众基本文化权利的主要途径，更是建设和谐社会的重要内容，这就造成了当今中国众多的免费频道和几十年来群众免费看电视的传统观念。根据安永（Ernst & Young）的报告显示，在 2009 年，尽管 83% 的中国网民在网上收听音乐，但其人均仅花费 0.15 美元在数字音乐产品上，远远低于日本的10.1美元，美国的8.8美元。[①] 而在传统媒体，如付费电视、音乐、电影和家庭电视的支出中，美国平均每个家庭的花费是中国家庭的50倍。这些数据表明，我国观众的付费购买媒介产品的习惯还没有真正形成。另外，一些国家的付费电视发展经验表明，免费频道的数量及用户消费心理与付费电视普及状况密切相关。在德国，由于有线电视用户每月仅支付很少的费用就可以收看到30多个内容丰富的免费电视频道，结果付费电视在德国难以生存。我国的观众已经免费看了几十年的电视，一下子要交钱看付费电视，其思想观念和消费习惯的转变必定需要一个过程。

5. 用户对付费电视认识不足

本研究于2011年10月20日—12月20日，在广州市范围内对现在收看数字电视的359个样本进行了一项电脑辅助电话调查。其中，对于"您现在是否购买数字电视付费频道呢"一项，回答"不清楚或不知道"的有50个，占13.9%。尽管付费电视自2004年在中国已经发展了8年，但是仍然有一部分观众不知道或者不清楚付费频道，这说明付费频道的宣传仍需要推广。在本书第九章"付费电视频道的购买意愿指数编制与调查"一章显示，付费电视宣传推广认知分指数仅为91.50，低于付费电视的综合平均指数93.23，因此目前这阶段要迫切提高付费电视的宣传推广，只有大力对宣传推广付费电视，才能让用户更好地认识付费电视。

6. 相关政策约束限制了付费频道的发展

目前付费节目的集成、经营还面临着国家广电政策层面的相关约束。例如，国家广电总局对付费频道的内容准入政策，与免费频道没有差别。在国外，成人频道和博彩频道是付费频道的赢利支柱，但在中国，明确规定禁止载有宣扬淫秽、赌博、暴力或者教唆犯罪的节目内容，这是节目制作的政策雷区。在对境外节目引进的比例上，付费和免费频道仅有5%的差距，显然无法体现付费电视节目政策的"特殊性"。另外，国家广电总局还明确规定："付费频道不得播出除推销付费频道的广告之外的商业广告。"

在数字付费电视的发展上，国家广电总局对付费频道的传输有明确的要求，所有有传输需求的付费频道必须在经国家广电总局批准授权的平台上进行集成和传输。因此，作为总局授权的四家付费电视频道运营商均采取了"垂直一体化"的付费频道集成运营管理框架，即上游承接付费频道商，下游对接各地网络运营商和用户，而其本身，在整个付费电视产业链上，目前所扮演的不过是多家付费频道的集成和代理营销的角色。

---

① 参见 http://www.ey.com/。

另外，过去的广电的政策导致有线网络诸侯割据，各自为王。与广播电视事业完全依赖于国家投资不同，我国有线电视网络很大程度上是各地一城一网自发地、靠自筹经费及观众缴纳初装费而建立起来的。而且，作为全国有线数字付费电视运营商的有线网络公司，目前全是广电主管部门直属或控股。实际上，有线网络公司在各地处于自然垄断的地位，全国的网络公司仍处于各地诸侯割据状态。网络公司的诸侯割据状态已制约着我国有线数字电视朝规模化方向的发展。诸侯割据也使得有线网络具有先天性的缺陷：一城一网，各自为政，没有实现全国联网，缺乏统一性。尽管前几年广电系统曾经对此进行改革，但因种种复杂原因，改革并没有进行下去，有线网络仍然没有实现全国联网，有"系"无"统"仍然是对有线电视网最贴切的概括。在这样的环境下，没有一个付费电视频道能够在全国同步铺开，因此就难以形成足够大的受众群。由于网络整合进展不顺利，中国电视数字化推进又要启动，所以中国的付费电视不得不以城市网为单位推进数字化，这又大大增加了运营商和集成平台的交易成本；同时，用户的规模也难以迅速扩大。

7. 付费电视播出机构在产业链的地位劣于传输方

我国电视产业链各个环节的竞争和开放程度不同，播出环节的开放程度较低，传输环节具有明显的自然垄断性，导致播出平台的落地竞争日趋激烈。由于掌握的垄断网络资源、网络传输方对于电视播出机构具有很强的讨价还价的能力，付费电视机构在产业链的地位劣于传输方。例如，我国卫视要达到全国70%的入户率，落地花费在5000万元左右，再加上优质的电视剧资源的购买、自制节目投入等，年广告收入2亿元是我国卫视维持全国性电视台地位的盈亏临界点。浙江卫视2004年的落地费为3000万元，2005年是7000万元，2006年则达到1个亿。山东卫视2004年在落地方面的投入为2000万～3000万元，2005年上升到5000万元左右，2006年的落地总投入增加到约8000万元。部分有线电视网出于经济利益的考虑还采用投标的形式拍卖频道落地权，作为播出环节的卫星频道没有讨价还价的空间，双方处于不对称竞争地位。① 卫视落地之所以出现如此乱象，其根源在于游戏规则缺失和传输技术落后。它既不是一个充分开放和竞争的市场，同时又不是由政府实行有效管制的市场。事实上存在多年的落地费既不是一种行政性收费，也不是一种能够摆上台面的经营性收入。

① 参见国家广播电影电视总局发展改革研究中心《2006年中国广播影视发展报告》，社会科学文献出版社2006年版。

二、提高我国数字付费频道购买意愿的对策

面对付费电视购买意愿不高的实际状况，业界需要采取各种办法来对付费电视进行改革创新。

1. 对付费频道内容进行专业化、个性化、品牌化的建设

本书的四次调查显示，数字电视用户对付费频道的主要不满来自于内容的匮乏，付费电视节目虽然名目繁多，内容无所不包，但在用户看来，真正有吸引力的精品节目还不多见。目前，中国付费电视内容的匮乏以及不成熟的节目形态直接导致了目标受众的大量流失，从而无法吸引到足够用户。

北京 2009 年的相关调查数据表明，用户愿意付费的频道主要集中于影视、体育、财富、纪实、动漫、女性、休闲娱乐类频道，其中 53.6% 的人偏好影视类频道付费，37.7% 的人偏好体育类频道付费，15.9% 的人偏好财富、纪实类频道付费。[①] 而本研究 2012 年 4 月到 6 月在广州进行的一项电话调查结果显示，广州用户愿意购买的前九个频道和北京用户喜欢的前九个频道的交集为：①影视类节目；②休闲娱乐类节目；③体育类节目；④音乐类节目；⑤动漫类节目；⑥生活类节目；⑦纪实类节目。因此，未来的付费电视节目仍然可以发展上述用户喜欢看且可能购买的节目内容。

在对付费频道内容进行专业化、个性化、品牌化的建设时，首先应考虑整合更多用户愿意付费的频道内容，如影视、体育等内容，并进行市场细分和合理的定位。对付费频道内容进行专业化、个性化建设，就要采用自制原创节目、与社会机构合作制作节目、整合已有的节目资源、购买国内的节目、引进国外节目等多种渠道来促进付费频道的内容提供。

2. 让用户更多地免费体验付费电视

本研究多次调查显示，很多数字电视用户现在未能了解、接触、体验付费电视，没有了这样的过程，自然就难以促进数字电视用户购买付费电视。目前，运营商不仅疏于对数字电视节目产品的宣传和收视引导，更缺乏对分类用户的专门化甚至精准化的宣传和服务。一些用户反映数字电视频道太多，不知道如何选择；而节目导视对节目的预告太过简单，仅仅停留在时间预告层面，缺乏对具体节目内容的简要介绍，不能有效引导用户的选择性收看，也难以引发用户的收视兴趣和欲望。

---

① 参见吴玉玲、鲍立《数字电视节目收视偏好与付费意愿分析——基于北京地区数字电视收视情况的调研报告》，载《当代传播》2010 年第 4 期。

取悦受众，赢得用户最基本有效的办法就是提供免费收视体验以及向需求弹性不一的用户群提供不同程度的优惠服务，使产品和服务理念更好地传达到消费者方，更快获得用户的参与体验。目前，已有些地方开始给受众提供更多的免费收视体验了，如2011年2月1日—2月18日期间，四川观众可以免费观看付费频道，其包括“第一剧场”、“劲爆体育”、“CHC动作电影”、“华语影院”、“世界地理”、“风云足球”、“风云音乐”、“老故事”、“先锋记录”、“发现之旅”、“天元围棋”等。而在2011年1月30日16时起至2月9日16时止，广西广电网络公司的有线电视用户也可免费收看所有付费频道（含高清频道）。但是仅有这些免费体验是不够的，还要将免费体验常态化、规范化，才能更好的取悦受众，赢得用户。

免费收视体验还包括为其提供免费预览功能。所谓免费预览功能是指让用户在没有节目授权的情况下，可以短时间或周期性地收看频道内容，以达到用户了解频道内容信息而促使用户进行订购目的的一种功能。免费预览功能可以让用户得到收视体验，符合用户的购买习惯。经过近8年的发展，付费频道作为数字电视最早的增值业务之一，其推广并没有取得很好的效果。原因有多个方面，其中很重要的一点是用户不能直观地了解频道内容，让用户在没有体验过内容的情况下进行节目的购买不符合用户的消费习惯。免费预览功能需求主要有以下几个方面：①可以提供周期内免费预览一段时间，如一个频道一天内可以预览5分钟，节目免费预览的时间可以通过前端控制；②可以提供免费预览频道的订购信息；③在网所有新旧型号机顶盒或一体机均可实现；④安全可靠，不容易被黑客破解；⑤可以任何时候通过前端进行功能的取消。[①]

3. 采用“低收费 + 广告 + 多元经营”的营运模式

要发展数字付费电视，就必须减少观众付出的成本，切切实实地把价格降下来。目前，中国大部分群众的收入水平还是很低的。寻找一个合理的方式来制定付费电视价格，对正处在发展初期的数字付费电视来说十分重要。因此，付费频道应采用“低收费 + 广告 + 多元经营”的营运方式，而不是目前不准播放广告的模式。CNN、MTV、ESPN等许多国际知名付费频道，普遍采取的也是这种运营模式。因此，无论是有线模拟付费电视频道，还是数字付费电视频道，都可以探索播出广告的运营模式。[②] 目前付费频道的销售价格明显偏高。以广东有线为例，与17元/月/户的收视维护费相比较，付费数字电视36元/月/户的销售价格明显偏高（即使与整转后基本数字电视包的26.5元/月/户收视维护费相比较也

① 参见李瑞珑《数字电视付费频道免费预览功能的实现》，载《中国有线电视》2011年第11期。

② 参见李琼《试析付费电视的运营模式与发展前景》，载《中国广播电视学刊》2009年第8期。

偏高），绝大部分有线电视的收费价格使受众心理上难以承受。以前，管理者往往容易忽视价格因素对付费电视发展带来的影响，36元/月/户的销售价格一直居高不下，尽管也曾经播出过“美国家庭影院频道（HBO）”、“凤凰信息”、“女性时尚”、“天元围棋”、“高尔夫”、“欧洲足球”、“世界地理”和“发现之旅”等内容非常具有吸收力及专业化的频道，但是付费数字电视业务拓展效果仍然十分不理想，收效甚微。价格是影响付费数字电视业务拓展的非常重要的因素之一。相关数据显示，在假设付费数字电视用户发展目标数为8万户的前提下，20.6元/月/户的定价可以使有线运营商在经营付费数字电视业务时产生最大的收入回报，低于该价格，人们对于价位就不再特别敏感。如果一些阶段用户发展不理想，可以通过降价的方式，以牺牲一定比例收入为代价（比如说10%）来吸引更多的人们使用付费数字电视业务。①

目前，已有些地区进行低收费的模式。例如，2010年，重庆数字电视用户享受“第一剧场”、“东方财经”、“全纪实”等25个专业频道半年只需支付150元，此外，这25个付费频道不仅包括央视的“第一剧场”，还包括“港台剧场”、“经典电影”、“风云音乐”等，涵盖电影、电视剧、音乐和科教等多个子类，节目内容十分丰富，全面满足不同年龄层、不同职业人群的收视需求。2011年，南京有线推出“清凉一夏”优惠活动。用户一次性缴清全年数字电视收视维护费288元，加2元就能从四大节目包（包含28个频道）中任选其一，加7元任选其二，仅需12元即可四个全部开通体验。

同时，还需要采用广告模式来弥补降价带来的损失。美国的付费电视广告收入一直占其总收入的10%左右。20世纪80年代，美国付费电视广告收入超过15亿美元，90年代则超过60亿美元。② 当然是否采用广告，应由付费频道自己决定，而不是依靠国家法律政策来推行。虽然用户中有的能忍受广告，有的不能忍受广告，但由于付费频道付费与否全凭用户来决定，因此，鉴于目前数字电视用户中付费意愿的比例较低，而数字电视前期成本投入又较大，数字电视的盈利模式并不必要完全限制在单一的付费收看方面，广告依然可以作为其中的盈利模式予以重视，这样就能把更多免费的潜在的数字电视用户发展为付费电视用户。另外一方面，由于付费频道本身内容就是专业化产品，其受众也是特定的用户群体，满足其需要的专业广告不会导致用户的反感，反而促进用户订阅此类付费频道。另外，付费频道的广告销售业不会和免费频道发生冲突，因为付费频道高度

① 参见杜戈、王智宇《以广东有线网络为例，分析付费数字电视业务的价格特性》，载《有线电视技术》2009年第10期。

② 参见张小争《中国电视业的转型》，载《南方电视学刊》2003年第8期。

专业化，在付费频道做广告的客户针对的是特定的客户群，因而不会争夺大众市场的广告费用。

此外，付费电视要良性发展，还必须进行多元化经营，因此就必须在整合产业链内各环节的优势资源，通力合作打造新颖、独特内容，拉笼订单，积极销售、增加卖点的前提下，开展衍生活动，根据各频道节目内容衍生副业，努力开发一系列力所能及的产业项目，来缓解频道经营的压力。如汽车频道可以考虑与汽车制造、销售、维修方面的厂商合作，开发相关产业，学习频道可与教育机构合作，等等。在此方面，“现代女性”频道、“游戏竞技”频道等就从我国实际出发探讨了付费频道的多元化经营之路，开展了多个衍生活动，取得了良好效果，实现了付费频道的赢利。①

4. 发展灵活多种的付费电视的销售模式和付款方式

付费频道应发展灵活多样的付费电视的销售模式。目前，付费电视的销售模式简单，要么是以频道为单位按月收费，要么是以优惠包的形式将隶属于同一公司的多个付费频道打包以包年的形式收费。没有更多的付费方式，对于用户来讲未免显得过于简单，难以满足用户各种个性化的需求，并使得用户从心理上产生抵触情绪。即使是用户接受了这种付费方式，到办理业务和付费的阶段，也大部分只能选择到营业厅去现场办理。即使有的地区的用户可以通过银行专用账户或者手机进行付费，但是这种方式并未普及。在本书第九章“付费电视频道的购买意愿指数编制与调查”一章显示，付费电视销售方式认知分指数仅为 92.65，低于付费电视的综合平均指数 93.23，因此目前要迫切改善付费电视销售方式，尽快让受众能够根据自己的需要采取不同的形式缴费。

付费频道应采取多种付费方式。例如，以“角”甚至以“分”为单位的计价模式，可打消消费者对于价格过高的顾虑；零整两便的销售策略，可使消费者有更广阔的选择空间；以延时付费的方式，刺激消费者的购买欲望。灵活多样的付费手段，可为消费者提供更多支付便利。例如，电子银行的网上支付，这对于网络文学的消费者而言是最便利的支付方式。另外，用户还可以通过传统的邮局、银行汇款的方式为自己的账号充值，也可以用手机银行支付、通过手机话费支付、购买网站发行的充值卡支付、通过其他网络支付平台支付等等，如此多的支付方式，为消费者提供了付款的最大便利，消除了消费者因付款不便而放弃购买可能。此外，还可以采用按次付费的办法，而且把每次的付费金额调低，使付费方式更加灵活，如手机付费等，这样的话，就能够扩大收入来源。

---

① 参见闫丛志、肖立慧《后整体转换时代付费电视良性发展探讨》，载《中国有线电视》2008 年第 12 期。

例如，中国有线海南分公司在全国创新推出数字电视 IVR 自助服务系统，引入用户专有的“电视号”，采用语音引导订购方式，用户只要拨打 963999 + 频道号，输入本机屏幕显示的用户专有“电视号”，即订即看，无需等待开通，足不出户即可完成自助订购付费频道业务。

5. 大力发展三网融合下的互动付费电视和 3D 付费电视

管理者应大力发展三网融合下的互动付费电视。中国付费电视问世仅 7 年，与 HBO 等上世纪 70 年代诞生的付费频道相比，其环境可谓天壤之别。后者在问世之初，只需要考虑如何与传统的开路电视形成差异化与竞争优势，而中国的付费电视，除需面对开路频道这条“大河”之外，更面临来自以互联网为主的新媒体的冲击。目前，数字电视只能单向收看、不能进行互动点播的现状，可通过高清互动机顶盒的派发，解决用户点播收看、双向互动问题，能够更好激发数字电视用户的支付意愿。为此，通过三网融合，使付费电视可检索、可下载、可与网络联通，从而增加用户的互动，最终促进用户对付费电视的忠诚度。

另外，现在世界各发达国家和地区都在做 3D 频道的尝试和推广，并且开始尝试性小额收费。未来的付费电视节目还会朝着新、奇、特的高科技制作方向来发展，出现 3D、4D 立体或多维付费节目，甚至还可以满足用户在影视剧中扮演角色、体验明星的欲望。2010 年南非世界杯的 3D 直播正是一个很好的范例。在澳大利亚与中国香港等国家和地区，众多球迷涌入影院观看了用 3D 影像直播的世界杯比赛。在澳大利亚，3D 世界杯转播的票价被定为 12 ～ 16 澳元（约合人民币 74 ～ 98 元），场面火爆，观众也对这种全新体验交口称赞。我国虽然也开办 3D 电视试验频道，但是仍然需要进行推广和克服一些技术性的问题，同时减少用户观看 3D 电视的成本，才能够使 3D 付费电视为用户所接受。

6. 改革付费频道的政府管理以促进付费频道的发展

付费频道发展亟须国家广电总局在政策上（比如广告限播、覆盖、融资政策等方面）进行支持。① 在广告方面，废除“付频道不得播出除推销付费频道的广告之外的商业广告”的规定。国家广电总局制定这一政策的用意是避免付费频道与免费频道争夺广告，另外也可以保证付费用户的权益。不过，这其实矫枉过正，因为付费频道的广告可以完全是不同于免费频道的广告的，付费频道的内容是专业化的内容，因此其广告也必然是专业化的广告，这与免费频道的综合内容所相符合的大众化广告必然有不同的定位；另外，广告本身就是一种信息，订阅某一专业付费频道的用户本来就对这方面的内容信息感兴趣，给他们提供这类

① 参见姜亚林《去意彷徨——关于中国数字电视付费频道的五力分析》，载《中国数字电视》2010 年第 2 期。

的广告并没有侵犯其权益，反而受到其欢迎。

付费电视要发展还需要国家政策更多的放松和大力扶持，尤其是在社会资本的准入和境外卫视的引进上应特事特办。政府应在资金投入、减税、免税，减息、免息等方面给予付费电视以政策扶持和优惠。另外，付费价位上由政府出面定价、指导价位或市场调节价位，均能对付费电视的发展予以莫大的帮助。对于境外卫视，国家应改变针对所有内容一刀切的政策，对不涉及政治含义的娱乐类、人文类境外卫视节目适度放开，以支持付费节目的经营和发展。付费电视产业化发展中节目版权尤为重要，政府应加强对盗版市场的打击力度，加强市场执法和监管。广电行业地位特殊，上有“喉舌”宣传要求，下要加强广播电视事业的产业化进程，即要公益又要赢利，国家政策的偏袒将是其发展的命脉所在。

付费电视要发展还需要整合有线网络。目前中国的付费频道在产业链中需要依托有线传输网络落地，而分散的有线网络无法让付费电视形成规模市场，高昂的落地费用让付费频道的营运商难以接受。只有拥有一个统一的、互相联通的全国性的有线网络，才能让付费频道获得进一步的发展。美国有线电视系统运营商考克斯通讯公司副总裁戴尔维在总结美国有线电视成功发展的原因时就曾强调三点：第一，美国有线业为消费者提供了以技术为依托、以多样化的节目选择为核心，以合理的价格及满意的服务为平台的出色价值；第二，节目商与有线台的成功合作，创造了合理有效的商业模式，即在可持续发展的基础上将第一点所述的价值成功的传递给消费者，第三，有线电视网与系统运营商相互支持的关系及组织结构。[①] 因此，国家广电总局必须尽快统一有线传输网络，合理公平地向所有中国数字付费电视运营商提供传输服务，这样才能解决付费频道在运营过程中的落地费和规模效益问题。

① 参见苑京燕《美国有线付费电视成功之道》，载《视听界·节目》2005 年第 4 期。

参考文献

1. 专著

[1] 张海潮. 眼球为王：中国电视产业市场未来之管窥. 北京：华夏出版社，2005.
[2] 曹晚红. 德国双轨电视制度研究. 北京：中国广播电视出版社，2009.
[3] 喻国明. 中国传媒发展指数报告 2008. 北京：社会科学文献出版社，2008.
[4] 唐世鼎，黎斌等著. 中国特色的电视产业经营研究. 北京：中国国际广播出版社，2009.
[5] 唐世鼎，黎斌等主编. 制播体制改革与电视业发展问题研究. 北京：中国传媒大学出版社，2005.
[6] 唐世鼎，黎斌. 世界电视台与传媒机构. 北京：中国传媒大学出版社，2005.
[7] 黄勇编. 2006 年中国广播影视发展报告. 北京：社会科学文献出版社，2006.
[8] 黄升民. 中国数字电视报告（上、下册）. 北京：华夏出版社，2004.
[9] 黄升民. 数字化时代的中国广电媒体. 北京：中国轻工业出版社，2003.
[10] 陆地. 世界电视产业市场概论. 北京：中国人民大学出版社，2003.
[11] 赵曙光. 媒介经济案例分析. 北京：华夏出版社，2004.
[12] 胡正荣. 中国广播电视发展战略. 北京：中国传媒大学出版社，2003.
[13] 邵培，仁陈兵. 媒介战略管理，上海：复旦大学出版社，2003.
[14] 杨继红著. 新媒体融合与数字电视. 北京：清华大学出版社，2008
[15] 赵子忠，王伟著. 中国影视投融资的产业透视. 北京：中国传媒大学出版社，2006.
[16] 李岚著. 电视产业价值链——理论与个案. 北京：社会科学文献出版社，2006.
[17] 彭吉象主编. 数字技术时代的中国电视. 北京：北京大学出版社，2008.
[18] 彭吉象. 机遇与挑战——电视专业化频道的营销策略. 北京：中国广播电视出版社，2006.
[19]（美）帕特里克·帕森斯，罗伯特·弗里登著. 有线与卫星电视产业. 詹正茂，樊燕卿，黄映芳等，译，北京：清华大学出版社，2005.
[20] 王焰. 创意新电视：中国数字电视中央军纪实. 厦门：鹭江出版社，2008.
[21] 郭庆光. 传播学教程. 北京，中国人民大学出版社，1999.
[22] 黄楚新. 擅变与重构：中国 IPTV 发展现状与走向. 北京：中国传媒大学出版社，2008.

[23] 王明轩. 即将消亡的电视：网络化与互动视频时代的到来. 北京：中国传媒大学出版社，2009.

[24] 刘幼琍. 有线电视经营管理与频道规划策略. 台北：正中书局，1994.

[25] Fishbein M，Ajzen I. Belief，Attitude，Intention and Behavior：An Introduction to Theory and Research. Reading：Addison – Wesley，1975.

[26] Eagly A H，Chaiken S. The Psychology of Attitudes. Orlando，FL：Hareourt Braee Janovieh College Publishers，1993.

[27] Engel J F，Blackwell，R D Miniard P W. Consumer Behavior. 6th ed.，Chicago：Drydcen Press，1990

[28] Armstrong J S，Morwitz V G，& Kumar V. Sales Forecasts for Existing Consumer. 2000.

[29] Everett M. Rogers. A History of Communication Study：A Biographical Approach. The Free Press. NewYork，1997.

[30] WalterTroy Spencer. Pay TV：An Alternative，The Ultimate Television Book. ed. Judy Fireman，New York：Workman，1977.

[31] Robert G. Picard. Media Economics：Concepts and Issues，Thousand Oaks. Calif，Sage Publications，1989.

[32] Martha L. Stone，A Guide to Practical Convergence：What Every Media Company Must Know About their Future. Dallas：International Newspaper Marketing Association，2006.

[33] Wolfgang Hoffmann – Riem. Regulating Media. New York and London：The Guilford Press，1996.

[34] Thomas Gibbons. Regulating the Media. London：Sweet&Maxwell.，1998.

2. 期刊论文

[1] 姜叶."四海钓鱼"付费频道运营解析·市场观察. 媒介，2004（12）：42 – 46.

[2] 王薇. 付费电视商业运营模式初探：中央数字电视节目平台个案考察. 市场观察·媒介，2004（7）：40 – 44.

[3] 黄升民，王薇等. 付费频道与资讯平台：付费频道运营特点分析. 市场观察·媒介，2004（7）：16 – 21.

[4] 王薇. 付费频道动起来. 市场观察·媒介，2005（1）：33 – 36.

[5] 洪建平. 电视产业化和数字付费电视：研究与实践的两个视角（上）. 市场观察·媒介，2004（10）：58 – 61.

[6] 洪建平. 电视产业化和数字付费电视：研究与实践的两个视角（下）. 市场观察·媒介，2004（11）：44 – 46.

[7] 孔令泉. 建立主导型运营主体：谈国内付费电视业务的一条发展思路. 广播电视信息，2005（1）：46 – 48.

[8] 黄升民. 比较传统电视和收费电视的商业模式. 传媒观察，2004（7）：50 – 53.

[9] 孙玉胜．电视盈利模式的错位：频道专业化与付费电视．电视研究，2002（3）：14－18.

[10] 王薇，黄升民等．寻找盈利的推动器：英国数字电视扫描．市场观察·媒介，2005（2），34－38

[11] 王朋进．“付费数字电视”的中国前程．南方电视学刊，2004（2）：17－18.

[12] 赵曙光．收视率诉求与电视财经频道的节目定位．现代传播，2005（4）：117－119.

[13] 赵曙光．收费电视：香港有线给我们留下诸多启示．传媒观察，2003（9）：21－23.

[14] 郭识阔．数字付费电视路在何方．传媒，2008（4）：42－44

[15] 李长法．付费电视的加密原理及方法．广播与电视技术，1989（2）：39－42

[16] 杨毅明．收费电视加密方法可行性探讨．华侨大学学报：自然科学版，1993，14（4）：434－439.

[17] 罗霆．从美国有线电视业看专业频道的运营．现代传播，2002（5）：110－112

[18] 李立军．日本收费电视概览．电视研究，2003（10）：71－73

[19] 李莉．实现数字付费电视观众消费观念转变的策略．新东方，2007（7）：25－27.

[20] 王小红．给观众一个理由：以《孕育指南》为例谈数字付费电视的内容策划与生产．中国数字电视，2006（21）：102－104

[21] 蒋志高．付费电视的困境及解决之道．新闻爱好者，2005（3）：17.

[22] 俞凡．中国数字付费电视发展道路浅析．新闻界，2010（1）：128－129，180.

[23] 董小玉，王圆圆．数字付费电视的媒介环境及其定价策略．重庆社会科学，2009（1）：67－71.

[24] 王永亮，吴晓晶．HBO 的成功对我国付费电视的启示．中国广播电视学刊，2005（3）：76－78.

[25] 孟祥飙．没有品牌的品牌营销：略探数字付费频道之品牌营销．广播电视信息，2009（11）：38－41.

[26] 张燕丽，李亚娟．中国数字付费电视发展现状探析．现代视听，2010（1）：43－45.

[27] 吴亮锦，糜仲春．珠宝知觉价值与购买意愿的经济学分析．商场现代化，2005（25）：24－26

[28] 陈新跃，杨德礼．基于顾客价值的消费者购买决策模型．管理科学，2003（2）：59－62

[29] 庄贵军，周南，李福安．情境因素对于顾客购买决策的影响（一个初步的研究）．数理统计与管理，2004，23（4）：7－13.

[30] 陈小平．顾客资产份额研究．经济管理，2002（18）：31－35.

[31] 陆亨．使用与满足：一个标签化的理论．国际新闻界，2011（02）：11－18.

[32] 吴克宇．中国电视产业政府管制的政策建议．广播电视学刊，2004（12）：7－9.

[33] 金屏．密尔的人性理论与大众传播使用与满足理论探究．东南传播，2008（06）：103.

[34] 甄石．美国的付费电视．视听界，2003（4）：16.

[35] 李立军．日本收费电视概览．电视研究，2003（10）：71－73.

[36] 张志安．基尔希集团：德国战车的终结．今传媒，2005（3）：23－24.

[37] 孙玉胜．数字付费电视：豪门盛套难以下咽．媒介，2004（6）：12.

[38] 罗伟兰，数字电视时代的平台运营策略探析（上）：基于英国的案例研究．世界广播电视，2005（2）：75－78.

[39] 罗伟兰，数字电视时代的平台运营策略探析（下）：基于英国的案例研究．世界广播电视，2005（3）：92－94.

[40] 周俊，欧文凯．直播卫星给付费电视带来的机遇．卫星与网络，2008，12（79）：36.

[41] 吴玉玲，鲍立．数字电视节目收视偏好与付费意愿分析：基于北京地区数字电视收视情况的调研报告．当代传播，2010（4）：78－80，88.

[42] 高金萍．“百年老报”的网络运营策略．中国记者，2010（2）：92－93.

[43] 张小争．中国电视业转型：“数字付费时代”．南方电视学刊，2004（2）：30.

[44] 刘建鸣等．对2002年全国电视观众抽样调查的分析．电视研究，2003（4）：7－10.

[45] 郭洪伟．我国消费者信心指数编制及存在的问题．商业经济，2010（33）：28－29.

[46] 杨崑，张彦翔．“三网融合”下互动媒体服务及平台初探．中国数字电视，2011（5）：46－49.

[47] 尹良润．如何解决数字电视产业的资金缺口：产业政策的视角．浙江传媒学院学报．2009（4）：41.

[48] 李阳，盛或．浅谈数字付费频道现状．新闻传播，2009（9）：20.

[49] 龚江辉．从频道专业化到频道个性化．电视研究，2008（2）：40－41.

[50] 邓晓璇．西安大学生网络电视使用影响因素调查分析．东南传播，2012，4（92）：89－91.

[51] 张潇扬．美国付费频道HBO的成功之道．青年记者，2006（5）：75－76.

[52] 陈昌辉，张英涛．付费数字电视用户培养策略探析．新闻界，2011（8）：109－111.

[53] 杜戈，王智宇．以广东有线网络为例，分析付费数字电视业务的价格特性．有线电视技术，2009（10）：15－17.

[54] 张君昌，吕鹏．2005中国电视品牌栏目年度报告．电视研究，2006（3）：18－19.

[55] 李瑶，胡睿．浅析凤凰卫视品牌的整体塑造和扩张．现代传播，2002（4）：109.

[56] 俞凡．中国数字付费电视发展道路浅析．新闻界，2010（1）：180.

[57] 万卫．《百家讲坛》品牌形象的建设．电视研究，2010（3）：18－21.

[58] 魏淑青．《法律讲堂》的品牌之路探索．电视研究，2010（4），51－52.

[59] 胡智锋．《中华医药》：电视品牌建设的独特路径．中国电视，2010（6）：61－62.

[60] 任学安．《财富故事会》栏目品牌发展策略诠释．电视研究，2007（10）：38－39.

[61] 刘一枞．香港付费电视市场概况及现有付费电视提供商的打包定价策略．卫星电视与宽带多媒体，2005（16）：33－36.

[62] 张咏华．境外媒体进入上海的现状与挑战．新闻记者，2005（6）：3－7.

[63] 张燕丽，李亚娟．中国数字付费电视发展现状探析．现代视听，2010（1），45.

[64] 陈晓洲．城乡观众电视收视特征比较．广告主：市场观察，2010（8）：87.

[65] 金罗军．终结付费电视：兼论如何应对宽带网络电视的挑战．中国数字电视，2010（10）：68－74.

[66] 闫丛志，肖立慧．后整体转换时代付费电视良性发展探讨．中国有线电视，2008（12）：1250－1252.

[67] 李瑞珑．数字电视付费频道免费预览功能的实现．中国有线电视，2011（11）：1299－1301

[68] 喻国明．居民媒介消费金额结构的基本情况：基于天津居民的“媒介接触”的定量考察．新闻与写作，2012（8）：61－63.

[69] 喻国明，江萍，苏林森．论中国传媒发展指数指标体系的构建，当代传播，2009（4）：45.

[70] Mullet G M，Karson M J，Analysis of Purchase Intent Scales Weighted by Probability of Actual Purchase. Journal of Marketing Research，1985，22（1）：93－96.

[71] Armstrong J，Scott，Vicki G，et al. Sales Forecasts for Existing Consumer Products and Services：Do Purchase Intentions Contribute to Accuracy? International Journal of Forecasting，2000，16（3）：383－397.

[72] Parasurnman A，Zeithaml V A，Berry L L. The Behavioral Consequences of Service Quality. Journal of Marketing，1986，50（4）：135－145

[73] Robert G，Picard. Newspaper Ad. Revenue Shows Consistent Growth，Newspaper Research Journal，2002，23：21－33.

[74] Schwer R K，Daneshvary R. Willingness to Pay for Public Television and the Advent of “Look-Alike” Cable Television Channels：A Case Study. Journal of Media Economics，1995，8（3），95－109.

[75] Maxwell E，McCombs，Chaim H Eyal. Spending on Mass Media. Journal of Communication，1980，30（1）：153－158.

[76] Chyi H I. Willingness to Pay for Online News：An Empirical Study on the Viability of the Subscription Model. Journal of Media Economics，2005，18（2）：131－142.

[77] Maxwell E，McCombs，Jack Nolan. The Relative Constancy Approach to Consumer Spending for Media. Journal of Media Economics，1992，2：43－52.

[78] Maxwell E，McCombs. Mass Media in the Marketplace. Journalism Monographs，1972，38－47.

[79] Wood W C and S L O'Hare. Paying for the Video Revolution：Consumer Spending on the Mass Media. Journal of Communication，1991，41（1）：24－30.

[80] Dupagne M. Beyond the Principle of Relative Constancy：Determinants of Consumer Mass Media Expenditures in Belgium. Journal of Media Economics，1997，10（2）.

[80] McCombs M E Eyal C H.（1980）. Spending on Mass Media. Journal of Communication，31（1）：153－158.

[81] Son J，Mccombs M A. Look at the Constancy Principle under Changing Market Conditions. The Journal of Media Economics，1993，6（2）：24－36.

[82] Wood W C. Consumer Spending on the Mass Media：The Principle of Relative Constancy Re-

considered. Journal of Communication, 1986, 36 (2): 39 – 51.

[83] Wood W C, O'Hare S L. Paying for The Video Revolution: Consumer Spending on The Mass Media. Journal of Communication, 1991, 41 (1): 24 – 30.

[84] Dupagne M. Testing the Relative Constancy of Mass Media Expenditures in the United Kingdon. The Journal of Media Economics, 1994, 7 (3): 1 – 14.

[85] Ghee – Young Noh, August E, Grant. Media Functionality and the Principle of Relative Constancy: An Explanation of the VCR Aberration. Journal of Media Economics, 1997, 10 (3): 17 – 31.

[86] Agarwal R, Karahanna E. Time Flies When You're Having Fun: Cognitive Absorption and Beliefs about Information Technology Usage. Management Information Systems Quarterly, 2000, 24 (4): 665 – 694.

[87] Davis F (1989). Perceived Usefulness, Perceived Ease of Use, and User Acceptance of Information Technology. Management Information Systems Quarterly, 13 (3): 318 – 339.

[88] Venkatesh V (2000). Determinants of Perceived Ease of Use: Integrating Control, Intrinsic Motivation, and Emotion into the Technology Acceptance Model. Information Systems Research, 11 (4): 342 – 365.

[89] Dodds W B, Monroe K B, Grewal D. Effects of Price, Brand, and Store Information on Buyers' Product Evaluations, Journal of Markcting Research, 1991, 28 (3): 307 – 319.

[90] Sewall M A. Relative Information Contributions of Consumer Purchase Intentions and management Judgment as Explicators of Sales. Journal of Marketing Research, 1981, 18: 249 – 253.

[91] Chyi H I (2012). Paying for What? How Much? And Why (Not)? Predictors of Paying Intent for Multiplatform Newspapers. International Journal on Media Management, 2012, 14 (3), 227 – 250.

3. 论文集、会议文献

[1] McCombs M E, Son, J. Patterns of Economic Support for Mass Media During A Decade of Electronic Innovation, Paper presented at the meeting of the Association for Education in Journalism and Mass Communication, Norman, OK; August, 1986.

[2] Dupagne M. Beyond the Principle of Relative Constancy: Determinants of Consumer Mass Media Expenditures in Belgium. Paper presented at the meeting of the Association for Education in Journalism and Mass Communication, Anaheim, CA, August, 1996.

4. 学位论文

[1] 赵斐. 2003—2010 中国数字付费电视频道发展研究. 山东大学博士学位论文.

5. 网站

中国电视网；
中国广播电视技术网；
慧聪网广电专业频道；
数字广电产业发展研究中心；
全国数字电视网；
网易、搜狐；
新浪数字电视频道；
青岛、深圳、北京、上海、杭州数字电视网；
BSkyB 网。

后　记

终于把书稿再次修改校对完毕了，“付费电视购买意愿”是我的第一个课题，也是我的第一本书，本研究为泛媒研究院资助的项目，初始立项的项目名称：“数字电视付费频道的支付意愿及影响因素——基于广州市家庭用户的实证研究”。项目编号：20114－008。在此，非常感谢泛媒研究院资助，也感谢暨南大学“211 工程”三期资助，本书方得以顺利出版。同时，本课题的完成也受到 2012 年广州市哲学社会科学发展“十二五”规划课题一般项目“互联网使用时间、使用方式对现实政治参与的影响——基于对广州市网民的实证分析”（项目号为 2012YB31）的资助。

感谢泛媒研究院院长及复旦大学李良荣教授在课题中期答辩时给的诚恳的意见及书稿完毕时所作的序，也感谢我的硕士导师、我的学术引路人闵大洪老师作的序。没有他们谆谆友善的鼓励和指导，我是难以很好地完成该书的。

最后感谢我的爱人张荣，没有她的支持，没有她的理解，没有她的奉献，我是难以真正步入学术的殿堂，也难以真正享受到科学的光辉和自由的精神，康德曾说：“世上有两件事震撼心灵，思之愈频，念之愈密，则愈觉惊叹日新，敬畏月益：头顶之天上灿烂星空，心中之崇高道德律令。”愿科学的代表（星空）和自由的代表（道德）普照我的一生！